Benjamin Graham, Building a Profession :
Classic Writings of the Father of Security Analysis

グレアムからの手紙

賢明なる投資家になるための教え

ベンジャミン・グレアム［著］
ジェイソン・ツバイク、ロドニー・N・サリバン［編］
Benjamin Graham　　Jason Zweig and Rodney N. Sullivan
和田真範［訳］　長尾慎太郎［監修］

Pan Rolling

Benjamin Graham, Building a Profession :
Classic Writings of the Father of Security Analysis
by Jason Zweig and Rodney N. Sullivan

Japanese translation rights arranged with the McGraw-Hill Companies, Inc. through
Japan UNI Agency, Inc., Tokyo.

監修者まえがき

本書はジェイソン・ツバイクとロドニー・サリバンの著した〝Benjamin Graham, Building a Profession : The Early Writings of the Father of Security Analysis〟の邦訳である。著者らは、**『証券分析』『賢明なる投資家』**（いずれもパンローリング）の著者として名高いベンジャミン・グレアムの論文集とその解説とで本書を構成した。私たちは本書を読むことで、有価証券投資そのものやその分析に従事する専門家のカバレッジに関するグレアムの考え方の変遷を歴史的にたどって理解することが可能である。

さて、よく知られているように、グレアムが一生涯かけて取り組んだのは投資対象としての有価証券の分析である。そして、その方法論として提唱したのが、有価証券が持つ本来の価値を正確に把握し、それを市場価格と比較して投資の安全域を見極める〝security analysis〟であった。したがって、グレアムの方法論を解説した最初の著書である〝Security Analysis〟は、その内容から言っても、英語本来の意味から言っても、適切な訳語としては「安全分析」とすべきである。だが、初版が日本で翻訳された際に、なぜか「証券分析」と誤訳されてしまったのである（**注**　もし〝securities analysis〟と複数形ならば、当然「証券分析」が適切である）。

だが、この誤訳は当初はまんざら見当外れなわけではなかった。なぜなら方法論としては「安全分析」だが、行為としては証券の分析をしていることには間違いないし、当時は客観的な基準を用いて証券の分析を行うには「安全分析」しか選択肢がなかったわけであるから、実際には、近似的に「証券分析」≒「安全分析」と言ってもよかったのである。

しかし、その後、証券の分析における一般的な方法論が著しく変化したことで、不幸な結果が生まれることになった。現在の「証券分析」は、現代投資理論やデリバティブの評価などを含む複雑な体系へと進化しており、それは証券投資の安全性評価をコンテンツの一部に含むものの、総体としてはグレアムの〝security analysis〟とは似て非なるものである。だが、先に上げた訳語が人口に膾炙してしまったために、後世の人々のほとんどは、グレアムの〝security analysis〟を現在の「証券分析」の旧版だと混同してしまっているのである。

こうしてグレアムの〝security analysis（以下、安全分析）〟の考え方は日本ではいつの間にか忘れ去られ、昨今は省みられることはほとんどなくなってしまった。通常、金融機関に勤務する者は有価証券の分析にあたり、方法論としての「証券分析」を学ぶが、安全分析については体系的に学ぶことはおろか大多数はその存在さえ知らない。結果として安全分析のアプローチで資産運用を行う運用会社は日本には存在しないし、真にそれを使える金融プロフェッショナルもいない。まことに惜しまれることである。

一方で、米国においては少し事情が異なる。グレアムがそこで教え、ウォーレン・バフェットが学んだコロンビア大学のビジネススクールの講座は、その後も後継者によって安全分析の課程が受け継がれており、一貫して優れた金融プロフェッショナルを輩出してきた。また安全分析は今でも優れた分析手法であるとして社会的に認知されており、現に私の知るバリュー投資で極めて評価の高いある運用会社は、ここの修了生からしかファンドマネージャーを採用していない。なお、彼らの運用するファンドのパフォーマンスは極めて優秀である。それが偶然の産物ではないことは、グレアムの一番弟子であったバフェットの経営するバークシャー・ハサウェイのトラックレコードがほかの事業会社のそれを圧倒的に凌駕していることを見れば一目瞭然である。

はるか昔、〝Security Analysis〟が『証券分析』と訳出されたことが遠因で、今ではグレアムの功績と安全分析の存在が日本でまったく無視されている事実は、その意義を少しだけでも知る者としては残念でならない。今回本書を翻訳するにあたり、〝security analysis〟を本来の「安全分析」と訳し直すことも検討したが、『証券分析』の名があまりにも一般に定着していて、かえって混乱を引き起こす懸念があった。一方で本書では、今日見られるような「証券分析」の概念が安全分析とは趣の異なるものとして登場しており、両者を区別する必要もあったのである。

このため本書では、書名の〝Security Analysis〟を従来どおり『証券分析』としたことを除き、〝security analysis〟を旧字体の「證券分析」と訳出した。また、〝financial analysis〟は新字体の「証券分析」として整合性を確保した。この点どうか了解いただきたい。

本書をきっかけに、日本においても安全分析の価値が再認識され、実務で広く使われるようになる未来とその影響を想像するのはまことに楽しいものだ。私の知るかぎり、バリュー投資の枠内にとどまらず、株式の長期投資においては、安全分析によるアプローチが最も優れた運用手法である。それには必然性と理論的背景があるのだが、その詳細については別に機会があれば改めて書きたい。ここでは読者の方々が本書でグレアムからの手紙を堪能されることを願うものである。

翻訳に当たっては以下の方々に心から感謝の意を表したい。翻訳者の和田真範氏はその深い専門知識と幅広い経験を生かして丁寧な翻訳を実現してくださった。そして阿部達郎氏にはいつもながら丁寧な編集・校正を行っていただいた。また本書が発行される機会を得たのはパンローリング社社長の後藤康徳氏のおかげである。

長尾慎太郎

二〇一三年五月

目次

第2部　証券分析を定義する　75

序文

本書の目的は、証券分析に関してグレアム自身が過去に寄稿した数々の文献を、はじめて一冊の書としてまとめることにある。また、本書は二〇〇九年出版されたグレアムおよびドッドの大著『証券分析』第六版の手引書として活用することにも役立つことであろう。

一九三二年から一九七六年に及ぶ、グレアム自身の考えの進化を通して、私たちは、いかに証券分析が、文字どおり家内工業から専門的分野として進化してきたのかを確かめることができる。グレアムは、荒涼とした時代において、言わば株主の権利を訴える声なき声であった。彼は強気相場の危険性を警告し、弱気相場においては投資機会の到来を宣言する指導者であった。彼はまた、株式の新たな評価方法を模索するために心血を注ぎ、證券分析における科学的な手法の強固な基盤を築くことを決心していた深遠なる思想家でもあった。さらに、彼はそのビジネス人生において、常に自身よりも顧客の利益を優先する誠実さや真摯さのモデルとされた存在でもあった。

本書に収められている文献の数々は、単にグレアムが證券分析を専門的分野として確立させただけの物語にとどまらない。證券分析の確立を優先課題の中心に据えていた、当時のグレアムの心のありようを描いている。

これまでの何十年にもわたって、評論家たちは些細な点をあげつらいながら、グレアムは現実離れしていて、陳腐で見当違いであるなどとあら探しを行ってきた。こうした重箱の隅をつつくことが好きな連中が見落としているのは、シェークスピアやガリレオやリンカーンなどの偉人に対しても生じた時間の経過による影響について考慮していないこと――つまり、彼らの偉大な功績の数々は、時がたつにつれて次々と明らかになったという事実である。いまだかつて、證券分析という分野において、知性、バランス感覚、熟達した文章表現、心理学的知見や献身ぶりについて、グレアムの右に出る者はいない。今日、彼の重要性は、かつてないほどに高まっている。もしより多くの投資家がグレアムの言葉を真剣に受け止めていたら、インターネットバブルやリーマン・ショックに伴う金融危機によってこれほど壊滅的な状況に陥ることはなかったことを否定できるものはいないであろう。

証券分析の世界において、確かなことはほとんどないが、一つ言えることがある。この先の時代、今後数十年にもわたって、ベンジャミン・グレアムは今日以上に必要不可欠な存在とみなされていくであろうことだ。

さあ、本書を読み進めて、その理由をご覧あれ。

ジェイソン・ツバイク

まえがき

グレアムの死後三〇年以上、彼が証券分析は科学的であり、かつ専門的分野として確立すべきであるとした革新的な提言を世に問い始めて六五年もの年月が過ぎているが、ベンジャミン・グレアムは今なお、燦然とその輝きを放っている。彼は、米国の思想家ラルフ・ワルド・エマーソンの格言である「全体というのは、一個人の拡大された影である」の非凡な例である。一三五カ国における約九万人のCFA（CFA協会認定証券アナリスト）資格保有者および資格取得を目指す二〇万人もの生徒たちは、グレアムの思考の力強さと彼の存在の偉大さを示す生ける証人と言えるであろう。

エマーソンは、偉大な組織は一人の精力的な活動家によって創造されることを理解していた。並はずれた才能を持つ者は、いつもと同じ世界をまったく新しい観点から見て、先見の明と共に頭の中にまだ見ぬ楼閣を築き、ある種の頑固さを持って、一つ一つ、その未知の楼閣の基礎部分を構築していくのである。

もしベンジャミン・グレアムが証券分析を専門的分野として確立していなかったとしても、おそらくほかのだれかが同じことを実行したであろう。しかし、確信は持てない。かつて、米国で最も影響力のあるアナリストの一人であるルシエン・フーパーがグレアムの主張に対して、証券アナリストの倫理、知的誠実さ、優位性に役立たない「不要な形式主義」であると異議を唱えた（注1）。最初の証券アナリストの登録は、一九六三年までさかのぼる。グレアムが公式の基準を確立してから二〇年以上もたっている。これを新生児が大学を卒業するまでの時間ととらえれば、グレアムがいかに長きにわたって、忍耐強く、証券分析を正式な専門的分野としてまとめ上げるという考えを育んできたのか想像に難くない。

数十年もの介入を通じて、グレアムは彼の同僚に有価証券の分析と評価は科学的な手法に裏づけられ、かつ体系化されて再現性のある過程をもってなされるべきであることを認めさせようと強く働きかけていた。また、証券分析は、最高水準の倫理的行動をもってなされるべきとの立場を強くとっていた。

ベンジャミン・グレアムがウォール街にやってきた一九一四年、彼には経験も資金も立派な資格もなかった。経済学を専門に学んだこともなかったが、彼には「資産」があった。並はずれたエネルギー、数学と哲学の深い教養、非凡な文才やビジネスは公正かつ誠実に実行されるべきとする情熱的信念、そして投資業界における最も鋭敏で強靭な精神を持つ人物の一人であったことである。

グレアムは後に、自らの思考法を「探究的であり、内省的であり、批判的である」と表現している。彼はまた、問題の重要な点に関する強い本能――本質的でないことに時間を割くことを避ける能力――を持っていた。実務的な事柄に集中し、物事を完結させ、解決策を探し出し、とりわけ新しいアプローチや手法を考案することに対する強い欲求などを持ち合わせていた（注2）。グレアムの最も著名な教え子であるウォーレン・バフェットはグレアムの精神性を簡潔に二語で表現している「とてつもなく、合理的（terribly rational）」（注3）。

グレアムは若干二〇歳にして、ウォール街にやってきた。彼は大学を普通に卒業したわけではなく、飛び級で修了したのであった。グレアムはコロンビア大学に一六歳で入学し、学士課程を三年半で終え、一学期分を大学を抜け出して輸送会社の業務調査に充てた。首席で卒業する一カ月前に、グレアムは数学、哲学、そして英語の三つの学部から教員の職の申し出を受けたのであった（注4）。

しかし、彼はそれらの申し出を断り、代わりに学部長より勧められた週給一二ドルのニューバーガー・ヘンダーソン・アンド・ロエブの雑用係の仕事を選んだ。グレアムは、瞬く間に一〇〇以上もの債券発行に関する関連事項の詳細を記憶し、すぐに主要な鉄道会社や事業会社の財務諸表の分析に取り掛かった。そして間もなく、後の證券アナリストである「統計担当者」に昇格した。

一九一四年当時のウォール街は、法的統制がなく混沌としていた。ルールがなく、倫理は緩慢であり、企業から情報収集することはライオンの足からトゲを抜くように困難であった。FRB（連邦準備制度理事会）は発足一年足らずであり、一九一一年に最初の「ブルースカイ法」（証券取引法）がカンザスで発効され、株式公開に際して事前に投資リスクに関する基本的な情報開示が要請されたところであった。いまだにSEC（証券取引委員会）はなく、企業による財務諸表の公表は散発的な間隔で行われるのみであり、投資家が企業の年次報告書を閲覧できるのはNYSE（ニーヨーク証券取引所）の図書館のみであることがほとんどであった。外部投資家による調査を妨害するために、同族企業は財務情報を隠したり、会計上の粉飾、さらには意図的な無視などが行われることもあった。

このような状況において、「統計担当者」たちは次第に己の技能を科学というよりも芸術と考えるようになっていった。彼らの多くは債券に忠実に、長期トレンドの厳格な評価が重視され、株式の世界に足を踏み入れる者すら、財務諸表分析を仕事の基礎として考えることはほとんどなかった。「財務数値が完全に無視されていたわけではない。ただ、表面的に見るだけで注意深いものではなかった」とグレアムは振り返る。代わりに、売買を執行するトレーダーが最も重要であるとされていた。インサイダー情報に基づく売買が禁じられる何年も前、買収や合併の事前情報はトレーダーたちの手っ取り早い儲けのタネとなっていた。シカゴの家畜飼育場での口蹄疫やウクライナの小麦農場の凶作などの噂話は投機家に株式やオプション価格の急騰を促した。グレアムは回想する。「当時のウォール街のプレーヤーにとって、無味乾燥な分析などに取り組むのはバカバカしいことであり、価格を変動させる決定的要因はまったく別の要素であると考えられていた。それらのすべては極めて人間らしい理由であるが」（注5）

これらの理由から、グレアムの時代のアナリストは、自らを「診断医」と考えており、自らの人脈や直感を使って、市場の「雰囲気」を判断していた。彼らは、偉大な心理学者ポール・ミールが後に「臨床的判断」と呼んだ行為のように、株式をその瞬間の状況で評価し、彼らがユニークであるとみなした主観的な要素を強調し、それらを取り巻く市場トレンドに関連させて将来の価格の動きを予測した（注6）。

アナリストたちは、こういった一連の判断には豊かな感性、勤勉さ、技能が必要であるとの考えに誇りを抱いていた。しかし、その判断の質に関する信念は幻想そのものであった。多くの統計担当者について、「彼らはそうした経験によって自らの知性を貶めていた」とグレアムは言う（注7）。彼らはだれかに電話をかけては、彼らの手法の正しさを確認しようとしていた。あらゆる場合において、彼らは不可抗力のせいにした。市場の気まぐれさ、世界政治の動き、モルガン家、ロックフェラー家、バンダービルト家といった巨大な力を持つ一族など、である。

アナリストたちが行わなかったことは、彼らの定性的な判断について定量的なアプローチを用いて妥当性を自問しなかったことである。有価証券に対するこういった主観的な分析は、時間と共に、割安なものと割高なものとを確実に区別することができるのであろうか、と。

グレアムの答えは、初期のころから、断固として「ノー」であった。こうして彼は、財務分析をより強固な基盤とすべく取り掛かったのである。市場心理の度合いを把握したり、だれよりも早く噂話を嗅ぎつけることで株価の予測をする代わりに、グレアムは企業の資産、負債、収益、配当などを丹念に調べたのだ。占星術師があふれる世界にあって、一人の天文学者が定量的データを使って立証責任を真っ向から負うような状況であった。

グレアムは、より基本的な手法によって、これまでの伝統的な慣習と決別したのである。ウォール街では、長らく「投資」と「投機」とは明確に一線を画していた（注8）。投資家とは、何よりも安定的に一律の収益を得ることに留意する者（厳格な契約条項や確実な資産によって元本価値が毀損しないように担保された債券によってのみ提供されうる収益を受ける者）であり、一方、投機家とは、市場価格の大きな変動によりキャッシュを手にすることに関心がある者（当時のように比較的金利が安定していた時代においては、単純に株式投資に興じる者）とされた。つまり、投資家とは、元本価値を変動から守ることを何より重視する者であり、投機家とは、元本を価格変動にさらすことが重要であるとした者であった。

このように、一般的には債券こそが投資家にとっての適切な領域であり、株式は投機家の生息地にすぎなかった。一九二四年にエドガー・ローレンス・スミスが著作『長期投資としての普通株（Common Stocks as Long-Term Investments）』を出版したが、彼は意図的にその刺激的なタイトルで世間に一石を投じた。当時は、まともな人間の間では、株式を投資対象と考える者はほとんど存在しなかった（世間では、「紳士は債券を好む」や「安定収益を得るなら債券投資、一発当てるなら株式投資」などの表現が流行していた）。一九三一年の大恐慌後、スミスの主張は木っ端微塵に打ち砕かれ、ローレンス・チェンバレイン著のベストセラー『投資と投機（Investment and Speculation）』においても、債券のみが投資であるとの主張がなされた。つまり、株式は本質的に投機である、と。

債券アナリストとして仕事を始めて、徐々に株式に心引かれるようになっていったグレアムは、当時支配的であったこうした見方は、多分に単純化されすぎた怠惰な考えであると感じていた。彼は、こうした債券のみが投資で、株式は投機であるといった考え方に業を煮やしていた。一九三四年、「資産も収益力も有していない企業の債券は、そうした企業の株式とまったく同様に価値がないのだ」とグレアムは声高に主張した。「ただ単に、債券がより證券な投資であるとした伝統的な考え方によっているのみで、投資収益を限定することによって、損失に対する保証を得ているといったことを信じ込まされているのである」（注9）

グレアムは、株式の根源的な価値は、ただ単純に株式が債券よりも企業の資産に対する請求権が劣後するということのみで無視されるべきではなく、債券がただ元本の返済が約束されていること自体は、その市場価格とは関係がないといったことを理解していた。

投資家と投機家とを区別するものを、グレアムは彼らが何を買うのかではなく、どのようにしてそれを選ぶのかが重要であると主張した。ある価格においては、どの有価証券も投機になり得るし、別のより安い価格においてはそれは投資と考えられるというのだ。また、別々の人間の管理下にある場合、同じ有価証券でも、さらに同じ価格であっても、投資にも投機にもなり得るのであり、それは彼らがどの程度その証券を理解し、どれほど誠実に自らの限界を認識しているかによるものである。一九二九年の大暴落によって、心に大きな痛手を負っている多くの大衆に対して、グレアムは企業合併の際の裁定取引といったトレードであっても、必ずしも投機ということにはならないと主張した。適切な見地から正当に分析を行ったのであれば、それは投資と呼んでしかるべきである、と（注10）。証券アナリストの職務とは、その有価証券の種類や形態にかかわらず、投資家として考えることにあると、グレアムは提言する（注11）。

すべての運用受託者が入口のドアに刻み込むべき不朽の名言としてグレアムは以下のように述べている――「投資とは、詳細な分析に基づき、元本の證券性を確保しながら、適正な収益を得るような行動である。これらの条件を満たさない行動はすなわち投機である」（注12）。

グレアムは、厳格な論理を用いて彼自身の言葉を定義している。それらには、または、もしくは、といった言葉は存在しない。分析は詳細でなければならず、證券とは確実なものであり、収益は適正でなければならない。詳細な分析とは、グレアムによれば、「実証された證券性や価値の基準を踏まえた事実の調査」としている。證券性とは、「通常及び合理的に考え得る状況および変動する場合に想定される損失に対する保全」を意味し、適正な収益とは、「投資家が合理的な知性をもって行動した前提において、たとえ低いものとしても、自ら許容しうる収益率または額」としている（注13）。

グレアムは、まさに強烈な一撃をもって、投資としての債券、投機としての株式という、誤った二項対立の構図を打ち砕いたのである。債券は投機になり得るし、しっかりと證券性を確認した株式は十分に投資となるのである。アナリストの職分というものは、それらをどちらであるのかを決定するもの――有価証券の種類や形態にかかわらず、その質や価値に対する価格によるのである、と。

そして、その質とは定量的に定義できなければならない。グレアムは、厳格な規律のもとに科学的手法を用いることが不可欠である有価証券の評価という難題を解決するのには理想的な人物であった。彼の愛するユークリッド幾何学や微積分学――彼は二三歳のときに『アメリカン・マスマティカル・マンスリー』誌において積分に関する論文を発表している――こうしたことは彼の論理の整然さや哲学に精通していることを示唆している（注14）。

時代背景もまた、適切であった。一九二七年、アルフレッド・コールズは株式の収益や市場予測に関する大量のデータを蓄積し始め、これが後のシカゴ大学の証券価格調査センター設立への試金石となったのである。さらに、フレデリック・マコーレーは債券のデュレーション（平均回収期間）の数学的研究に没頭していた。一九三四年後期、グレアムとデビッド・ドッドの共著『**証券分析**』第1版（パンローリング）の出版の数カ月後に、哲学者カール・R・ポパーが名著『科学的発見の論理』（恒星社厚生閣）の初版を出版した（注15）。さらには、高名な数学者であり哲学者であるアルフレッド・ノース・ホワイトヘッドとバートランド・ラッセルが社会のあらゆる階層に対して、新たな教義のごとく、科学的手法を活用する美徳を広く説いていたところでもあった（注16）。

一九三一年にラッセルは以下のように記している。「科学的法則に到達するには、大きく三つの段階がある。一つ目は、重要な事実を観察すること。二つ目には、もしそれが真実であればこの事実を説明しうるような仮説に辿りつくこと。そして、三つ目に、この仮説から推定される結論を導きだすことである」。さらにラッセルが付け加えるには、「科学的技法の最も本質的な特質は、それは実験によって導き出されるものである。けっして、伝統ではなく」（注17）。

そして、グレアムは株式市場を世界でもっとも巨大で活発な実験室として、まさに思いのままに謳歌した。彼にはそれが分かっていた。実際に、『証券分析』の第一章の二行目の文章のなかで、株式と債券の価値を判断する過程は「科学的手法そのもの」であるとの根本的な宣言を行っている。

グレアムは、科学的技法によって理論武装し、株式市場に真っ向から取り組み、その衝突のなかでそれまでの伝統的考えは瞬く間に落ちぶれていった。分析は科学というよりも芸術であるとした、かつての古い考え方を葬ったのである。

ごく手短に言えば、グレアムは使命を見つけてそれを全うしたのである。その後彼に続くすべての投資家のために。

ジェイソン・ツバイク

注

注1　ルシアン・O・フーパー著「證券アナリストは専門家と言えるか――否定的な見方」（『ジ・アナリスツ・ジャーナル［The Analysts Journal］』［一九四五年一月］、四一ページを参照）。
注2　ベンジャミン・グレアム著『ザ・メモアール・オブ・ザ・ディーン・オブ・ウォールストリート（The Memoirs of the Dean of Wall Street）』（マグロウヒル、一九九六年）、一四一、一四二ページを参照）。
注3　二〇〇九年一〇月八日、ジェイソン・ツバイクがウォーレン・バフェットに行ったインタビュー。
注4　グレアムはコロンビア大学を一九歳で卒業したが、当初は一五歳で入学申請したものの、大学側の手違いにより入学まで一年かかった。
注5　グレアム著『ザ・メモアール・オブ・ザ・ディーン・オブ・ウォールストリート（The Memoirs of the Dean of Wall Street）』、一四二ページを参照。
注6　ポール・E・ミール著『ア・シオリティカル・アナリシィス・アンド・ア・レビュー・オブ・ジ・エビデンス（A Theoretical Analysis and a Review of the Evidence）』（ミネソタ大学プレス、一九五四年）を参照。
注7　グレアム著『ザ・メモアール・オブ・ザ・ディーン・オブ・ウォールストリート（The

Memoirs of the Dean of Wall Street)』、一四三ページを参照。

注8　デニス・バトラー著「ベンジャミン・グレアム・イン・パースペクティブ（Benjamin Graham in Perspective)」(『フィナンシャル・ヒストリー［Financial History, no.86]』［二〇〇六年］、二四〜二八ページを参照）。

注9　ベンジャミン・グレアムとデビッド・ドッド著『**証券分析**』（パンローリング）。

注10　ベンジャミン・グレアムとデビッド・ドッド著『**証券分析**』（パンローリング）。

注11　グレアムの投資と投機との区別に関する警告は一九三〇年代において時宜を得たものであった。株式市場の大暴落が起き、ほとんどの個人投資家はマーケットから退出し、彼らの多くはウォール街でのかつての言葉の定義どおりに投資を行うことはなくなった。ジョン・メイヤード・ケインズが著書『雇用、利子および貨幣の一般理論』（東洋経済新報社、講談社）の一二章で以下のように述べている。「米国人がかつてのように、多くの英国人は今でもそうであるが、『一律で安定的な収益』を求めて投資を行うことは、現在ではまれである。今後、米国人は、資本価値の上昇を期待することなくして、投資を行うことはほとんどなくなるであろう」

注12　ベンジャミン・グレアムとデビッド・ドッド著『**証券分析**』（パンローリング）。

注13　ベンジャミン・グレアムとデビッド・ドッド著『**証券分析**』（パンローリング）。

注14　ベンジャミン・グレアム著「サム・カルキュラス・サジェッション・バイ・ア・スチュ

ーデント（Some Calculus Suggestions by a Student）」（『アメリカン・マスマティカル・マンスリー〔American Mathematical Monthly vol.24,no.6〕』一九一七年六月）、二六五～二七一ページを参照。

注15 『Logik der Forschung』（『科学的発見の論理』〔恒星社厚生閣〕）としてウィーンで出版された同書は一九五九年に初めて英訳されたが、それ以前から科学者や哲学者の間では広く読まれていた。ポパーは、近年、トレーダーであり学者でもあるナシーム・ニコラス・タレブがポパーの隠喩である「ブラックスワン」に関する著作『ブラック・スワン』（ダイヤモンド社）を出版したことで再び脚光を浴びている。「ブラックスワン」とは、これまで真実とされてきたことを覆すには、たった一つの反証があれば十分であるとする考えであるが、このポパーの考え方は今なお物議を醸している。

注16 一九二八年初頭に出版されたドライト・ローズの著作『ア・サイエンティフィック・アプローチ・トゥ・インベストメント・マネジメント（A Scientific Approach to Investment Management）』（ハーパー・アンド・ブラザーズ）を参照。

注17 バートランド・ラッセル著『ザ・サイエンティフィック・アウトルック（The Scientific Outlook）』（ロートレッジ・クラシクス、二〇〇九年）を参照。

第1部　證券分析の基礎を築く

もしあなたが迷路を後ろからなぞれば――ペンをゴールにおいて順路を一つずつ戻るようになぞる――、それは取るに足らないことに違いない。一方、子供でも分かることだが、スタート地点からゴールまでたどろうとすることは、それよりはるかに難しい。

同様に、今日の世界を当たり前のように論じることはたやすい。ＣＦＡ（ＣＦＡ協会認定証券アナリスト）の登録制度は、證券分析における厳格な知性と倫理行為の代表的な存在と言えるであろう。ＣＦＡ資格は取得自体が大変難しいものであるが、その制度を創造することがはるかに困難を伴うものであることは、あまり考えられることはない。いかにしてＣＦＡ登録制度が構築されたのか、ということに注目することによってのみ、その試みがいかに困難であったかを理解できるのである。

しかし、ＣＦＡ制度の成り立ちを理解すること以上に重要な理由がある。今日、證券アナリストとはいかなる存在かを知ることは、ベンジャミン・グレアムにとってそれが何を意味したのかを知ることになる、ということである。

第１章の「一九四五年　證券アナリストは専門家と言えるか――肯定的な見方」にも記載されているように、当初グレアムが「適格證券アナリスト」という呼称を提案していた際、彼は専門的基盤は広大かつ深遠なものでなければならないと主張していた。

グレアムは、アナリスト（または「統計担当者」）は科学的よりもむしろ芸術的な判断に依拠すべきものとする、これまでの考え方にはっきりと異を唱えていた。彼が当時お決まりの見方について説明して、「この分野の能力については、特定の見識や技術よりも、直感的判断次第であるとされていた」と述べ、これは意味がないことで、「判断という行為は證券分析において重要な役割を担うが、それは十分に確立された手法、特定の見識および経験が伴って成り立つものである」と考えていた。

グレアムが述べる適格アナリストとは、以下を満たす者をいう。

- ●優れた人格を有する
- ●倫理行動基準を順守する
- ●試験に合格することで当該分野の十分な見識を証明する
- ●必要な経験を積んで専門家としての能力を示す
- ●自らの仕事の基準を常に高めることに勤しむ

グレアムが「優れた人格」という要素を強調していることは印象深い。本書の第1章の冒頭の一九四五年の論文で、「教育と経験」を差し置いて、彼は「人格」を第一に置いているのである。さらに、最後の文章で再度この要素に触れ、「強固な専門能力」よりも高い優先度をもって扱っている。

グレアムが「優れた人格」という言葉に込める意味とは一体何であろうか。彼はプライベートな生活では、慣習的な道徳的基準をほとんど無視していた。実際に、グレアムは一九一九年のH・L・メンケンによる偉大な達成者は「抑圧された世界からはけっして生まれない」という刺激的な考えに同意している（注1）。

しかし、ビジネス上のグレアムの振る舞いについては、非難を浴びるようなことはなかった。多くの同業者と異なり、彼はインサイダー情報をつかって売買することも、それを求めることもなかった。彼のおよそ四〇年にわたる資産運用のキャリアにおいて、グレアムが不公正に行動したと感じた顧客からの重大な苦情に関する記録は一切残っていない。

二二歳のとき、グレアムはすでに裁定取引にて顧客資金を運用しており、顧客は収益についてグレアムと同等に分けることに同意していた。あるとき、この顧客勘定にて相当な収益を上げた際、グレアムは彼の取り分を引き出し、彼の兄弟が小さなビジネスを始めるのにその収益を貸し付けたりしたが、彼の兄弟のベンチャービジネスはほどなく失敗し、この顧客勘定の価値も下落し、追加の証拠金を請求されることになった。その後、グレアムは、まさに時計仕掛けの正確さで、以降二年にわたり毎月六〇ドルを顧客勘定に充当し、元に戻るまで一ペニーも引き出すことはなかった（注2）。

一九二九年の大暴落の後、厳格な道義心と共に、グレアムは彼の投資パートナーシップの参加者に対して元々の契約条件を順守すると伝えた。損失をすべて取り返すまでは、グレアムとそのパートナーのジェローム・ニューマンは管理報酬を受け取らないという内容である。一九三三年のみ、顧客から迫られて、グレアムはパートナーシップがまだ損失を抱えているにもかかわらず、報酬を得ることに同意した（注3）。

しかし、グレアムによる人格の定義は、誠実や高潔といったものを超越していた。彼にとって、「人格」という言葉は、単にいかに振る舞うかというのみならず、いかに考えるかという意味もとらえていた。彼は「人格」という言葉を、「合理性」の類義語のように使っていたが、この二語を組み合わせることはけっしてなかった。一九四九年、グレアムは「賢明なる」投資家の「賢明」とはいかなる意味なのかという質問に対して、以下のように答えている。

「賢明」という言葉は、見識や理解力を持ち合わせているという意味で使用される。「頭が切れる」「鋭敏さ」、または並はずれた先見の明や洞察力に恵まれているといった意味ではない。実際、ここでいう賢明とは知力というよりも、性格面の資質を前提にしている（注4）。

一九七六年さらに、彼はこれらの言葉とともに投資についても概説している。「重要な点は、適切な全体方針を持ち、そしてそれを堅持する性格を持ち合わせていることである（注5）」

つまり、グレアムがアナリストは優れた人格を持っていなければならないという場合、一連の資質を考えていたのであり――言わば、精神的な道具一式とも言うべきか――彼は自身の文献を通してたびたびそうした資質を称賛している。

●客観的証拠に対する渇望

●グレアムが述べるには「収益を生み出す運用というものは、楽観主義ではなく計算に基づいていなければならない」（注6）

●独自で懐疑的な見方を信用しても得られるものは何もない

●懐疑的な見方は、自分の考えにこそ向けられなければならない

●市場が間違っていることを主張しているときに、辛抱強く耐える忍耐と自らの信念に忠実な規律

●グレアムの言葉では「自分の知識と経験に従う勇気を持つ。事実から結論を導き出し、その判断が強固なものであると考えるなら、それに従って行動することで、たとえ他人がためらったり、意見が異なったとしても（大勢の人が反対するからと言って、正しかったり、間違ったりする訳ではない。その情報や根拠が正しいからこそ、正しいのである）（注7）」

●古代ギリシャの哲学者が述べるところの精神が安定し、落ち着いているということ——すべての投資家が冷静さを失っているときに、平静を保ち冷静でいられる能力

●グレアムのかつての妻の一人がグレアムのことを「人間味はあるけど、人間とは思え

ない（注8）」と評していた。この冷静を保ち超然としていられる資質は、グレアムを理想的な夫にすることはなかったが、彼を最高のアナリストにならしめた

「優れた人格」とは、右記のような資質を持ち合わせていることである。訓練、教育、そして経験を積むことによってのみ、その高みに到達することができる。いかに分析自体が徹底していたとしても、己の自制心や感情に対する規律を高めなければ、市場の気まぐれに対して自分の考えを断固として維持することはけっしてかなわないであろう。

第2章の「一九四六年　證券分析における適正性について」において、グレアムは一見答えるのが容易に思われる問題を提起している。「アナリスト（またはその顧客）はいかにして、彼の推奨銘柄が妥当かどうかを決めるべきか」。二つの要素がこの問題をその印象よりもはるかに難しくしている。

一つには、学習の程度は評価の質に依存していることである。私たちの行動の結果についてどれほど深く学べるかは、どの程度それらについて追跡できるかに依存している。テニスプレーヤーや、麻酔専門医、消防士、その他多くの職業において実践している者はだれでも、反復と経験を通して着実に学ぶことができる。そうした職場環境は即座に明瞭なフィードバックが得られる。彼らは、予測不能なほどの時間を待つ必要はなく、ボールがコートに入ったのか出たのか、患者は生存しているのか否か、火事は適切に消し止められたかどうかなどの結果は即

座に知ることができる。一方、證券アナリストは結果について時間にズレがあり、また曖昧な評価しか得られない環境においてその技量を発揮しなければならない。あなたがある銘柄を推奨したとき、その株価が二〇ドルであったとしよう。翌日、株価は二一ドルになった。あなたはすでに正しいように思える。しかし、一週間後、株価は一八ドルになった。今度は誤っていたように思えてくる。そして、翌月に株価は二五ドルになる。これは間違いなく正しい！　しかし、六カ月後に株価は一四ドルまで下がる。やはり間違っていたかと、あなたは収益モデルの誤りを確認し始める。銘柄推奨から一年後、株価は三〇ドルになった。つまり、あなたは最初から正しかったのであった。株価は絶え間なく変動し、銘柄推奨の評価は変化の連続にさらされるため、これがあなたの分析の質についての結論を知ることを途方もなく難しくしているのである（注9）。

二つ目は、より人間の本質的な性《さが》として、合理的であることよりも、合理的であろうとすることが多いことである。私たちの予測が現実に打ちのめされたとき、私たちは自分が間違っていたとはなかなか言わない。その代わりに、間もなく正しいことが分かるはずだとか、最終的には正しいことが証明されるだろうとか、大体において正しかったとか、ほかのだれよりも正解に近いとか、想定外の不可抗力によって合理的な前提が実現するのを阻害されたなどと、言うのである（注10）。

グレアムは誤った予測に対する責任について言葉を濁すといった人間の性を理解していた。

第2章の「一九四六年　證券分析における適正性について」にもあるように、グレアムはまたアナリストはただ適切であるというだけでは十分ではないと警告している。アナリストは、正しい理由をもって適切でなければならないのである。

もしもこれが妥当な推奨であるとすると、市場における評価としてはもちろん、理にかなった根拠があってしかるべきである。證券分析における専門的基準というものは、すべての推奨銘柄について、その推奨内容のみならず、その推奨の基礎となっている分析的思考についても明確に示すことが必要である。

もしそうでないのであれば、あなたもあなたの顧客もあなたが正しかったのか単に運が良かったのか知る由もない。株価が絶え間なく変化している以上、あなたの予測が妥当なものかどうかは、その推奨内容の根拠を明確にすることによってのみ認識することができるのである。第3章の「一九四六年　ヒポクラテス式證券分析」において、グレアムはこれまでの経験則や、漠然とした印象、偏った見方などを理由に――数十年にわたる蓄積されたデータからの実証に基づいた根拠ではなく――、高利回り債、成長株、小型株などを推奨するアナリストは顧客の助けになるどころか、顧客に損失を与えるリスクがあると警告している。

グレアムは、ヒポクラテスの誓いが医師たちに対して「患者に害を与えるなかれ」としていることを明確に指摘したわけではなかった。しかし、彼は実に明確に證券分析の実務を医学における実務と比較していたのである（注11）。医師たちは、彼が主張するには、当てにすべきより深い身体に関する知識――数十年にわたる病気の兆し、原因そしてその処方などに関する科学的根拠――を有している。一方、アナリストはそのさまざまな性質が伴う有価証券の価格の変動に関する体系だった知識の欠如に取り組まなければならない。

それらの欠点は、これまでの間に、実証に基づいた膨大な数の文献、『フィナンシャル・アナリスツ・ジャーナル』『ザ・ジャーナル・オブ・ファイナンス』『ザ・ジャーナル・オブ・ポートフォリオ・マネジメント』並びにその他多くの論文の発表によって大きく改善されてきている。実際に、今や多くの投資家はグレアムがここで提起したこの種の問題を解決済みとみなしている。実証に基づいた調査によって、例えば、小型株が大型株をアウトパフォームする、割安株が成長株をアウトパフォームする、といったことが証明されてきた（注12）。

しかし、こうした考え方をする方々に対して、第3章の「一九四六年　ヒポクラテス式證券分析」で、グレアムはさらに警告を発している。

われわれがまことに厄介な実証研究の過程を終えるまでに、また、われわれの暫定的な結論が市場サイクルの継続の中で何度も確認されるまでに、これまでに見られなかった新たな経済事象が生じる可能性があり、それゆえ、われわれの苦労して手にした手法は、そもそも活用される前に陳腐化することもある。

市場のアノマリー（合理的に説明できない一定の法則）の発見は、そうしたこれまでに蓄積されたものの崩壊を原則としている。一度、投資家がある戦略が信頼に足るかたちで市場平均を上回ることを認識したら、彼らはそれに固執し、その結果、将来においては同様の成果を得ることの妨げとなるのである。

ゆえに、証券アナリストは常に自らの予測が過去の多くの実例をカバーする強固な実証的根拠に基づいているのか、ということだけでなく、多くの人がその戦略を知った今でも、同様のやり方が有効に機能するのか、ということを問い続けなければならない。一定数の事例を調査して妥当性を確認するのは一つの方法であるが、その事例の範囲外にも検討を広げ、より超過収益を得られる事例を得るといった方法もある。

第4章の「一九四六年　ＳＥＣ式證券分析」で、グレアムはＳＥＣ（証券取引委員会）が公益事業会社の評価に際して秩序だった三段階の手続きに従っていることを挙げている。まず最初に「価値基準を公式化する」、次に「個別の事例について関連するデータを集める」、最後に「当初設定した基準をデータに当てはめ、明確な評価を導き出す」のである（注13）。

読者のみなさんはＳＥＣ職員が自身を「證券鑑定士」のように考えることを強要されている一方で、同様のことをセルサイド（証券会社）のアナリストはいまだに嫌々とやっていることに不満を持っていることを感じるであろう。「支払う価格を度外視する妥当な投資というのはありえない」とグレアムはきっぱりと言う。そのうえで、セルサイドの調査部門がいまだに業界成長率や過去の収益を参考にしたナイーブな推測などの総論的なテーマに基づく楽観的なリポートを発行し続けていることについて、注意を喚起している。「この手続きについては唯一異議がある」とグレアムは記述している。事業に内在する本質的な価値が現在の市場価格に対して上回っているのか、下回っているのかという綿密な評価なくして、この種の分析は「十分であるはずがない。これは真の分析ではなく、うわべの分析にすぎない」としている。

一九四六年に書かれた、そうした批評は今でもなお、悩ましく痛いところを突いている。

注

注1　グレアムは最初の三人の妻に対して、大変不誠実であった。H・L・メンケン著『メンケン・クレストマシー（Mencken Chrestomathy）』、「アート・アンド・セックス（Art and Sex）」（アルフレッド・A・クノフ、一九四九年）、六一ページを参照。

注2　ベンジャミン・グレアム著『ザ・メモアール・オブ・ザ・ディーン・オブ・ウォール

ストリート（The Memoirs of the Dean of Wall Street）』（マグロウヒル、一九九六年）、一五〇～一五四ページを参照。一九一六年当時、六〇ドルは大金であり、インフレーション調整後の現在における価値はおよそ一二〇〇ドルにもなる（http://www.measuringworth.com/ppowerus/ を参照）。

注3 グレアム著『ザ・メモアール・オブ・ザ・ディーン・オブ・ウォールストリート（The Memoirs of the Dean of Wall Street）』二六七～二六八ページを参照。

注4 ベンジャミン・グレアム著『**賢明なる投資家**』（パンローリング）。

注5 ハートマン・バトラー・ジュニア著『ベンジャミン・グレアム（Benjamin Graham）』、「アン・アワー・ウイズ・ミスターグレアム（An Hour with Mr.Graham）」、およびアービング・カーン、ロバート・D・ミルネ共著『ザ・ファザー・オブ・フィナンシャル・アナリシス（The Father of Financial Analysis）』（ザ・フィナンシャル・アナリスツ・リサーチ・ファンデーション、一九七七年）三三～四一ページを参照。

注6 ベンジャミン・グレアム著『**賢明なる投資家**』（パンローリング）。

注7 ベンジャミン・グレアム著『**賢明なる投資家**』（パンローリング）。

注8 グレアム著『ザ・メモアール・オブ・ザ・ディーン・オブ・ウォールストリート（The Memoirs of the Dean of Wall Street）』、三一一ページを参照。

注9 決断力向上に向けたフィードバックの重要性に関する啓発的な議論については、ロビ

ン・M・ホガース著『エデュケーティング・インチュイション（Educating Intuition）』（シカゴ大学プレス、二〇〇一年）を参照。

注10　より訓練を積んだ専門家は、予測した結果が起きないときでさえ、彼らの予測は適正であるという事前または事後の釈明に特に熟達している。フィリップ・E・テトロック著『ジャーナル・オブ・パーソナリティ・アンド・ソーシャル・サイコロジー、ボリューム七五（Journal of Personality and Social Psycology, vol.75）』（一九九八年）、六三九～六五二ページを参照。

注11　グレアムの考え方の特徴的な点は、第３章の「一九四六年　ヒポクラテス式證券分析」でも示されているように、自らの専門分野でない場合でさえも、彼の時代よりかなり先をいっていたことである。数十年後の医学分野における「ウェルネス」ブームを予期していたかのように、彼は医師に病気を治療するだけではなく、健康維持を促進する役割を果たすべきであるよう忠告していた。「典型的な医師は病気の治療を行うだけで役割を果たしたつもりであるが、それは彼の役割の一部にすぎない。それではまるで、投資が失敗したときのみ相談を受ける證券アナリストのようなものである」

注12　ほとんどの証券アナリストは、時価総額とバリュエーションはリスク変数であることに同意する。小型株、特に割安に放置された銘柄はより高リスクであるゆえに、長期的には平均的な収益を上回るべきであるとされる。しかし、短期的には何事も起こり得るのであり、こうした銘柄を保有するリスクは、誤ったタイミングでは重大なものとなる。小型株や割安株への

投資に確実なことはなく、まして、タダ飯同然であるはずがないのである。

注13 一九四六年当時まだ有効であった、一九三五年制定の公益事業持ち株会社法の法的解釈の下、SEC（証券取引委員会）は公共事業会社により提起された資本再構成は株主にとって公正であると繰り返し決定した。一九四〇年から一九五二年の間、SECは公共事業の業界を、それまでの少数の持ち株会社による寡占状態からはるかに多くの独立した企業が存在する状態へと再編した。一九四二年、SECはワシントンDCからフィラデルフィアに移転したこともあり、当時グレアムは「フィラデルフィアは有望な地である」と言及していた。しかし、一九四八年に当局は再びワシントンに戻った。

第1章　一九四五年　証券アナリストは専門家と言えるか――肯定的な見方

『ジ・アナリスツ・ジャーナル（The Analysts Journal, vol.1, no.1）』（一九四五年）、三七～四一ページより許可を得て転載

序文

一九四二年、ニューヨーク証券アナリスト協会基準委員会は会員に対して、証券アナリストの認定および専門家としての肩書を制定する旨を提議した。この認定制度は、暫定的に「適格証券アナリスト」（Qualified Security Analyst）と定められた。提案された機構として、資格認定委員会は当協会および業界関係者――証券業協会、保険会社、投資顧問などによって設立されるものとする。当委員会は、定められた基準を満たす申込者に対し認定の協議を行うものとし、その基準は以下関連を含む。

編集者注　この論文の第２部において、ルシエン・O・フーパーは専門性に対して異を唱え、「否定的な見方」を寄せている。

a　人格
b　教養および経験
c　試験の合格

後半の試みについては、適切な理由に基づき、撤回される可能性がある。認定への申し込みは自由意思であり、実務上の優位性や威信の切望により動機づけがなされるべきである。しかし、最終的には、適格証券アナリストの認定は直接または間接的に一般大衆と接触する上級の証券アナリスト職に携わるものに対しては、必須となることが期待される。

委員会の到達した結論としてこれまでに何らかの最終的な措置は施されていない。以降の論説で、この提案の内容について、さらに分析を行っている。会員からの意見の表明を歓迎する。

この認定制度の提案にかかわる問題は比較的単純であり、類推によって広く議論されるかもしれない。五〇数年前に、訓練を積んだ会計士が似たような問題に取り組んでおり、当時、提案された公認会計士の認定制度の問題点や障害は、疑いもなく、多くの会計士にとって極めて重要なものと思われていた。今日、会計士のみならずほかの多くの分野における認定制度の必要性は当然のものとなっている。證券アナリストの認定に関する当初の障害を私たちが乗り越えることを予言するものは存在しないが、その手続きは確固として成立し、公共の利益にとって必要不可欠なものとみなされるであろう。

この議論の目的として、證券アナリストとは他者に対し特定の有価証券の売買に関して助言を行うものと定義される。この定義は以下の者を除外する。

一．見習いの統計担当者または単純にデータ収集に従事するアナリスト
二．特定の有価証券の価値評価に関与しないビジネス・証券アナリストまたはエコノミスト
三．教師および理論自体を学ぶ学生

厳密に考えれば、この定義においては、株式市場アナリストも通常は特定の銘柄について助言することはないため、除外されてしかるべきである。しかし、現在はそうではないかもしれないが、究極的にはマーケットの分析も證券分析のなかの一つの特別な分野としてみなされて

ゆくであろうし、有能なマーケットアナリストであればだれでも證券分析にも精通しているはずであると、私は考えている。

いずれにしても、この文脈における證券分析とは、顧客（およびパートナー）に対して証券取引に関する助言や提案を行うことを意味しており、証券会社、投資銀行、商業銀行、信託銀行、投資顧問業者、および投資会社、保険会社、一般企業、慈善団体などにおいて類似の職務を行う担当者などが想定される。当該分野は広大であり、国内だけで数千人もの実務担当者が該当するであろうことは明らかである。

認定制度の優位性

認定制度の優位性は、以下のように要約される。適格證券アナリストと取引する顧客は、そのアナリストが専門分野における知識に関して一定の最低限の要件を満たしており、かつ専門家として有能であることが分かる。顧客はまた、彼が適格證券アナリストとしての登録を維持するために、時がたつにつれてますます明確かつ差し迫った問題になりつつある、倫理行動基準の規定を順守しなければならないことを知る。こうした恩恵は、證券アナリストを雇用する経営者およびその顧客の双方が受けるものである。

認定を受けた適格證券アナリストは、信頼性の面や、職を得る能力、高給を得る機会などにおいて、明らかに優位になるだろう。さらに、そのアナリストは自らの仕事に対する姿勢をよりプロフェッショナルなものへ高め、自らの職務の基準を維持向上することにより熱心になるであろう。

想定される異論に対する回答

認定制度の提案に関して、事前にさまざまな異論についてリストアップし、それらについて簡潔にコメントしておくことは賢明なことのように思える。これらの異論は、このアイデアの根本的な正当性とその実際の適用の両面に当てはまるものである。

異論一

有能なアナリストとそうでない者とを区別することは基本的に不可能である。なぜならば、この分野の技能は特定の知識や技術よりも判断そのものに大きく依存しているためである。優れた判断は一般的な試験などでは検証することはできない。

回答

證券分析において、判断は明らかに重要な役割を担っているが、判断とは揺るぎなく確立された手法、専門知識および経験などを必要とするはずである。分析における合理的な手法が――経営者、教師、この分野へ参入する者によって、そして当協会での業務としても――ますます注目されている。

専門能力および十分な見識の有無は、当然ながら適切な試験により測定されうるものであり、それは證券分析に挑戦する際の明確な判断要素としても当てはまることである。

異論二

證券アナリスト認定制度は、国民に誤解を与えるかもしれない。なぜならその認定によって示されるとおりに認定資格保有者が有能なアナリストであることを保証することはできないからである。

回答

この異論は確かにもっともであるが、これは医師免許を持っていても良い医師ではないかもしれないといったことと同義にすぎない。ほかの分野と同様に、認定制度はその資格保有者が最低限の資格基準を満たしているということを意味しているだけであって、資格保有者が最大限の能力を持ち合わせていることを意味しない。ただ、ほかの分野に比較して、誤解の生じる可能性は少ないように思われる。なぜなら、一般にアナリストを雇用する経営者自身が専門知識のない一般大衆ではなく、この分野における相当程度の実務知識を有しているためである。

異論三

認定證券アナリスト制度は、一部の限られた特権的な集団を生みだすきっかけにならないか懸念される。カルテル行為の助長にならないだろうか。

回答

適格證券アナリストの認定は、それを求めかつふさわしい人物であればだれでも与えられるものである。それは、この分野において無資格の実務担当者が排除されることにつながるかもしれないが、これは不公正でも不健全なことではない。職業選択の自由はすべての者に与えられる権利であるが、それは社会全体の要請（適材適所）を前提に成立するものである。

異論四

この計画は、実際に行うのは困難であろう。一体、だれがどのような権利でもって、他人の適正を判断するのか。だれがその任務に必要な時間を割けるのであろうか。

回答

この認定制度の提案による困難は、ほかの分野の同様の試みに見られるものと変わらない。例えば、弁護士協会委員会、精神科医試験委員会などが存在するように、認定を与えるにふさわしい人間は見つかるものであり、公共心があり、評判の良いアナリストであれば、ほかの非営利業務を行うと同様に、時間を割いてくれるものと思われる。

この計画を始めるにあたって、ある種の特別な問題がある。それは、あるアナリストが経験を理由に認定された場合は、同じような経験や地位にあるアナリストが不満を覚えてしまうかもしれないことである。この障害は、例えば少なくとも一〇年か一五年の実務経験を有する者については当初は試験を免除するといった措置をとることで解決され、時の経過とともに、継続的により多くのアナリストがこの試験を受けるであろう。

認定を受けるにあたって必要な能力水準は、資格認定委員会によって定められる。ほかの分野における前例に従うのであれば、当初はやや低い水準に設定し、徐々に水準を上げていくことになる。これは著者個人の私見であるが、試験は大学または大学院での證券分析の単位認定試験と同等レベルのものが適当かもしれない。人格と経験に関する要件は分けて設定し、学業における取得単位をビジネス経験に代替するものとして考慮することが望ましいと思われる。

結論

この議論において、認定制度の提案によって直面する実務上の困難さを矮小化させるつもりはまったくない。しかし、そうした問題は、会計、法律、医学、およびその他の専門分野において見られる問題と、本質的には異なるものではないように思われる。これらの類推が高尚すぎるのであれば、免許や適正認定資格の必要性は、不動産仲介業者、保険営業マン、証券会社の外務員など、さまざまな分野において同様の指摘ができる。証券会社の外務員の試験や登録の制度が妥当であるかどうかは分かりかねるが、同様の基準を證券アナリストに当てはめることは合理的ではないと言える。この問題の最も重要な点は、證券分析を職業として見た場合、実務にあたる者の適正の有無について、その根拠を示す必要性があるほど特別な専門性があるのか、という点にある。この論説の公表自体が、ある意味、證券分析業務の専門的地位の表明である。どうやら、ほぼ自明なことではあるが、證券アナリストたちはまずは形式要件としての専門性の認定を歓迎し、そして、この認定を優れた人格と適切な能力を備えた根拠としてあまねく認知されることに向けて精進することになりそうである。

第2章　一九四六年　證券分析における適正性について

『ジ・アナリスツ・ジャーナル（The Analysts Journal, vol.2, no.1）』（一九四六年）、一八～二一ページより許可を得て転載

上級アナリストの最も重要かつ面白い仕事は、何よりも銘柄の買い推奨である。いかにして私たちは、そうした推奨の成否を知り得るのであろうか。これは一見単純な問題のようだが、本当に満足のいく答えを見つけるのは容易ではない。デパートの仕入れ担当者がある商品の購入を勧めた場合、彼はその商品のすべてが――あるいはほとんどすべてが――今シーズン中、通常の利幅で売れることを前提としている。大抵の場合において、そうした推奨の合理性は結果を見れば、一目瞭然である。マーケットアナリストがある銘柄を八〇ドルで買い推奨した場合は、その専門的アドバイスの意味することが、間もなく価格上昇が起こりそうであるということであるため、そのアイデアの「正しさ」を確認することは、さほど難しくないかもしれない。私たちのほとんどは、マーケットアナリストの推奨の正しさはその銘柄が上昇することと、例えば、少なくとも四ポイントの上昇が、およそ六〇日くらいで証明されるということに賛意を示すであろう。

しかし、例えば証券アナリストがUSスチール株を八〇ドルで買い推奨した場合、どのような明確な基準でもってこの推奨の正しさを確認することができるのだろうか。当然ながら、その銘柄が六〇日以内で四ポイント上昇するということでは確認できない。

年間で一〇％の上昇が必要だろうか。それとも、マーケット平均と比較して一〇％上回ることであろうか。それとも、マーケットの動きにかかわらず、その銘柄は例えばその後五年間の配当、利益などについて一定の要件を満たすべきであろうか。

私たちは証券アナリストについての採点システムのようなものを持っていないため、打率のようなものも存在しない。ただ、これがかえって好都合なのである。これは本当に特異なことであるが、もし私たちが生涯を捧げて顧客に具体的な推奨を行ったとして、いかなる場合においても、顧客または自分自身にとって、正しい推奨であったかを証明することはかなわないのである。優れたアナリストの価値は、たとえ正確な評価基準がなかったとしても、年月を重ねるにつれて、その推奨内容の総合的な結果をもって断固として示されるはずである。しかし、個人および推奨内容の合理性について、明確で理にかなった基準なくして、証券分析のプロフェッショナルとしての名声を高めることは期待できそうにない。そこで、そうした基準の暫定的な考案を試みることにしよう。

ここで、ある証券アナリストがUSスチールの普通株を八〇ドルで買い推奨したとする先程の仮定に戻ることにする。もしもこの推奨が合理的なものであるならば、マーケットにおいて良い結果となるだけでなく、かつ合理的な根拠がなければならない。そうした根拠がなければ、良いマーケット情報であるかもしれないが、良い證券分析とはならない。しかし、その根拠というのはさまざまな形態があり、その推奨の意味自体もその背景とする根拠によって変わるものである。以下四つの選択肢を使って説明してみよう。

一．USスチールを買い推奨する　その理由は、将来の収益性は平均で一株当たり利益が一三ドルとなることが見込まれるため**（注1）**

二．USスチールを買い推奨する　その理由は、ダウ平均一九〇ドルを下回っており、八〇ドルは根本的に割安であるため

三．USスチールを買い推奨する　その理由は、来期の利益は大幅な増加となりそうなため

四．USスチールを買い推奨する　その理由は、八〇ドルという価格水準は過去二年間の強気相場で達した高値をはるかに下回っているため

理由一は、スチール株が満足のいく長期投資であろうことを示唆している。それは、必ずしも今後二五年にわたって平均の一株当たり利益が一三ドルであることを意味せず、今後五年程度は高い確度でそうなり得ることを意味する。もしもこの分析の正しさが証明されるのであれば、株を買った者は、収益および配当の両方で満足のいく結果となり、ほぼ間違いなく、上昇

した価格での売却の機会が得られるであろう。分析の正確さとその結果としての推奨内容は、五年もしくはより長期間によってのみ証明されるであろう。

同様の提案が似たような根拠でなされたと仮定すると、スチール株が八〇ドルで売られていた一九三七年一月はどうだろうか。その分析は正しかったといえるだろうか。答えはノーである。たとえ株価がすぐに五七％上昇し、一二六ドルを付けたとしても、である。一九三六年以降の数年間、その一株当たり利益の平均は七ドルであった。そして、一九三七年から一九四四年までの平均はおよそ五ドルであった。六〇日以内に一二六ドルへ上昇したこと自体は、その後二カ月で株価が三八ドルまで下落したことからも、その分析が誤っていたことが証明されたように、分析の正しさを意味しない。

ダウ平均よりも価格が下回っているためUSスチール株を「買い」とした推奨（理由二）は、分析的根拠として妥当かつ標準的な形式を示している。この推奨内容は、スチール株自体が魅力的であるという表明と一体であるとも思えるし、そうでもないともとれる。前者の場合は、先程の理由一と同様であり、それに加えて、スチール株はほかのダウ平均銘柄よりも割安であるという主張がなされている。しかし、その銘柄自体が本質的に割安であると主張しないのであれば、アナリストは比較することでもってのみ、適正にUSスチール株を推奨できることになる。その場合、たとえUSスチール株自体のパフォーマンスが良くなくても、ダウ平均のパフォーマンスよりも良ければ、彼の正しさは証明されることになる。例えば、USスチール株が今後一年以内に七〇ドルまで下げても、ダウ平均が一四〇ドルまで下げたとすれば、比較の面でその推奨は正しいことになる。①最初から相対的な表現を用いていること、②合理的な分析的根拠によって裏づけがあること——という条件があればであるが。条件②については、その推奨が単なる幸運ではなく、適正であるかを確かめるためにはすべての場合において必須と考えられる。

来期の利益が大幅に増加することを主因に買いとした推奨（理由三）は、ウォール街では最も一般的な内容である。それらは非常に検証が容易なことが利点である。この推奨は、①利益が増加する、②株価も上昇する（およそ、少なくとも一〇％の上昇、一二カ月以内が目安であろうか）——の二つが成立した場合に正しさが証明される。

この種の推奨への異論は、実務上のものである。典型的な場合でいえば、マーケットは来期に利益が増加する見込みに気づいていない（織り込んでいない）と信じることはあまりにも幼稚である。もし増益が事実だとしても、好材料はすでに織り込み済みであり、この単純な方法での成功率は非常に低いものになるだろう。

最後に、過去二年の強気相場ではるかに高い価格で売られていたことを理由とした推奨（理由四）である。これは、証券分析として理にかなった根拠といえるだろうか。この点についての意見はさまざまあるだろうが、いずれにしてもこうした推奨が正しいかどうかはすぐに分かることである。そうした銘柄は、現在の強気相場では相当大きく上昇——およそ、少なくとも二〇％――しなければ正しいと証明することはできないであろう。

結論

ここまでの議論から、暫定的ではあるが議論の出発点としていくつかの総合的な結論につながるように思う。


一．大半の場合において、アナリスト推奨の正しさは、その種類と根拠を示されれば、結果により確かめることができる。

二．異なる種類の推奨については――たとえ、今回のUSスチール株を八〇ドルで買うといった同じ行動が要求されるとしても――異なる方法でその正しさは確かめられる。

三．推奨がある種のグループ単位でなされた場合は、そのグループとしての結果が確認されるべきである。個々の問題については、グループの傾向と反対の結果が得られるかもしれない。

四．証券分析の専門性評価は、すべての推奨は明確にその推奨の種類と推奨の基礎となっている分析的根拠の内容を明確に示されることが必須である。


アナリストは、普通株と同様に債券や優先株についても推奨する。そうした提案の背後にある保証は、少なくともその銘柄の利回りに相応の質の高さである。そうした推奨の内容を確かめるには二つの方法がある。①分析の根本を精査すること、②その後のマーケットの動きを望ましくは適切なグループ指標と比較しながら確認すること――である。この種の活動は、極めて精緻な結果を求めないのであれば、さほど重要な問題をはらむものではない。

アナリストの業績を彼らの個々の推奨内容から検証できると仮定すれば、彼らが行ったすべての推奨のうち正しい推奨が何パーセントであったのかによってのみ、彼らの仕事の大よその成功率を明らかにすることができる。この平均がどの程度高ければ優れたアナリストと言えるのだろうか。そして、「非常に適正」「極めて不適正」「おおむね適正」「おおむね不適正」などと区別することでこの検証を精緻化させる必要はあるだろうか。

これらの問題への回答はほかのだれかに委ねるとしよう。

注

注1　C・J・コリンズ著『ジ・アナリスツ・ジャーナル（The Analysts Journal)』、「エスティメイティング・アーニングス・オブ・アン・アクティブ・ポストウォー・イヤー（Estimating

Earnings of an Active Post-War Year)」（一九四五年七月）、一二三ページを参照。

第3章　一九四六年　ヒポクラテス式證券分析

『ジ・アナリスツ・ジャーナル（The Analysts Journal, vol.2, no.2）』（一九四六年）、四七～五〇ページより許可を得て転載

思慮深い思考に関する卓越した要約集として知られる『ザ・プラクティカル・コジテイター（The Practical Cogitator）』は著者L・J・ヘンダーソンによる興味深い内容に富んでおり、「最も有名な医師」ヒポクラテスの手法について書かれている。その手法とは以下のように描写されている。

その手法の第一の要素は、熱心で、我慢強く、賢くて、責任感のある、病室での絶え間のない労働であって、図書館での学習ではない。医師の仕事に対する完全な順応とは、ただ単純に知的であるということからは程遠いものである。第二の要素は、物事や出来事に対する正確な観察である。顕著に繰り返される現象に精通し、経験に裏打ちされた判断によって、それらの分類および秩序立った活用といった一連の選択を可能にする。第三の要素は、賢明なる理論の構築である。小難しい哲学的理論や壮大なる想像や宗教的教養などで

はなく、それは地味でありふれた実務であり、あるいは歩くのに役立つ杖のようなものと言ったほうがよいかもしれない。そして、それ自体の活用である。

ヘンダーソンは、この病気に関する研究手法が非常に功を奏したので、「毎日の生活のなかでのほかの経験」にも活用することを勧めている。この言い回しは、特段の努力を勧めているわけではないが。證券分析と医学とを比較するという誘惑はにわかに耐えがたい（注1）。医学と證券分析のいずれも、科学と芸術の入り混じった性質を帯びている。双方とも、その結果は未知の予測不能な要素に強く影響され――ヘンダーソンの表現で言うところの――「おそらくほとんど無意識に、無知を隠しつつ、知識をひけらかす」ようなことが見られるであろう。

創造力を少しでも働かせれば、私たちは医師の仕事とアナリストの仕事との間に体系的な類推を展開できるであろう。私たちは、顧客の資金や所有する有価証券などをもって、良くも悪くも、彼らを触発することができるし、医師も患者に対して、彼の気質や体の調子、慢性的な病気などで同様に触発できるであろう。これは、典型的な医師は病気の治療を行うことのみでその役割を果たすが、それは彼の仕事の一部であり、それは投資が失敗したときだけ、相談を受ける證券アナリストのようなものである、ということを示している。医師の全体的な義務は、アナリストも同様に、患者または顧客が持っている資源について、身体上のことであれ、財務的なことであれ、それらを最大限に効果的に活用することを支援することであろう。

よりこじつけのようであるが、有用と思われる別の例えとしては、患者個人と個別の有価証券そのものとの比較であるかもしれない。例えば、医師が保険会社から傷病および死亡保険の保険申込者についてどのような料率とすべきかを尋ねられたとしよう。この場合、申込者の健康状態についていて定量的な観点、おそらくパーセンテージによる評価が含まれる。證券アナリストも、株式や債券に対して基本的にはこうしたことを行うというよりも、行うべきではないだろうか。彼は、そうした検討対象が現時点での価格で投資するには合理的なリスクであるかどうかを判断しなければならないし、または逆にリスクが合理的である価格水準を指定しなければならない。医師、アナリストの双方とも、このような判断に到達するために実にさまざまな要素を検討しなければならない。また、彼らはそうした判断を台無しにするような予測不能な出来事を予期することに努めなければならない。ゆえに、彼らは自らの業務を正当化するために、合理的で堅実な手法、経験、平均の法則などの統計的アプローチに依拠しなければならない。

私たちは、證券アナリストたちからヒポクラテス式手法について、より実りのある聞き取りを得るために相当な用心深さをもって、私たちの考える類推を追跡してきた。まず最初にリストに載るべき第一の要素――「病室での絶え間ない労働」――と私たちは認識しているが、これはわれわれ責任あるアナリストたちも追随すべきことである。私たちは、熱心に粘り強く働き、検討する有価証券の知識の取得に没頭する。それが病室ではなく、企業の役員室であるとしても。

第二段階や第三段階では、自己批判意識の喚起を要する。一体、どの程度まで専念して「顕著に繰り返される現象の分類と秩序立った活用」に取り組めばよいのであろうか。これについて、私たちはまだ基礎しか有していない。さまざまな有価証券の種類や安全性の状況に関する秩序立った帰納的研究についての私たちの経験はまだほんの端緒についたばかりである。私たちの判断のよりどころとなる経験の多くは、多くの注意深い記録や研究の成果であるというよりは単なる経験則や曖昧な印象や偏見である。

以下のような問いに対する私たちの見方に対していかなる保証を持ち得るのだろうか。①高利回り債や株式は全体的に低利回りの証券より良いリターンであると言えるのか、②利益の増加トレンド（統計上示されている）は大幅な価格プレミアムを支払うのに十分な信頼に足る保証となりうるのか、③低位株への投資で良いリターンを得る（通常のマーケット環境において）数学的確率は優先的に検討するに値するほど信頼に足る保証はあるのか、④普通株の選択において、近い将来の利益見通しは最優先の根拠として実際に使えるのだろうか――など、そのほかにも数えきれない問いがある。

ウォール街には、明確な指標とともに歴史上実際に起きた有価証券の動きについて、活用できるような体系立てられた知識がほとんどないことについては驚くばかりである。当然ながら、業種別や個別の株式の長期の価格推移を示すチャートは存在する。しかし、事業の種類を除いて、本質的な分類はなされていない（例外はバロンズの低位株指標）。今後もますます増え続ける知識と技術の集積は、いかにして、過去のアナリストから、現在、そして未来のアナリストへと伝えられていくのであろうか。医学の歴史とファイナンスの歴史とを比較した場合、私たちの保有する記録や会得した経験値などの不足が、後々、非難の的となるかもしれない。

反証のなかに、意味や答えとなるものが見つかる場合もある。證券分析は、まだ始まったばかりの科学ともいえる。時が（そして『ジ・アナリスツ・ジャーナル（The Analysts Journal）』も）熟すのをじっくりと待とう。これに反して、私たちの多くはほとんど無意識のうちに、証券の値動きのパターンに十分に認められるほどの不変性などないと信じており、多くの事例の蓄積という面倒な仕事を避けている。もしも医師や研究者がガンについて調査を続ければ、彼らはそれを理解し管理することによって、その研究を終えることができるであろう。なぜならば、ガンの性質自体は研究を続けている最中に変化しないのだから。しかし、有価証券の価値や価格変動に内在する要素は、長年の間にまさに変化しているのである。私たちが骨の折れる研究の課程を終えるまでに、または、私たちの暫定的な結論を繰り返される市場サイクルの中で何度となく検証するまでに、まったく新しい経済事象が生じたりする。これによって、私たちの苦労の末に手にした手法などは、ほとんど使われることもなく、陳腐化してしまうのである。

これが、目下のところ考えられることであるが、それでは、どのように、またどの程度それを知り得るのであろうか。そもそも、現時点では価値のある経験なのか否かを示すような体系化された経験値が不足している。今後数年のうちに、私たちアナリストは、歴史上の偉人たちが身に着けていた克己心や規律といったものを「学習」しなければならない。そして、彼らの事実の集積や綿密な観察の仕方などを学び、そこから私たちの分野の特性に適した調査の手法にまで発展させなければならない。

ヒポクラテス式手法の最後の要素は、「賢明なる理論の構築」である。冒頭の引用では、そうした理論の地味な性質は医学的観察に基礎を置いていることを強調している。それは、言ってみれば、「歩くのに役立つ杖のようなもの」であると。

だから、證券分析もまた、経験や綿密な観察を基礎とした理論が必要であるが、いみじくもそれは観察の範囲やみせかけの謙虚さなどに制限されるものである。私たちは夢想的な空理空論と揺らぐ楽観主義の間の道を進まなければならないのである。それは、真に成功する證券アナリスト――または傑出した医師――の特徴を明らかにする理論と実務的なアプローチとの賢明なる融合にほかならない。

證券分析に「理論」を当てはめる発想は、「標準化」という発想とほぼ等しい。それは、どの有価証券を評価し選択しうるかという具体的な定量的手法を意味する。もし私たちが、債券保全のために必要な追加措置として、鉄道債の利息は平均の二倍まで補償されるべきであると主張すれば、実質的により低い補償料率を示す鉄道関連銘柄は通常の債券投資として満足できる分野ではないとして、理論を進展させることになる。これは大雑把に言って、肥満の具体的な度合いを示す人はそうでない人よりも早死にする確率が高いといった医学の「理論」に相当するものである。

ダウ理論は、證券アナリストが発展させ、試し、公開し、活発に議論すべき理論の優れた手本を提供してくれる。ダウ理論の本質的な妥当性の正否、そして、それ自体は厳密な意味での證券分析の分野に立脚していない事実にかかわらず、これは真実である。ダウ理論は長期間の観察により進化してきたのであり――それ自体が明確かつ定量的な公式化に役立つ――、その有用性は年月を重ねるにつれて確認されるであろう。

證券分析の発展に専念するものであればだれでも、この仕事はまだまだ統制がとれておらず、発展途上であることを認識している。ヒポクラテス式の手法のなかに、その三つの要素とともに私たちの求める規律を実現しうるような最高の公式が見つかるかもしれない。

注

注1　編集者から一つ、呼吸器系の病気の蔓延と投機にまつわる類推の話を披露してこの章を終えるとしよう。一九三〇年代初頭に人気を博した逸話を思い出すのをこらえられないわけではないが……。A氏という投機家が、B氏になぜ、そんなに悲しそうにしているのかを聞いた。

「ほとほとついてないんだ。四〇歳にして、糖尿病になったんだよ」。Ａ氏が返答する。「そんなの何でもないよ、俺なんか、コンソリデーティッド・トリークルを一八七ドル五〇セントで手に入れたんだぜ」

第4章　一九四六年　SEC式証券分析

『ジ・アナリスツ・ジャーナル（The Analysts Journal, vol.2, no.3）』（一九四六年）、三三一～三三五ページより許可を得て転載

ヒポクラテス式手法を扱った第3章の後半では、ウォール街からは大きく脱線してしまったが、ここでわれわれの本拠地に戻るとしよう。このために、フィラデルフィアを有望な地としたのかもしれない。近年の證券分析において、最も注意深く完成度の高い研究は、間違いなくSEC（証券取引委員会）によってなされてきた。これには、少なくともある程度は三段階の周到な分析が含まれている。すなわち、①価値基準の公式化、②個別事例の関連データの収集、③基準の個別データへの適用――によって明確な評価に至っている。

SECがこれらすべての研究を行ったのは、證券分析への新たな道を切り開くという考えでも、アナリストたちにより高い基準を指し示すといったことでもなかった。そうせざるを得なかったのである。法律で与えられた明確な責務によって、SECは本格的な證券分析に取り組まざるを得ず、そうした責務には以下が含まれていた。第一に、公益事業持ち株会社制度の資本再構成計画と証券取引への管轄権、第二に、連邦破産法第一〇章に基づき資本再構成計画の

公正性や実行可能性について、請求があった場合は勧告書を提供すること、重要性は低いが第三に、投資会社といわゆる関連当事者との証券取引への管轄権である。

計画または取引が公正であるかを判断するために、委員会は関係する有価証券について相当に的確な評価が必要であることに気づいた。このことは、同様に、證券分析の手法や基準の選択を必要とした。ただ、これらの評価業務の責務はＳＥＣの活動の限定的な領域においてのみ適用されることを認識することは重要である。一般に、有価証券の新規売り出しや取引所で成立した価格水準に関して、そうした責務はない。しかし、おびただしいほど大量な證券分析や評価方法を開発し、称賛されたり非難されたりする宿命を背負う委員会のこうした任務はそれだけで特別である。

ここは、ＳＥＣによる証券評価について批評をする場所ではないが、そうした仕事がだれかの博士論文として進行中であることは想像に難くない。私たちは、最近の興味深い事例を参照するにとどめることにしよう。例えば、アメリカン・ステーツ・ユーティリティ・コープ社の資本再構成である。同社は、新たに普通株を発行し、発行後の持ち分比率を優先株を七七％、普通株を二三％とする資本計画を提出した。この件については、優先株の所有者たちが異議を申し立てており、より多くの持ち分を求めていた。普通株の所有者たちが同様により多くの持ち分を主張するかどうかは明白ではなかった。それにもかかわらず、委員会は普通株の所有者は十分な持ち分を有していないと判断した。優先株の持ち分比率を六五％に減じ、普通株の比率を三五％に増やしたのである。そして、この比率にて最終的に取引が執行されたのである。

なぜ、この案件で委員会はこれまでの優先株の請求権を擁護する伝統的な役割に反して、落ちぶれた境遇の普通株を引き上げたのだろうか（注1）。その答えは、証券分析の存在である。関連する事実を調べたあとに、ＳＥＣは新たに発行される普通株の公正価値は、発行済み優先株のすべての価値を五〇％以上上回るとの結論に至ったのだ。したがって、優先株は全体の六五％までしか持ち分を与えられなかったのである。この判断について、委員会はその分析手法について非常に明快な説明を行った。第一に、一九三四年から一九四四年の利益の状況を調べ、四人の参考人による将来利益の見積りを検討し、二八万二〇〇〇ドルから三五万ドルまでの範囲とした。それから、将来の利益に関係する要素、電力供給量、税金、投下資本などを議論し、資本再構成を意図した将来収益を三三万五〇〇〇ドルとすべきとの結論を出した。そして、この見込み利益の期待利回りについてさまざまな利率が提案された。優先株に対して利益の七七％を与えるなどというのは高すぎると暗に否定的な主張がなされ（八・二五％くらいだろうか）、期待利回りは約六・九％、すなわち乗数ではおよそ一四・五倍と決定した（注2）。

それから、ＳＥＣが自ら進んでではなく、法律上の義務によって、継続企業の株式の公正価値を判断するための証券分析手続きを推進していたことが分かった。その多くの企業は公益事業会社であったが、一般事業会社にも似たような評価が行われていた。マケソン＆ロビンズ社の資本再構成は特に顕著であった。これが、証券アナリストが総じて向かっている方向性なのだろうか。彼らは、差し出されたすべての有価証券の前に座り、その公正価値を判断するのに同じように手続きを進め、現在の市場価格と比較したりするのだろうか。もしくは、そうすべきなのだろうか。もしも委員会の手続きが資本再構成などの分野において妥当であるのならば――法律によって制限されている――、なぜウォール街のアナリストたちがその手法を有価証券全般に使用することは適切ではないのだろうか。

この調査は、経験の長い典型的なアナリストにとって魅力的なものではないだろう。現在の価格と大きく異なる公正価値を自分の名前で発表することは、彼にとって、あたかも不快で危険な仕事を請け負うように思えることだろう。自分の評価に自信があればあるほど、あとに起きる出来事によって誤っていたことが判明することになりかねない。アナリストは一般的な誤りはさほど気にしないが、個別具体的な誤りについてはひどく嫌うのである。

そのうえ、こうして作り上げられた数値は――「本質的価値」または「公正な売買価格」などと呼ばれるが――厳密に言えば、事実に基づいていない事柄である。それは、今日の市場価格でも明日の真実の価値でもない。それに、明日にはその真実の価値の根拠も変わっていることだろう。そうした厄介な概念に手出しをするよりも、単純に関連する事実のみを示し、「この銘柄は現在の価格水準において魅力的な投機に思える」であるとか、「妥当な株式投資として魅力がある」などと結論を出すほうが、よほど簡単で気が楽である（注3）。

ただ、この手続きに一つだけ異論がある。十分ではないことだ。それにこれは真の分析ではなく、言ってみれば見せかけである。支払う価格をないがしろにした、妥当な投資というのはあり得ないし、もし市場価格に関係なく魅力的な投機があるならば、そうした推奨は證券分析ではなく、株式市場分析によってなされるべきである。

具体的に示そう。ある証券会社がビル業界の良好な見通しを理由にアメリカン・ラジエター社を二二ドルで買いの推奨をした。その「分析」では資本構成と収益および運転資本についての一〇年間のデータが示されていた。なぜ、このような数値情報が示されていたのか。もしその銘柄の今後の展望を理由に素晴らしい投機であるとするならば、また価格にかかわらずやはり有望な機会だとすれば、そのような統計的な詳細情報は過剰な情報にすぎない。しかし、そうした数値情報が購入者への情報提供や指針を与えることを目的としているのであれば、それらを評価するのは證券アナリストの務めではなかろうか。彼は、魅力的な投機としてその銘柄に資金を投じる前に、今後の展望というものにしかるべき加減をしたうえで、アメリカン・ラジエター社の事業の公正価値は二億二五〇〇万ドル以上（現在の時価総額）であるとの結論を出すべきではないのか。結局のところ、このことはアナリストは推奨するすべての銘柄の公正価値について、一定の価格レンジを定め、そのうえで、価格がそのレンジの上限を超過していないことを確信していなければならないことを意味している。

リスクを承知で予測するが、かつて気乗りのしないSECを有価証券の鑑定人へと変貌させたのと同様に、道理にかなった出来事が同じく気乗りのしないウォール街のアナリストたちを有価証券の鑑定人へと変貌させていくことだろう。公益事業の分野では、すでにそうした発展の兆しがあるが、とりわけ私たち上級アナリストは、今後、マーケットに多く現れるであろう事業会社についても明確で具体的な評価を行っていかなければならない。

このような計算された評価額というのは、最低額と最高額を表す形式をとることが多いが――用心深い常識的な手段として――、これは概算形式よりも優れた算定形式は考えにくいためである。委員会はどこでも可能であれば、価格レンジの観点で考えることを好み、仮に単一の数値を選定せざるを得ないとすれば、おそらくそのレンジの中間点を選択することになるだろう。

ＳＥＣ式證券分析は批判の余地がないわけではなく、それは疑いもなくいまだ発展途上の段階にある。最終的な成果物は――もしあるとすれば――現在の体裁とは著しく異なっているかもしれない。しかし、いずれにしても私たちは当時のフィラデルフィアン（ＳＥＣ職員）に感謝すべきであろう。彼らは、彼らだけでなく私たちも直面している数々の問題に真っ向から取り組み、先鞭をつけてくれたのだから。

注

注１　同様の事例として、最近ではアメリカン・ガス・アンド・パワー社について、ＳＥＣは同社が提案したよりも多くの持ち分を普通株に割り当てた。

注２　委員会は優先株の請求権は額面でなされるべきか、買い付け請求価格でなされるべきかといったさほど重要ではない問題は回避した。それゆえに、具体的な数値での正確な評価額というのは明確には提示されなかった。

注３　これがウォール街における分析のすべてを表現していることを意味しているわけではない。今日では、市場価格の形成要素を十分に認識させる実に多くの思慮深い研究がなされている。しかし、こうした研究の大半は限られた人間しか見ることができない——例えば、バイサイドのアナリストによる研究など。したがって、それらが大量にばらまかれる証券会社のチラシとは異なり、表に出ることはほとんどない。

第2部　證券分析を定義する

第二部の前半の文献では、おそらく読者のほとんどが知らないベンジャミン・グレアムの別の一面を示している。それは、公正さに対する情熱と貧弱な企業統治への激しい憤りである。彼は企業がまずい経営をすることは企業内部の要因のみならず、株主が正当な権利を行使し損なうときなど外部要因による場合も同様にあり得ることを認識していた。

一九三二年夏にフォーブス誌に寄稿されたグレアムの三つの記事では、一般株主にまったく注意を払わない企業関係者の尊大な振る舞いに対して、声高に批判をしている（注1）。一九二九年の大暴落が発生した際には、企業経営者は今後の苦難に備える緩衝材としてだけでなく、将来の自らの経営判断の誤りに対する保身のために、現金比率を高めたのである。そして、株主は自らの投資損失に茫然としながらも、経営者の意思に過度な敬意を表しており、何ら行動を起こすことはなかった。

グレアムはこうした問題を歯に衣着せぬ言葉と辛辣な論理、そして聖人君子のような情熱をもって表現している。グレアムは大恐慌の最中で米国中の国民が苦しんでいるにもかかわらず、大企業は現金の山にあぐらをかいていることに憤慨していた。「財務担当役員はこんなときでもぐっすり眠っている。投資家は絶望の淵で落ち着かずに歩き回っているというのに」

企業の現金に関する方針というのは、グレアムがはっきり言っているが、企業統治の根幹にかかわる問題である。現金が帰属するのは株主であるが、それは経営陣によって管理されている。株主はもし自らの権利と責任を理解すれば、経営陣は常に現金を適切に扱うだろうとする信念を堅持することを当然のこととみなす余裕などないと認識するだろう。

グレアムは経営陣に対して不満を募らせている一方で、倫理的責任を放棄している大多数の投資家に対してもあからさまな嫌悪感を抱いていた。第10章の「一九三二年　膨張する国家財政と収縮する株主――企業は株主から搾取しているのか」のなかで、グレアムは以下のように述べている。

株主は単に株券の所有者であるだけでなく、事業の所有者であることを忘れている。そろそろ、というか今すぐに、米国の株主は日々の長ったらしい市場リポートに注いでいる注意を、彼ら自身が所有し、彼らの利益のために存在している企業そのものに向けなければならない（注2）。

グレアムが強調するのは、いわゆる「餅は餅屋」といったような態度であり、これは最も有力な機関投資家でさえ習わしとなっているような経営陣に対する尊敬の念であり、企業の内部者は事業の運営について外部者が知り得るよりもよく分かっているという仮定に基づいてのものである。グレアムの理解するところでは、なるほど、餅屋は一番よく分かっているかもしれない。しかし、それは餅屋がそれに沿って適宜行動し得ることを必ずしも意味しない。

グレアムの警告は、つまりこういうことだろう。賢明なる投資家になるためには、同様に賢明なる所有者とならなければならない。企業に関連するすべての情報を理解すべきであり、アナリストの責任は購入と同時に終わるものではない。むしろ、そのときにようやく本格的に始まると言ったほうが正しい。事業に内在する価値を明らかにし、アナリストは経営陣の行動の質と資本配分の決定についての見識を監視しなければならない。

経営陣の行動について、それが株主価値を損なうものだと非難する誘惑にかられるが、アナリストは人差し指でほかのだれかを指さすときは、少なくとも自分の指のうち三本は自分のほうを指していることが多いことをいつも忘れないでおくべきである。二〇〇六年と二〇〇七年だけで、米国の非金融事業会社が借り入れを行った金額はおよそ一・三兆ドル。それらのほとんどは、株価が史上最高値付近にある株式を買い戻すための資金調達という特別な目的のためになされたのである（注3）。株式の買い戻しをするほど十分に株価が割安であるのかどうかを経営陣に質したり、そうした大量な借り入れにどのような意義があるのかを説明するアナリストはあまりに少なかった。この自社株買い騒ぎは多くの主要企業を過剰債務、過小資本に陥らせた。この責任は借り手にあるのか、それともそれに同意した――というより、むしろ促した――貸し手だろうか。

ほかの企業も、冷や汗をかきながら、事業からの儲けや借り入れによる調達を通して現金確保に追随した。二〇〇九年一一月には、米国企業の保有する現金と有価証券は、合わせて八四〇〇億ドル以上にもなっていた――史上最高水準である（注4）。多くのアナリストは、このような現金の蓄積は、洪水時の土嚢のようなものであり、有事の際に企業とその株主を守るものであると結論づけていたようである。しかし、大恐慌の最中にグレアムが寄稿した論文を一読すれば、倹約と投資家の資本最適配分を行う権利の剥奪との間には、適度なバランスがあることを示している。そうした最適なバランスを確立させるには、経営陣の仕事だけではなく、アナリストに導かれながら、外部投資家も声を張り上げなければならない。

アナリストの職分とは、簡潔に言えば、ただ単に企業の有価証券が適正に値付けされているかを評価するだけでなく、その所有者が公平に扱われているかどうかを評価することでもある。グレアムは一九四九年の論文では以下のように述べている。

株主が注目すべきことに二つの基本的な問いがある

一．経営は効率的に行われているか。

二．一般の外部株主の関心は相応に認められているか（注5）。

グレアムは彼の業績をよく知らない人たちに、厳格な評価手法を使って機械的に有価証券を分析する独善的な空論家であるとみなされたが、誤解するにもほどがあるとはこのことだろう。それどころか、この第2部の内容にも見られるように、グレアムは非常に好奇心旺盛で、常に臨機応変であり、絶えず新たな知識やより良い方法を探していた。優れた科学者のように、事実による裏づけがあるときはいつでも、彼は自分自身の考えを改めた。グレアムは證券分析分野の形成期において、自分の仲間、同業者たちに、自分がそうしたように、医学、会計、法律などほかの尊敬を集めている専門的職業における規範に目を向けてみることを強く勧めていた。

グレアムは、自分の論文の読者に個々の有価証券の分析を特有の事例として考えないように釘をさしていた。そのうえ、それぞれの判断や行動のすべてにおいて、一貫した一連の基準を適用しなければならない。それが若い専門家が真剣さを伝えて尊敬を生じさせる唯一の方法である、と彼は主張している。より重要なことは、もしこの分野が「科学的専門分野」としての立場へ向けた発展を目指すならば、体系だった作業過程は不可欠なことである。

第5章の「一九五二年　證券分析の科学的側面について」は第1部の論文の内容を発展させたものである。ここでグレアムは、アナリストは科学的手法によって指導されるべきであることを、当然の前提として受け止めている。要約すれば、アナリストは、観察によって具体的な事実を明らかにし、観察に基づいた理論（または「公式」）を発展させ、結果の予測をしながらそれらの理論を検証するべきである。

グレアムは四つの投資分野を引き合いに出し、それらはいずれも科学的手法で分析が可能であるとしている。

●債券

●割安株
●成長株
●短期売買（短期売買による利益が見込まれる有価証券）

グレアムはテクニカル分析（グレアムは「株式市場分析」と呼んでいる）は範囲外としているが、それがファンダメンタル分析を補完できるかどうかについては、彼としては未解決のままである（注6）。

再三、グレアムは大量のサンプルデータの収集、そしてその保存の重要性を強調しており、それを欠いて科学的手法の観察、理論、検証を行うことは不可能であるとしている（注7）。第5章の「一九五二年　證券分析の科学的側面について」で、彼は以下のように述べている。

われわれの職業の最大の欠点は、私は長いことそのように考えているが、さまざまな原理や技術のもとでわれわれが始めた、または継続している投資の結果で真に包括的な履歴を示すことが困難であることだ。われわれは他人には彼らの運用の成果について無制限に統計資料を求めるが、自分自身の仕事の成果についての公正で十分な統計資料を蓄積することに対してははなはだ消極的である。

グレアムの指摘は核心を突いている。多くの投資のプロは彼らが投資対象を分析するのと同じように、自分たちの会社の業務内容について詳細に調べることはないが、そうすべきである、と。同じ論文のなかで、グレアムはさらに継続的で体系立った自己分析を行うことこそが「どのような手法やアプローチが堅実かつ有益で何がそうでないのかを示す」と述べている。

いくつかの例を示そう。あなたが自らの売却に関する規律は機能しているという場合、どのようにしてそれを確認するのだろうか。あなたの会社では売却したすべての銘柄のその後の値動きを追跡して記録し、その売却が実際に資産価値増加に寄与したのかどうかを測定しているだろうか。もしあなたが経営陣とのミーティングが銘柄選択を向上させていると信じているとしたら、どうしてそのように言えるのだろうか。そうした前提を裏づけるような長年にわたる体系的なデータは保有しているのだろうか。もし研究開発に多額の投資を行う企業に集中投資することは有益であると考えているならば、どのようにそれを検証するのだろうか。公開されている実験に基づいた調査では、研究開発の増加はより高い株式の運用利回りと相関関係があることを立証しているだろうか。

グレアムはまた、印象深い一節のなかで、多くのサンプルに関する科学的根拠に基づいた結論は危険な判断を導くこともあることを警告している。グレアムは私たちが現在、「株式リスクプレミアム」と呼んでいる、株式を保有するリスクの大きさを正当化するための、株式の運用利回りと債券や現金の利回りとの差額についてもコメントしている。グレアムは、そうしたプレミアムは過去において一貫して大きすぎたことを指摘し、「科学的に妥当で、心理的には危険」と結論づけている。「もしすべての投資家が株式の優位性を信じるようになれば、価格は持続不可能な水準まで高くなり、将来の運用利回りも実際にはほぼ自動的に低くなってしまう」（注8）。

第6章の「一九五七年　株式評価方法の二つの説例」において、グレアムは株式の現在価値はだれも明確に知り得ないものに決定的に依拠していると指摘している。将来の利益および配当である。

グレアムはこれらの予見できない数値を推定する二つの手法を考案した。最初の手法は、五つの要素――①ＥＰＳ（一株当たり利益）の成長率、②「安全性（不況時における内部留保がわずかな減少にとどまること）」、③配当性向、④投下資本利益率、⑤一株当たり純資産――を活用し、過去の業績を調べる方法で、それぞれを二〇％ずつの等ウエートで評価したスコアを導き出すというものである。この計算式は実務的手法としては簡便すぎるように見えるが、経験豊富な心理学者によれば、単純な計算方法のほうがより複雑で理論的に正確を期すような方法よりも、実務においてはより有効であることが多いことが示されている。正確には、単純な方法のほうが、変数やウエートを衝動的に変えることなく、より一貫して実行することができるからである。グレアムの単純な計算式をあざける機関投資家はまずは独自の手法を採用し、検証を行ってみるべきである。そして、その検証結果に驚くことになるかもしれない（注9）。

グレアムは、安全性評価において真に重要なことは予期し得る将来の業績であり、それは過去の業績とは著しく異なる可能性があることを認識していた。彼は「真に価値を決めるもの」は「将来の利益および配当」であると理解していたのである。グレアムの二つ目の手法は市場価格そのものを将来の成長を推測する最良の手段として活用するものである。グレアムは分析を行った期間に、過去の利益成長から市場が期待する今後の成長率を相関させる定型の公式を考え出した。彼は、市場価格が楽観的すぎるか、悲観的すぎるかを評価するうえでの「出発点」としてこの手法を使うことを提案している。

第7章の「一九五八年　株式の新たな投機要因」に収められた、一九五八年五月に行われたナショナル・フェデレーション・オブ・フィナンシャル・アナリスツ・ソサエティ（CFA協会の前身）の年次総会でのグレアムのスピーチでは、彼が一九三〇年代に展開した「投資」と「投機」との区別について再検討している。彼の当初の投機の定義は単に否定的なもの――グレアムが投資に設定した厳格な基準を満たさないものすべてであった（注10）。だが、投機はただ単純に投資として適格でないというだけですべての有価証券に当てはまるわけではない。それは、アナリストたちによる、より高度な数学の確実性をもってまったくの不確実性である将来に対して挑んだ試みであった。グレアムは、不正確な変数を非常に精緻な数式で扱ったところで、それは粗悪な道具でしかないと警告している。実際には、もっと始末が悪いかもしれない。というのは、過度に精緻な公式はそれらを扱う者を過信させ、いまだかつて確実な予測など不可能である分野における確実性という幻想を抱かせてしまいがちであるからだ。
第7章の「一九五八年　株式の新たな投機要因」でのグレアムの警告は、二〇〇八年から二〇〇九年にかけて起きた複雑な金融派生商品（デリバティブ）によって引き起こされた金融危機の発生もあって、新たな反響を呼んでいる。

精緻な公式と極めて不正確な前提という組み合わせは、価値評価の算定を確立するために、というより実務的に価値を正当化するために使われていた……数学はもともと、正確で信頼できる結果を提示するものと考えられていた。しかし、株式市場では、手が込んで難解な数学であればあるほど、より不確実性が高まり、投機的になるというのがわれわれの出した結論である。ウォール街での四四年間にわたる経験と研究のなかで、普通株の価値評価について、単純な計算や極めて基本的な代数計算以上に信頼に足る計算式や投資方針などにはお目にかかったことがない。微積分学や高度な代数などを取り入れた計算を見たときはいつも、その業務担当者は経験のなさを理論で埋め合わせしようとしており、大抵は投資という名に見せかけた投機であるとして、警戒シグナルとみなすべきである。

投資家が住宅ローン債権やデリバティブが組み合わされた金融商品を購入することを正当化するためにガウス分布やそのほかの複雑な数式を用いる時代よりも五〇年も前に、グレアムはそうした危険性を予見していた。前提のわずかな欠陥と測定のちょっとした誤りが重なると、その計算は大きな間違いを引き起こす。

第8章の「一九四六年　特別な状況」では、グレアムはさまざまな裁定取引の機会とそれらの分析の方法を解説している。彼は特別な状況を「市場全般が上昇しなくても証券投資によって満足できる利益を期待できる特別な出来事」と定義している。破綻企業の会社更生、優先株配当の多額の繰り越し、合併および買収、重大な訴訟事件、持ち株会社の法的解体、そして転換社債の裁定取引などはすべて特別な状況の例である。一方では、グレアムは、特別な状況は「特別な出来事がすでに進行中であること」が要件であると主張し、他方、その確実性にかかわらず、彼は読者にそれがうまく運ぶ可能性や失敗に終わった場合の見込損失を見積もるように釘をさしている。

グレアムは早々と特別な状況に機会を見いだし、けっして関心を失うことがなかった。彼がまだ二一歳のとき、グッゲンハイム・エクスプロレーション・カンパニー社が清算する旨を発表した。同社は上場している四つの銅山の過半数の株式を保有し、清算の一環として、その銅山の持ち分を同社の株主に分配するとしていた。グレアムは、その銅山の持ち分価値の合計は、同社の価値全体よりもおよそ一一%上回っていると算定し、同社株を買い、同時にその四つの銅山株を空売りした（注11）。それからおよそ四〇年後の一九五四年、グレアムは新人の頭脳明晰なアナリスト、だれであろうウォーレン・バフェットに、ロックウッド・アンド・カンパニー社について、裁定取引の妙味があるか調査を命じた。このチョコレート製造会社は、ニューヨークのブルックリンに本社があり、独特な株式公開買い付けの提案──普通株一株に対し、ココア豆を八〇ポンドで買い付けるという提案──を行っていたのである。グレアムはこの事案を気に入り、バフェットに同社株を買い、ココア豆を空売りさせたのである（注12）。

一九六二年に公表された第9章の「一九六二年　株式保有の投資妙味」では、グレアムは「新しい株式市場の時代」が「目下前代未聞の株価水準と株価収益率」を正当化するといった主張の議論について検討を重ねている。活気があり安定的な経済成長、健全な財政および金融政策、株式はインフレーションへの信頼できる保険であるという認識、投資信託や年金基金提供者からの潤沢な資金の流れなどの要素のおかげで、多くの投資家は、株式市場は「その性質と将来性が恒久的に変わった」ことの恩恵を受けていると信じていた。

グレアムは、上昇相場の正当性について、根気よく、そして公正に詳しい説明をしている。彼は少なくとも、株式が過去よりも高い評価に値することにある種の妥当性があることを認識していた。しかし最終的に、彼は「株式市場の根本的な性質は人間の本質と同様に不変である」と結論づけている。

グレアムは、最後の上げ相場の論争についても、以前の一九二〇年代後半の「新時代」議論と、本質的には変わっていないと指摘している。それらは一九九九年から二〇〇〇年にかけてもほとんど同質のものが再び行われていた。そして、未来の投資家の間でも、おそらく再び起こるだろう――少なくとも、グレアムの警告を聞き入れない人たちには。

最後に彼は、ドルコスト平均法――同量の株式を等間隔で秩序立てて購入する手法――がたとえ市場価格が割高のときに始められたとしても機能するかについて、熟考している。彼は、「いかなる状況下にあっても、誠実さと勇気をもって忠実に実行し得るのであれば、どのような時期に始めるかにかかわらず、そうした方針は最終的には利益をもたらすだろう」と結論づけている。彼が指摘しているように、それには並外れた感情の規律が要求される。最終的に勝利を得るために、ドルコスト平均法を行う投資家は「ほかの人たち……常に一喜一憂しているような……とは違っていなければならない」。グレアムは、内面的な規律を欠いた投資家に対して、完全なる外部規律を与えるような技術や道具などないということを理解していたのである。

注

注1　これらの怒りに満ちている論文は、後々の『**証券分析**』（パンローリング）の四三章および四四章においてグレアムによって具体化されているより論理的で詳細な議論に向けた最初の基礎となった草稿を構成している。

注2　原文はイタリック体で表記されている。
注3　http://www.federalreserve.gov/releases/z1/Current/z1r-2.pdf　の表Ｄ２を参照。
注4　スタンダード・アンド・プアーズのシニア・インデックス・アナリスト、ハワード・シルバーブラット氏との個人的な会話（二〇〇九年一一月一六日）。
注5　ベンジャミン・グレアム著『**賢明なる投資家**』（パンローリング）参照。
注6　グレアムは『**証券分析**』（パンローリング）のなかで容赦のない記述をしており、「チャートを読むことが科学であることはあり得ない」「それらが過去に株式市場において、利益を上げる信頼に足る手法であることは何ら証明されてはいない」「その理論的根拠は欠陥のある論理、または単なる断定に基づいている」と断じている。
注7　ザ・グローバル・ボディ・オブ・インベストメント・ナリッジ（The Global Body of Investment Knowledge）はＣＦＡ協会によって編集、更新されている情報の大要であり、これは「継続的に増え続ける知識と技術の体系化」というグレアムの求めに対してしっかりと対応している。
注8　これらの問題についての最近の議論については、ＣＦＡ協会討論会の議事録（http://www.cfapubs.org/toc/cp.1/2002/2002/7）、およびラジニシュ・メーハ編集『ハンドブック・オブ・ザ・エクイティ・リスクプレミアム（Handbook of the Equity Risk Premium）』（二〇〇八年）を参照。

注9　ロビン・M・ダウズ著『アメリカン・サイコロジスト（American Psycologist, vol.34, no.7)』（一九七九年）、五七一～五八二ページ、「The Robust Beauty of Improper Linear Models in Decision Making」を参照。この文献は心理学分野の刊行物では実に一六〇〇回以上も引用されているが、ファイナンス分野ではほとんど見られない。
注10　グレアムとドッド共著『**証券分析**』（パンローリング）参照。
注11　アービング・カーン、ロバート・D・ミルン共著『ベンジャミン・グレアム（Benjamin Graham : Father of Financial Analysis)』（一九七七年）、四ページと、ベンジャミン・グレアム著『ザ・メモアール・オブ・ザ・ディーン・オブ・ウォールストリート（The Memoirs of the Dean of Wall Street)』（マグロウヒル、一九九六年）、一四五ページを参照。
注12　バークシャー・ハサウェイ社年次報告書「株主への手紙」の一九八八年および二〇〇七年を参照。

第5章　一九五二年　證券分析の科学的側面について

『ジ・アナリスツ・ジャーナル（The Analysts Journal, vol.8, no.4）』（一九五二年八月）、九六～九八ページより許可を得て転載

科学的手法

H・D・ウルフが直近のジ・アナリスツ・ジャーナルに執筆した論文「信頼できる道具としての科学」（注1）で指摘しているように、科学的手法とは、さまざまな要素のなかで、幅広い観察と出来事の記録、合理的で妥当な理論や公式の構築、そして合理的に信頼できる予測を通しての検証などが含まれているものである。科学には周辺分野も含めて多くの領域が存在し、それらに基づく予測の性質によって、それぞれ大きく異なっている。

例えば、マイクロホンは極端な例である。注意深くマイクロホンを取り付けたエンジニアは、それに向かって話せば直ちに音が増幅されることを予測できる。その予測は、正確で、即座に疑いなく確認することができる。もう一つ上げられる極端な例は精神分析で、よく證券分析と比較される分野である。この分野では、予測と検証の度合いはやや低くなる。この分野の門外

漢にとって、家族のだれかが受ける精神分析の病気の性質、手法、治療期間、回復の程度など詳細についてほとんど何も知らないといったことはよくあることである。唯一予測し得ることは、時間当たりのコストがどの程度かということくらいである。これらの二つの極端な例の間にある保険数理の分野は、私の考えでは証券分析の科学的可能性という面でほかの分野よりも関連性があるように思われる。生命保険の保険数理士は、死亡率、保険積立金の運用利回り、その他慎重に分析された過去の経験値に直近のトレンドや新しい要素を加味した計算に基づいたさまざまな費用・収益などについて予測を立てる。こうした予測のほかに、数学的テクニックを用いて、さまざまな種類の保険に適切な保険料率を算出するのである。保険数理士の仕事とその結論についてわれわれが知るべき最も重要なことは、それは個別の事例ごとの検討ではなく、非常に多くの同様の事例のなかから可能性が高いと推定される総合的な成果を導き出しているということである。多様性こそが保険数理における本質である。

右記で述べたように、「科学的証券分析」についての最初の実務的な問いは、保険数理の分野のようにその本質的な構成要素である多様性を有しているか、ということである。証券分析における特定の種類や目的のものについては多様性が必要不可欠であるが、そうでないものもある、というのはもっともらしい答えかもしれない。証券分析が試みていることを分類し、それぞれに適応する多様性の要素は何かをみていこうと思う。同時に、科学的手法やそれぞれの分類別に使われている予測についても、別途問題を提起するかもしれない。

われわれの検討の成果として提起する四つの分類は以下のとおりである。

一．債券などの安全性の高い有価証券の選択
二．割安株の選択
三．成長株、つまり平均を大幅に上回る収益力の向上が見込まれている普通株の選択
四．短期売買銘柄、つまりおよそ一二カ月以内に平均以上の上昇が見込まれる普通株の選択

このリストはいわゆる株式市場分析やそれに基づく予測は含んでいない。この点について、簡単にコメントしようと思う。もし証券分析が科学的でありたいならば、そのように心がけるべきであって、市場分析のテクニックに頼るべきではない。このように言うことで完全にこの点を退けることは簡単だが、もし市場分析が優れていれば、証券分析は不要である。そして、もし市場分析が機能しないのであれば、証券分析ではそれを望まない。しかし、これでは多くの著名な証券アナリストの関心を引こうとする活動分野に対して、あまりに傲慢な態度であろう。株式市場分析と証券分析の連携は、証券分析のみよりも優れた業績を生みだすことができるかもしれないし、少なくとも考え得る提案であるし、もしかしたら妥当なものかもしれない。しかし、こうした理論を確立し、それをほかの人間に明確で説得力のあるやり方で説明することは大きな負担であろう。確かに、今のところ、２つの分析の科学的な立場を認めるといった

ことを保証するには、公表されている記録はあまりに少ない状況である。

四つの分類

証券分析の四つの分類に戻るが、健全な債券や優先株を選ぶことは、この分野での最もエキサイティングな仕事ではないとしても、明らかに最も堅実であると言えるだろう。そして、それ自体が主として重要であることに加えて、ほかの分類についての意義深い類似性や洞察を与えてくれる。債券分析は過去の値動きに重点を置き、将来の変化や危険性に対する保守的な見方により調整されている。それは主に、企業全体の正味価値に対する債務比率が低いことから生じる安全域（margin of safety）に依存している。それは、全体として典型的または平均的な成果を担保するために幅広い多様性を必要としている。このような見方は、金融機関などで実践されているように、債券投資を着実に科学的手続きにならしめてきた。実際に、債券投資は今やほとんど保険数理の一分野であるようになってきている。保険金一〇〇〇ドルに対して年間三四ドルの保険料の生命保険と元本一〇〇〇ドルで年間三五ドルの利子を支払う融資契約とは、興味深い類似点（相違点も同様）がある。三五歳の男性の死亡率は年に約一〇〇〇人に四人、つまり年率〇・四％である。この「死亡率」は、高格付け債の投資リスクを見積もるうえで、財務的・事業的に健全な企業にも適用できるかもしれない。例えば、〇・五％という利率など、リスクおよび最も健全な企業の社債と米国債との利回り差について適切に測定できるかもしれない。

債券投資――科学的手続き

全米経済研究所をはじめとするその他政府機関による歴史的意義のある社債の研究が実施され、最終的な終結により大量の統計的データと研究成果などが證券アナリストに公開されたことによって、債券投資はより一層、科学的手続きの性質を帯びるようになった。われわれの職業の最大の欠点は、私は長いことそのように考えているが、さまざまな原理や技術のもとでわれわれが始めた、または継続している投資の結果で真に包括的な履歴を示すことが困難であることだ。われわれは他人には彼らの運用の成果について無制限に統計資料を求めるが、自分自身の仕事の成果についての公正で十分な統計資料を蓄積することに対してははなはだ消極的である。この点に関しては、後ほど別途提案したいと思う。

割安株の選択

健全な債券や優先株への投資との論理的な関係性があることから、私のリストのなかで次にくるものは割安株の選択である。安全域の概念は、いずれのグループにおいても極めて重要である。典型的に言えば、もしアナリストがその企業の価値が時価総額よりも大きいと明確に立証できれば、その普通株は割安株である。これは、企業全体の価値が債務を大幅に上回っていることを要件とする債券の選択と極めて近い類似点である。しかし、株式が割安であるとはっきりした場合の利益は、当然ながら、比較にならないくらい大きなものとなる。通常、真の割安株の買い手は、安全域のすべてまたはその大部分を結果的に利益として手にするのである。

この点に関連して、ここで広範かつ挑戦的な論点を提示したい。科学的観点からいって、普通株は総じて本質的に割安な証券であるとみなされているかもしれないという点である。この点は、個別的なリスクと全体またはグループとしてのリスクという基本的な相違から生じている。一般に、普通株の平均的な損失リスクは平均的な債券のリスクに比較して、明らかに大きいことから、普通株に対して債券よりも相当程度高い配当収益および超過利回りを主張する。しかし、分散化されたグループの普通株の比較のうえでは、歴史的には必ずしも真実ではない。なぜなら普通株には概して明確な上昇バイアスや長期的な上昇基調があるからである。これは、国家の成長、剰余利益の安定的な再投資、さらには、今世紀初頭からのインフレーションの傾向からも容易に説明が可能である。

火災損害保険の料率

ここで、火災損害保険を例示として用いてみようと思う。一般に、人は火災保険に保険数理上定められたリスクのおよそ二倍のコストを支払う。なぜなら、自分自身の負っているリスクを個人として完全に引き受けることは困難であるからだ。似たような理由で普通株にかかる全体としての収益は、その本質的なリスクの少なくとも二倍は必要と思われる。この点に関する興味深い関係性について一八九九年以降のダウ平均のチャートに見ることができる。期せずして、ほぼ一〇年ごとに三三%ずつ上昇しているのだ。これは、合衆国貯蓄債券における複利二・九%と同等とみなすこともできる。これが意味することは、一貫したダウ平均への投資家であれば貯蓄債券が提供する利子と同等に元本価値の増加が得られているということで、さらにそのうえで、その投資家は保有銘柄から米国債の利率以上の年間配当をボーナスとして受け取っているのである。

私が夢中になっている理由は、科学的には妥当でありつつ、心理的には危険であるというその二面性にあると思っている。その科学的妥当性は、株式市場においてＰＥＲ（株価収益率）が債券利回りを大幅に上回っていることを維持し続けていることに依拠している。一九二〇年代に起こったように、もしこの論点がゆがめられて、いかに高い価格で売られようが普通株は魅力的な投資対象であるという一種のスローガンとなれば、われわれは自身を最初は科学者と思い、最後には不注意で不運なギャンブラーであると悟るだろう。いわゆる「通常の」強気相場の高値圏は、株式のリスクが債券のリスクと同程度にみなされている傾向があると主張することは適正な総括であるように思う。このような高い株価の評価は実際には純粋な理論上では何らかの正当性があるかもしれないが、われわれが実践するアナリストとして心にとどめておくべき重要なことは、その普通株の価値の全額を支払った場合、後に支払いすぎたように思う危険性が高まっているということである。

割安株の個別評価

さて、われわれのより詳しい分野である割安株の個別評価の話に入りたいと思う。この分野での作業では、幅広い観察、予測、および仮説をその結果によって検証するなどの科学的手続きの余地が容易に認められる。割安銘柄の根拠としては、その理由の説明が絶対に必要である。説明というのは、実に多様な要因が合わさって、言わば「価格の病的な状況」を形成している。それらは、過度に低い配当性向や一時的な減益などの明らかな要因から、資本構成において多すぎる普通株であるとか多すぎる銀行預金など、より微妙で特別な状況など多岐にわたる。その他、重要な訴訟案件の存在、相乗効果の見込めない事業の統合、疑わしい持ち株会社の設立など、非常に多くの要因がその中間に存在する。

割安となっている要因の理解

割安となっている評価について、今では相当に深く理解されてきているし、容認できる程度に科学的な手法で説明することもできよう。ただ、割安な状況の回復方法についてはあまりよく知らない。どの程度の割合の事例で価格の回復が見られたのか。どのように、なぜその回復は生じたのか。その過程はどのくらいの時間がかかったのか。このような問いは、当初に精神分析について提起した問題を少し思い出させる。しかし、われわれが知っている重要なことは、分散化された割安銘柄を買うことこそ、一貫して利益を上げる成果につながるということである。したがって、この分野はさらに科学的に開拓する価値がある分野である。この誘導的な研究は長い年月にわたって賢明に秩序立てて行われることで、ほぼ確実に報われることであろう。

成長株の選択

三番目の證券分析の対象は成長株である。これはどの程度科学的な手続きなのか、またいかにして科学的になり得るのだろうか。ここで、私は困難な挑戦をしてみようと思う。多くの成長する企業は技術的進歩と非常に緊密に関係している。證券アナリストはそうした銘柄を選ぶことによって、言ってみれば、科学の威光に便乗しているのである。例えば、今週現地調査で数十件もの工場視察を予定しているとすれば、新製品か製造工程の進展に最も重点を置くに違いない。そして、その後にこれらの状況が多くの企業の長期的な見通しについての結論に大きく影響するであろう。しかし、ほとんどの事例がそうだが、このアプローチは主に「定性的」である。この分野での成果が、強固で信頼性のある「測定」つまり、具体的または最低限の将来収益の予測や過去の経験を踏まえたうえでのある種の保守的な比率または乗数を加味した将来収益の資本還元計算などに基づくことなく、本当に科学的であると言えるのだろうか。将来の成長を具体的な「価格」に置き換えられるのか。どこからが妥当な買値で、どこからが割高なのか、またはいずれにしても投機的なのか。何がマーケットの評価である望ましい見通しを大きく下方修正させるリスク要因なのか。こうした問いに対する信頼できる回答が得られるまでには、この分野には今後も多くの体系的な研究が必要であろう。

前科学的な段階にある株式投資

やはり、私としては成長株への投資はいまだ前科学的な段階にあると感じざるを得ない。成長株投資は健全な債券や割安株の選択に比べて、より魅惑的であると同時に、正確さに欠けている。成長株の分野では、安全域の概念は、ほかの二つの分野での証券分析にて享受している明瞭さと卓越性を失っている。確かに、成長株にも安全な面もあり、成長以外に何ら真の安全性などないとさえ主張する者もいる。しかし、こうしたことは私には、科学的に系統立てて検証された意見というよりは、何だかスローガンのように思える。繰り返すが、成長株の分野では選択する要素が突出しており、そのため分散投資においては補助的で、そして恐らくは曖昧な扱いにとどまるだろう。成長株の候補銘柄を最良のポートフォリオに含めるということはあり得るだろう。このように、この分野の証券分析では、ポートフォリオ、または比較的少数のポートフォリオに含めるということはあり得るだろう。このように、この分野の証券分析では、保険数理的な要素が欠けており、そうした状況は間違いなく真に科学的な手続きや結果を得るうえでは不利に作用することであろう。

逆の関係

成長株の概念と割安株の理論には、間違いなく相互に関連性はあるものの逆の関係にあると言えよう。成長の魅力は潮の満ち引きのようなもので、それがある分野では高い波となって成長企業を生みだし、一方で波の低い分野、すなわちさほど成長しない企業が存在する。この影響によるゆがんだ効果については、企業の「最小限の事業価値」基準をさほど成長しない企業グループに用いることで、ある意味、科学的に測定することができるだろう。カリフォルニア州にある三つの企業を例に挙げてみよう。元来、地元の小売企業であるルース・ブラザーズ社の株式は、スーペリア・オイル社またはケーン・カウンティ・ランド社の株式が過大評価となるのと基本的に同じ理由で、分析によって算定される価値よりも低い価格で売買される傾向がある。

最後に、証券会社での標準的な仕事であるアナリストおよび助言サービスについて触れたい。それは短期的な価格上昇が見込まれる銘柄、つまり短期売買に適した銘柄を選択することである。ここでの当然の前提は、もし増益となれば、または増配となれば、その銘柄の株価は上昇する、というものである。したがって、業務内容は、本質的に、近い将来、増益または増配のありそうな企業を探し出し、推奨するということで成り立っている。この業務では三つの基本的な不確実性――期待したような成果が起こらないこと、もうすでに現在の価格に織り込まれていること、何らかの理由または特に理由もなく、株価が想定したように反応しないこと――をはらんでいる。

このような不確実性にもかかわらず、適切に短期的な分析や予測を行えば平均的には価値ある成果を得ることが可能であるように思える。これが真実であるかどうか、一体だれが意見できるのだろうか。この分析作業の重要性を考慮すれば、時間、エネルギー、資金コストの観点から、周到な評価を試みることは悪い考えではないだろう。

綿密な自己診断

それでは、結論および具体的な提案に移りたいと思う。證券分析は今では実証された統計的手段を用いて、継続的で綿密な自己診断を行う準備が整った段階に来ている。われわれは可能なかぎり多くのアナリストから研究や推奨を収集し、それらを目的に応じて分類（例えば、この論文で提案した四つの分類）し、それからその正確性および事の正否を評価することに最善を尽くすべきである。そうしたことの記録の目的は、だれそれが優れたアナリストで、そうでないのはだれかなどを示すということではなく、どのような手法やアプローチが妥当かつ有益であり、何がそうした基準を満たさないのかを示すということにある。

これは元々、六年前に「アナリスツ・ジャーナル」誌上で「Cogitator（熟慮する者）」というペンネームで寄稿した記事にて提案した内容である。そのときに私が書いたことは、「相当に明確かつ納得できるような個別および分類別の妥当性の検証なくして、證券分析の専門的な法規などが確立することはないだろう」（注2）。ニューヨーク證券アナリスト協会は特定の要件を満たす證券アナリストに対する専門家としての認定または肩書の成立に向けての積極的な一歩を踏み出している。この動きが最終的にはアナリストの本格的な専門的職業としての地位を確立するであろうことは事実上明白である。過去のアナリストから未来のアナリストへますます増える知識や技術の体系の伝達を可能にすべく、アナリスト連盟およびそれを構成する協会が事例の歴史に関して秩序立った蓄積を始めるには、機が熟していると言えるだろう。
この作業が軌道に乗ったときに——控えめに、しかし希望をもって——証券分析を科学的な分野と呼ぶことができるようになるだろう。

注

注1　H・D・ウルフ著『ジ・アナリスツ・ジャーナル（The Analysts Journal）』「サイエンス・アズ・ア・トラストワージィ・ツール（Science as a Trustworthy Tool）」（一九五二年三月）、四五～四九ページを参照。

注2　Cogitator（「熟慮する者」という意味でグレアムのペンネーム）著『ジ・アナリスツ・ジャーナル（The Analysts Journal）』「オン・ビーイング・ライト・イン・セキュリティ・アナリシィス（On Being Right in Security Analysis）」（一九四六年第一四半期）、一八～二一ページを参照。特に引用した内容が記載されている一八ページを参照。

第6章　一九五七年　株式評価方法の二つの説例

『ジ・アナリスツ・ジャーナル（The Analysts Journal, vol.13, no.5）』（一九五七年一一月）、一一～一五ページより許可を得て転載

普通株を評価するさまざまな基本的アプローチのなかで最も広く受け入れられているものは、今後数年間の利益および配当を予測し、これらの要素を適切な利率で現在価値に割引くという手法である。その手法は形式上はある程度の明確さが必要であるが、その応用範囲は幅広い技術や前提、推測などが可能であろう。アナリストはまず、考慮すべき将来期間に関して多くの選択がある。それから、その期間における利益と配当を見積り、最後に自らの判断あるいは先入観によって割引率を選択する。この点で、評価者が将来を予測する年数というのは特に決った規則がないため、投資家やアナリストが普段は「遠くに聞こえる太鼓の音に耳を傾ける」ようなことはしないのに、強気相場においては先々まで楽観的に見通しを立てる傾向をよく目にするかもしれない。このため、元来、非常に不安定な性質が成長株のマーケットでの評価には生じがちであり、そうしたことから、より活動的な企業であればあるほど本質的により投機的であり流動的であるのがそうした銘柄のマーケットでの歴史であると言うことにも、ある種の

正当性があるかもしれない（注1）。

将来の利益の見積りに関して言えば、コロンブスのように、まったくの未知の領域に思い切って進んでいくようなアナリストはほとんどいない。彼らは見なれた数字――例えば、現在または過去の利益――を使うことを好む。そして、それらの数値を何らかの方法で加工して将来の利益を見積もるのだ。その結果、證券分析では過去というものが常に理論上では窓の外に追い出されるが、実務という裏口から戻ってくるのである。精力的に収集し絶え間のない分析を施した過去の業績に関する入念なデータのすべてが最終的に価値を決定づける要素――将来の利益および配当――とほとんど関係がないとなれば、これはこの職業における趣味の悪い冗談としか言えないだろう。

疑いもなく、こうしたことが悲しくも事実であると判明することは少なからずあるだろう。しかし、ほとんどの場合、過去と未来の関係性はアナリストが統計データ分析に勤しむことを正当化するには十分に意味があることを示すであろう。実際に、アナリストとしての日々の実務の大半は企業の過去の業績の研究からもっともらしい将来像を構築することで成り立っており、その業務の後半では異なる領域での専門家が行うのと同様な徹底的な検討が不可欠である。優れたアナリストであるほど、公表された数値に対して狭い役割に甘んじることがなく、企業の経営陣、方針、可能性などへのさらなる研究からそうした数値に反映させるのである。

證券分析を学ぶ者は、教室であれ家庭であれ、企業の将来についての独自の判断とは異なる、客観的な事実として過去の業績の研究に特に没頭しがちである。その生徒は過去の業績の分析についてては教えを受け学ぶことができるのだろうが、将来についての独自の判断についてはそれを試みる適切な道具が不足しているのである。彼が求めるのは、典型的には、企業収益についての説得力のある手法――平均、トレンド、成長性、安定性などの側面を含んだ――、さらには貸借対照表についての何らかの調査手法であり、それらがまずは将来の利益と配当の予測を可能にし、次にそうした予測に基づく評価となるものである。

このような望ましい業務プロセスをより吟味すると、将来の利益や配当について最終的な価値を求めるのに必ずしも分けて計算しないですむことが分かる。非常に簡便な説明で示してみよう。

一．過去の利益にXを乗じたものは将来の利益に等しい
二．将来の利益にYを乗じたものは現在価値に等しい

これらの等式を短縮すると、以下のようになる。

三．過去の利益にXYを乗じたものは現在価値に等しい

これが生徒たちが非常に知りたがり計算することを好む過去の利益の乗数、ＸＹ因数である。彼らにこの乗数を発見する信頼に足る手法などないと私が言えば、彼らは懐疑的な表情で尋ねるのである。「それでは、証券分析の何が優れているのでしょうか」。彼らは、もし過去の業績に関連するすべての要素に正しい道具を与えられれば、または少なくとも合理的で優れた普通株の評価手法が考えだせれば、将来の収益予測を考慮に入れて、現在の株価でその銘柄が魅力的か否かを判断するために指針として活用できると感じるだろう。

この論文では、普通株評価セミナーにて考案された二つの事例について説明したいと考えている。最初の事例ではこの種の定型的な手法がいかに機能し応用できるかを合理的に示しているように思う。われわれの試みとしては、一九五七年におけるダウ平均に採用されている三〇銘柄それぞれについて、ダウ平均が四〇〇および五〇〇の場合に関連させて、それぞれにおける相対的な価値を提示することである（ダウ平均四〇〇という数値は、歴史的関係性に基づく一連の非常に多くの定型的手法によって別途発見されたように、ダウ平均の大まかな「中央値」を示している。また、五〇〇という数値は直近一二カ月のマーケットでの平均水準を示している）。

これから順に見るように、各々構成銘柄の評価は四つの「品質因数」（①収益性、②成長性、③安全性、④配当性向）を考慮に入れ、一九四七年から一九五六年までの平均利益の乗数として使用している。さらに全体的には、それぞれの要素を別々に二〇％の比率で純資産額に加えている。

二つ目のアプローチは上述したものと本質的には正反対のものである。最初の手法が市場価格と比較するために独自の価格を導き出すことを試みている一方、二つ目の手法は、市場価格自体からマーケットで期待されている将来の成長率を逆算するというものである。その数値から将来の期間、われわれの場合は一九五七年から一九六六年であるが、期待されている収益、そして現在の株価が示唆しているそうした将来収益の乗数を簡便的に導き出すのである。

これらの計算方法についての詳細な論評はそれらが十分に発展し示されたあとになされるべきであろう。ただ、この点についての結論の要点を強調しておくことにしよう。

一．この個別株に対する「定型的評価」手法は、おそらくほかのものと同様に一般的な手法もそうだが、それ自体にはほとんど実用性はない。こうした評価手法の計算から得られた数値をもとに、A銘柄は株価の半分の価値しかないとか、B銘柄の価値は株価の二倍だなどと断定するのは愚かなことである。

二．その一方で、そうした計算結果は過去の記録の複合的な表れとしては有用で示唆に富んでいることもあり得る。将来が単純に過去の業績の延長線上にあると仮定すれば、それらはどの程度の価値があるのかということさえ言えるのかもしれない。

三．したがって、アナリストは計算上の「価値」とマーケットでの価格の間の明確で重要な「相違」を突き付けられ、専門知識と判断により対処することが任務となろう。このような金額の相違の実際のサイズおよびそうした姿勢は尊敬の対象とさえされることもあり、この点については後述する。

同じように、マーケットにおける価格を出発点とするアプローチも、言外に「成長要素」およびその乗数を導き出すが、過去実際の成果との比較対照のうえでは、マーケットがそれぞれの銘柄の将来に一体何を望んでいるのかということに、アナリストとして注意を集中させることには有用なのかも知れない。ここで再び、マーケットにおける明らかな前提を受け入れるにしても、拒絶するにしても、アナリストの見識と判断が要求されるのである。

手法一

ダウ平均に関する過去の業績のみに基づいた定型的な評価手法。この手法の基本的な前提は以下のとおりである。

一．ダウ平均の各構成銘柄は全体として統計的記録の比較による平均値を基礎に評価されている。

二．考慮される項目は以下のとおりである。

a．収益性――ＲＯＩＣ（投下資本利益率）によって測定される（簡便的に一九五六年当時のみ計算している）

b．一株当たり利益の成長性――二種類の測定により示している。一九四七年から一九五六年の利益と一九四七年の利益の比較、および一九五六年の利益と一九四七年から一九五六年の利益の比較（一九五六年単年度の代わりに一九五四年から一九五六年の平均値を用いたほうがより論理的であろうが、それによる最終的な評価に与える影響はわずかであろう）

c．安全性――一九三七年から一九三八年および一九四七年から一九五六年の期間における大幅な減益から測定される（当該期間における利益剰余金の減少の最大値をもとに計算している）

d．配当性向――一九五六年度の利益に対する配当の比率によって測定している。ごくまれに一九五六年の利益が一九四七年から一九五六年の利益平均を下回っている事例があり、この場合はより現実的な数値を得るために前者の代わりに後者を使用している。

これらの基準は企業収益（および配当方針）の言わば品質を示しており、これによって利益水準に合わせるために乗数を管理できるかもしれない。各々の項目で得られた数値に対し、全体として共通の数値で除することで、その企業の相対的な業績を示す結果を得ることができる。

その後、四つの基準値を同じ比率で合算し、グループ全体としての品質に対しての各企業の最終的な「品質指数」を抽出する。

ＲＯＩＣはおそらく企業の成功や品質の尺度を最も論理的に示す指標であろう。それはその事業に投資した資金がいかに生産的に活用されたかを表している。比較的「普通」のマーケット環境であった一九五三年に行った研究で、配当性向の大幅な調整と純資産価値の多少の（緩和的な）調整を加えた後に、私はＲＯＩＣとＰＥＲ（株価収益率）との間に意外なほどの相関関係を発見した。

市場参加者に対して、成長性の重要性を強調する必要はないだろう。彼らにしてみれば、なぜそれを品質や乗数を決定づける主たる要素として扱わないのかと尋ねるに違いない。将来の成長見込が実際に現在のＰＥＲに重要な影響を与えていることにほとんど疑問の余地はなく、この事実は後述の二つ目のアプローチで完全に認識しており、そのなかで成長期待が株価に反映されているように扱われている。しかし、マーケットにおける乗数と過去の成長との間の相関関係はけっして密接なものではないのである。

ラルフ・Ａ・ビングの研究による興味深いデータがこれを明確に示している（注2）。ダウ・ケミカル社は一株当たり利益の成長率が三一％（一九四八年から一九五五年）であったが、一九五六年八月時点での株価は一九五五年の実績利益の四七・三倍であった。ベツレヘム・スティール社では同時期の一株当たり利益の成長率が九三％であったが、ＰＥＲは九・一倍にすぎなかった。両社の二つの指標の相関における差異は実におよそ一四対一にもなる。ビング氏のデータ中のほかの対比では、過去の成長と現在の乗数との間の広範にわたる似たような差異を見ることができる。

ここで、安全性の要素の重要性を主張しておこう。高い乗数で評価されている企業は一九四八年から一九五五年の時期において最上の成長を達成したわけではないかもしれないが、それらのほとんどは過去二〇年もの間、利益の安定性の面で平均的な企業を凌駕している。

これらの考察は各企業に適用可能な質の高い係数を選択するうえで過去の成長、過去の安全性、現在の収益性などを均等に扱うという計算上、単純な道筋を改めて示してくれる。配当性向は厳密には企業の収益力そのものを測定するものではないが、投資家がそのようにみなすことはよくあることである。多くの場合でその重要性は明白であり、また配当性向をこれまでに論じたほかの要素と均等に、そして同様に扱うことは簡便であり合理的でもある。

最後に、いつものウォール街的な考え方から離れて、最終的な価値評価の算出の二〇％の比率を一株当たり純資産額に適用する。多くの場合において、企業の資産価値自体が現在の株価に対してはっきりとした影響がないことは事実である。しかし、それは長期的には将来の株価に影響を与え得るものであり、したがって企業の独自の評価を行ううえで慎重に検討されるべき資格を有していると思われる。周知のとおり、資産価値は普通株の法的な評価のさまざまな局面、租税裁判、合併訴訟に起因する案件などにおいて、常に一定の役割、時には相当重要な役割を担う。この種の企業評価の過程で資産価値を考慮する基本的な理由は、たとえそれが現在の株価では無視されているかもしれないとしても、後に、競争の激化、経営陣または経営方針の変更、合併、突然の売却などによってその重要性が示される可能性にある。

ここまでの内容は十分満足のいく内容ではないかもしれないが、評価を行ううえで使用する四つの因数と最後に五つ目の因数として資産価値を均等な比率で考慮する理由を説明してきた。

ここからは、この手法を実際の事例、ダウ採用銘柄のうちリストの最初に名前のあるアライド・ケミカル・ダイ社（ＡＣＤ社）を用いて説明したいと思う。以下に示すのがＡＣＤ社の「価値」をダウ平均が四〇〇および五〇〇それぞれの場合に当てはめて計算したものである。

表1はダウ平均に採用されている三〇銘柄のそれぞれに対して、この手法を使用して「評価」したものである。**表1**は最終的な評価額を計算する過程で使用したいくつかの因数、平均利益や資産価値などを含んでいる。

これらの「評価」のうちのおよそ半分は、実際にダウ平均が五〇〇ドルとなった日である八月五日の終値とかなり大きく乖離している。七つの銘柄は計算した価値よりも二〇％以上高い価格となり、同数の銘柄が二〇％以上安い価格となっている。最も極端な銘柄としては、ウエスチング・ハウスが一〇〇％「割高」であり、ユナイテッド・エアクラフトがほぼ五〇％「割安」であった。このような乖離の度合いは、当然ながらこの手法の技術的な未熟さを示すものであり、この手法で使用する因数や比率の選択を改善すれば、より妥当な評価――より実際の

	ダウ平均	ACD社	品質因数――ダウ平均に対するACD社の比率
EPS　1956年	$36.00	$4.74	
1947～56年	27.50	4.50	
1947～49年	21.80	3.73	
1938年（未調整）	6.01	5.92	
1937年（未調整）	11.49	11.19	
1株当たり配当額　1956年	23.15	3.00	
1株当たり純資産額　1956年	275.00	40.00	
収益性			
1956年利益/1956年純資産額	13.0%	11.85%	91%
成長性A　1947～49年利益に対する1947～56年利益の成長率	26.0%	21.00%	
成長性B　1947～56年利益に対する1956年利益の成長率	30.0%	5.00%	
A＋B	56.0%	26.00%	46%
安定性			
1938年利益/1937年利益	52.3%	53.00%	101%
配当性向			
1956年配当額/1956年利益	64.3%	64.00%	100%
	4つの品質因数の平均値		84%

ダウ平均400を算出する計算式
＝純資産額÷5＋12.5×1947～56年利益＝55＋12.5×27.5＝400

上記に対応するACD社の「評価」（品質因数84%を反映）
＝40÷5＋0.84×12.5×4.5＝55

ダウ平均500を算出する計算式
＝純資産額÷5＋16.2×1947～56年利益＝500

上記に対応するACD社の「評価」（品質因数84%を反映）
＝40÷5＋0.84×16.2×4.5＝69

株価と一致するようなー―が得られるであろう。

この手法に合理的な変更を行うことで「改善」されるかを確認するために、多くの実験を先に得られた結果に適用してみた。これらの詳細を述べるにはこの論文が不必要に長くなってしまうので、それらの作業はあまり生産的ではなかったと述べるにとどめることにしよう。もし、資産価値の因数を除外していたとしても、計算上の価値に比べて最も割高となっていた銘柄にとってわずかに乖離が縮小した程度であった。一方で、もし過去の成長性の因数によって大きな比重を置いていたとしても、いくつかの明らかに割安と思われる銘柄はなおも割安であり、その要因は**表1**に示すようにグループのなかではより多くの銘柄——例えば、ユナイテッド・エアクラフト、インターナショナル・ニッケル、グッドイヤーなど——が華々しい成長率を実現していたからである。

表1から、株式市場では株式の評価額をその企業の過去業績の統計的なデータではなく、期待される将来の業績によって決定されることが極めて明白であり、そしてその値動きは過去のものとは著しく異なる可能性があるかもしれない。マーケットは当然ながら、十分に理性をも

	評価額		
純資産額	ダウ平均400	ダウ平均500	1957/8/5の株価
40	55	69	89
28	39	48	44
51	65	85	54
150	151	185	173
59	82	102	72
31	36	45	49
74	66	80	77
40	31	37	31
41	107	136	199
28	57	63	104
14	31	39	68
20	39	49	49
20	42	53	45
43	78	98	76
49	39	47	35
31	83	105	92
55	61	76	101
29	38	47	45
26	25	31	26
68	79	99	75
21	34	42	49
15	26	32	28
24	47	59	58
24	47	59	67
34	56	70	74
27	53	67	117
35	96	121	62
47	54	67	69
43	27	32	64
40	41	51	42
275	**400**	**500**	**500**

表1

ダウ平均採用銘柄の評価

企業名	収益性	成長性	安全性	配当性向	品質因数平均値	1947～56年利益
	品質因数					
アライド・ケミカル	91	46	94	100	84	4.50
アメリカン・カン	81	70	137	107	99	2.61
アメリカン・スメルティング	101	39	100	81	80	5.43
AT&T	54	40	163	130	97	9.90
アメリカン・タバコ	98	27	111	104	85	6.58
ベツレヘム・スチール	95	138	0	97	83	2.88
クライスラー	*91	0	38	51	45	8.15
コーン・プロダクツ	100	65	114	98	94	1.96
デュポン	154	198	100	109	140	5.60
イーストマン・コダック	136	100	148	85	117	3.49
ゼネラル・エレクトリック	139	129	84	127	120	1.87
ゼネラル・フーズ	138	99	141	79	114	2.42
ゼネラル・モーターズ	160	119	95	104	120	2.48
グッドイヤー・タイヤ	108	207	129	83	132	4.18
インターナショナル・ハーベスター	*58	0	91	98	62	3.70
インターナショナル・ニッケル	164	263	119	90	159	3.86
インターナショナル・ペーパー	100	46	0	101	62	6.40
ジョンズ・マンビル	93	96	44	100	83	3.07
ナショナル・ディスティラーズ	*73	0	62	118	63	2.47
ナショナル・スチール	95	96	101	88	95	5.71
P&G	110	46	105	103	91	2.61
シアーズ・ローバック	112	56	144	84	99	1.82
スタンダード・オイル・オブ・カリフォルニア	124	113	134	65	109	3.09
スタンダード・オイル（N.J.）	130	166	97	80	118	2.85
テキサス・カンパニー	126	171	81	66	111	3.48
ユニオン・カーバイド	138	92	108	100	110	3.73
ユナイテッド・エアクラフト	158	361	181	66	192	3.65
USスチール	99	239	0	67	101	3.51
ウェスチング・ハウス	*65	0	0	83	37	3.79
ウールワース	*69	0	116	109	74	3.58
ダウ平均	(13.0)	(56)	(52.3)	(64.3)	100	27.50

*1956年調整後純資産額に対する1947～56年平均利益に基づいている

って将来に対して独自の評価をしようとするが、だからといって、マーケットの評価と定型的評価とが異なるという理由でマーケットの意見にやみくもに従うことは愚の骨頂であろう。マーケットを観察することは避けて通れないが、株式市場でなされる独自の評価が絶対確実なものではけっしてないことは、それが時折、急速に変化したりすることからも明らかであろう。それらは、前に触れた明白な欠点もあり、全体的に見れば、過去のデータを機械的に加工して評価した「価値」と比べても、実際には、もはや将来を予見しうる信頼に足るガイドではないと言ってしかるべきかもしれない。

手法二

ここから二つ目の数学的アプローチの話に入ろう。これは、株価自体をもって予測することで将来の成長や利益に関心を払う手法である。まずは、ダウ平均の採用銘柄グループなどの代表的な銘柄の株価が将来の一定の期間に期待される利益や将来の成長性に基づく倍数を乗じた数値を反映しているという理論から始める。これによって、平均以上の成長が期待されている銘柄は、株価が二重、あるいは「二乗」で評価される――まず一つは将来の利益自体がより増加することによって、二つ目にはそのような利益の増加に伴う乗数の上昇によって――という事実に直面することになる。

そこで、一九四七年から一九五六年までの実績数値と一九五七年から一九六六年までの利益予測を比較することで成長性を測定しようと思う。この定型式では、やや独断的であるが、成長が見込めない場合は一九四七年から一九五六年および一九五七年から一九六六年共に株価の倍数は八倍とした。成長（G）が見込まれるのであれば、その成長率は一九五七年から一九六六年までの利益見込に対する一九四七年から一九五六年までの利益実績で表すことができ、それで株価はその後一〇年の利益に八とその成長率（G）をかけた数値が反映されるのである。

これらの前提から導かれる簡潔な公式は以下となる。

株価＝（E×G）×（8×G）、または8（G^2）×E

Eは一九四七年から一九五六年までの利益を表している

G、つまり将来の期待成長率を求めるには、現在の株価を一九四七年から一九五六年までの利益の八倍の数値で除して、平方根を求めればよい。

これを一九五七年八月五日時点で五〇〇ドルであったダウ平均全体に対して当てはめた場合、算出されたGは一・五（一九四七年から一九五六年の利益実績に対する一九五七年から一九六六年の利益の期待成長率は五〇％であることを示している）。これは一〇年前の二七・五ドルが一〇年間でおよそ四一ドルとなることと期待することである。この見積りはダウ平均五〇〇ドル水準として妥当と考えられる（実際にこの期待成長率から作業を始めて利益成長が見込め

表2

利益の期待成長率を用いた計算式によるダウ平均採用銘柄評価と1957年8月5日の株価

企業名	1957/8/5の株価	1947～56年平均利益実績	1947～56年利益に対する1957～66年利益の成長率予測	1957～66年平均利益予測	予測PER*	1956年利益実績	1956年利益に対する1957～66年利益の成長率予測	1947～56年利益に対する1956年利益の成長率実績
アライド・ケミカル	89	$4.50	+58%	$7.22	12.6	$4.74	+52%	+6%
アメリカン・カン	44	2.61	46	3.83	11.6	2.92	33	12
アメリカン・スメルティング	54	5.43	12	6.10	9.0	6.67	(−8)	23
AT&T**	173	9.90	47	14.70	11.8	10.74	36	14
アメリカン・タバコ	72	6.58	18	7.80	9.4	7.51	4	14
ベツレヘム・スチール	49	2.88	44	4.15	11.5	3.83	8	33
クライスラー	77	8.95	4	9.28	8.30	2.29	(large)	(−76)
コーン・プロダクツ	31	1.96	41	2.76	11.4	2.36	18	12
デュポン	199	5.60	112	11.85	17.0	8.20	45	47
イーストマン・コダック	104	3.49	93	6.62	15.4	4.89	36	37
ゼネラル・エレクトリック	68	1.87	113	4.00	17.0	2.45	62	31
ゼネラル・フーズ	49	2.42	59	3.86	12.7	3.56	9	45
ゼネラル・モーターズ	45	2.48	51	3.74	12.1	3.02	24	22
グッドイヤー・タイヤ	76	4.18	42	5.96	11.4	6.03	(−1)	47
インターナショナル・ハーベスター	35	3.70	8	4.02	8.6	3.14	29	(−15)
インターナショナル・ニッケル	92	3.86	62	6.30	13.0	6.50	(−3)	68
インターナショナル・ペーパー	101	6.40	40	9.03	11.2	7.05	28	11
ジョンズ・マンビル	45	3.07	36	4.21	10.9	3.50	20	14
ナショナル・ディスティラーズ	26	2.47	15	2.86	9.2	2.11	36	(−15)
ナショナル・スチール	75	5.71	28	7.32	10.2	7.09	3	25
P&G	49	2.61	53	3.99	12.2	3.05	30	20
シアーズ・ローバック	28	1.82	38	2.53	11.0	2.20	16	18
スタンダード・オイル・オブ・カリフォルニア	58	3.09	55	4.78	12.4	4.24	12	39
スタンダード・オイル（N.J.）	67	2.85	72	4.99	13.8	4.11	21	44
テキサス・カンパニー	74	3.48	62	5.66	13.0	5.51	3	59
ユニオン・カーバイド	117	3.73	99	7.43	15.9	4.86	53	32
ユナイテッド・エアクラフト	62	3.65	45	5.31	11.6	7.66	(−32)	93
USスチール	69	3.51	57	5.55	12.6	6.01	(−8)	73
ウェスチング・ハウス	64	3.79	45	5.53	11.6	.10	(large)	(−97)
ウールワース	42	3.58	22	4.39	9.8	3.57	23	0
ダウ平均	**500**	**$27.50**	**50**	**$41.25**	**12.0**	**$35.80**	**15**	**30**

*1956年12月末株価 ÷1957～66年平均利益予測
** この基本公式はAT&Tには工業株と比べて不向きである

ない銘柄の倍数に八を適用することに至ったのである）。ダウ平均が五〇〇ドルということは、要するに倍数の八にG一・五を乗じて一二が算出され、これが将来の期待利益である四一ドルに該当することを表している（ちなみに、これらの前提を現時点のダウ平均の水準四〇〇ドルに当てはめると、一九五七年から一九六六年までの一〇年間の期待成長率は三五％、およそ三七・一ドルであり、その利益予想に相当する倍数は一〇・八となる）。

表2をもって、二つ目のアプローチをダウ平均採用三〇銘柄に適用した結果を説明してみることにしよう（AT&Tの数値については無視したほうがよいかもしれない。なぜなら公益事業銘柄は別の基本公式を採用すべきであるからである）。主な要点としては、株価を示唆する要素である将来の期待成長率と過去一〇年間の成長率実績との乖離が存在することであろう。一九五六年の利益に対し一九五七年から一九六六年の利益の期待成長率を比較したところ、ダウ平均の少なくとも二倍の成長率を期待されている銘柄が一〇社（およびAT&T）ある。このうちの二社のデュポンとゼネラル・エレクトリックのみが、実際に過去一〇年間の実績において平均よりも高い成長をはっきりと示している。逆に、ダウ平均の期待成長率の半分以下となっている銘柄が八社あり、そのうちの五社は一九五六年度の利益水準からの減少を明確に予測している。しかし、これらの八社のうちの五社は過去一〇年においては、平均成長率よりも相当に上回る実績を示している。

二つの表での結果を総合して、最終的な見解を述べようと思う。前述の大幅な成長が見込まれている一〇銘柄には**表1**で示された計算上の価値よりも大幅に高い価格で売られている七銘柄が含まれている。また、平均以下またはほとんど成長が見込まれていない八銘柄には**表1**での計算上の価値よりも著しく低い価格で売られている六銘柄が含まれている。

結論としては、慎重に計算した理論価値とマーケットでの株価との乖離の大部分は成長性の要素にその端を発しており、それは公式を軽視するということではなく、マーケットはしばしば将来収益の概念を過去の業績の単純な延長線上にあるものではないとして変化させることがあるためである。マーケットが過去と決別する理由はときに非常に明快である。例えば、ユナイテッド・エアクラフトが一九四七年から一九五六年までの素晴らしい業績を今後も繰り返し達成するということについて、投資家が同社の主要顧客である米国防省は本質的には不安定であることから、それを信じないということなどである。投資家はまた、ウエスチング・ハウスについては逆の見方をしている。彼らは、同社の近年のあまりぱっとしない業績は一時的な要因によるものであると感じており、電機製造業界が今後大きく成長するであろうことはほぼ確実であるとして、その主な供給者たる同社は将来において必ずや繁栄するであろうとみなしている。

このような状況は十分に明快であるが、先程の表のなかにはにわかに理解、または承認しがたい逸脱が見受けられる。これら二つの動詞の意味は当然ながら異なる。企業の将来性に関する全般的な感覚についてマーケットはおそらく正しいのだろうが、その将来に対して設定された値札は、いずれの方向にしても必ずしも合理的であるとはいえないだろう。

ここに多くのアナリストが直面する難題がある。彼らはただマーケットの示す方向性や動きが分かっただけでは満足せずに、それを皆が納得いくように説明しようと試みる。彼らは独自の判断を下すことを選択するかもしれない。日々の相場動向に支配されたものではなく、折に触れて具体的な銘柄を自らの判断の下に選択するのをいとわない。こうした活動のために、この論文にて説明してきた全般的な評価プロセスはそうした目的に多少なりとも有用であることだろう。それらの手法は過去業績の具体的で入念な実態を描き出し、投資妙味を巡る世界でのアナリスト独自の調査の出発点として活用することができよう。

注

注１　この点に関する哲学的な傾向については、『ザ・ジャーナル・オブ・ファイナンス（The Journal of Finance）』一九五七年九月版のデビッド・デュランド著「グロース・ストックス・アンド・ザ・ピーターズバーグ・パラドックス（Growth Stocks and the Petersburg Paradox）を参照されたい。彼の結論は、「成長株の問題は満足のいく解決策という大きな望

みを何ら示さないことである」。

注2　R・A・ビング著『コマーシャル・アンド・フィナンシャル・クロニクル（Commercial and Financial Chronicle）』一九五六年九月一三日、「キャン・ウィ・インプルーブ・メソッズ・オブ・アプレイジング・グロース・ストックス？（Can We Improve Methods of Appraising Growth Stocks?）」二四ページの表を参照。

第7章　一九五八年　株式の新たな投機要因

『ジ・アナリスツ・ジャーナル（The Analysts Journal, vol.14, no.3）』（一九五八年六月）、一七～二一ページより許可を得て転載

ウォール街で長年過ごし、さまざまな経験をしてきたことについてこれから述べさせていただきたい。経験そのものの真価を問うような新たな状況やムードが繰り返し発生するといったことにも触れたいと思う。経済、金融および証券分析がほかの実務分野と異なる要素の一つが、過去の事象から現在や将来の予測を導きだすことが大変不確実であるということは真実であろう。しかし、過去の教訓を研究もせず十分に理解もしないで、それらを払いのける権利はわれわれにはない。そこでこの内容は、限られた領域――特に、株式への投資および投機に対するわれわれの根本的な姿勢や考え方について、その過去と現在との対照的な関係を明らかにするという試み――の理解を深めることを目的としている。

まず、今回のテーマの概要から始めたい。過去において、株式投資の投機的要因のほとんどは、もっぱら企業自体に存在していた。それらは、業界そのものの不確実性、変動要因、根本的な脆弱性などや、企業の個別要因に起因するものであった。このような投機的要因は当然な

がら現在も存在するが、これから述べる多くの長期的発展によって、明らかに減少してきたように思える。しかしその一方、企業の外部に起因する、新しくて重要な投機的要因が株式投資の領域に徐々に広まってきている。それは、株を買う一般大衆とそのアドバイザーたち――主としてわれわれ證券アナリストであるが――の姿勢や考え方から生じている。この考え方を一言で表すなら、将来の期待を最重要視すること、と言えるかもしれない。

一般に、株式の価値や価格はまず第一にその企業の予測される将来の業績に基づいて決まるべきであるという考え方が最も合理的で自然であろう。しかし、この単純に思える考え方は多くの逆説や落とし穴をはらんでいる。一つには、かつて確立していた投資と投機の区別の大部分を消し去ってしまうことである。辞書によれば、「投機する（speculate）」という言葉はラテン語の「見張る者（specula）」をその語源としている。したがって、投機家とは高い監視台から見渡して、来たる将来の動向を他人よりも先にかぎつけるような人を指していた。しかし今日では、賢明で思慮分別のある投資家であれば将来の予測を行うことが当然のこととなり、むしろ、投機家と同じような予測を行う者もいるくらいである。

第二に、最高の投資特性を備えた企業――例えば、最高の信用格付けを有する企業――は最も投機的な関心を引きつける傾向があり、それはだれしもがその企業の輝かしい将来が約束されたように思いこむためである。第三に、将来の展望という概念、特に将来において切れ目なく成長し続けるといったものは、そのお気に入りの銘柄の現在価値を正当化するために高度な数学を用いた公式を持ち出すといった事態を引き起こしている。しかし、精緻な公式と極めて不正確な前提という組み合わせは、価値評価の算定を確立するためにというよりも、むしろ傑出した銘柄であればいかに高い価格であろうと実務的にその価値を正当化するために使われていた。ただ、逆説的には、こうした事実からも、いかなる計算をもって価格を算出しようが成長企業の評価というものを確立し維持しえないことを示唆していることがうかがえる。ゆえに、時にマーケットは成長という要素を著しく低く評価することがあるのだろう。

ここで、株式への投機的要因に関する現在と過去の違いについての議論に戻るが、そうしたものは二つの一風変わった、しかし便利な言葉で特徴を示せるかもしれない、すなわち――内因性と外因性である。一九一一年から一九一三年までの、アメリカン・カン社とペンシルベニア鉄道に関連するデータを用いて、かつての投機的銘柄を投資対象としての銘柄との比較のうえで簡単に説明したい（この事例は『証券分析』一九四〇年版の二～三ページを引用）。

その三年間におけるペンシルベニア鉄道の株価は五三ドルから六五ドル、ＰＥＲでは一二・二倍から一五倍と狭い範囲で推移していた。その事実は安定した利益を示し、同社は堅実に一株当たり三ドルの配当を支払い、そして投資家たちは一株当たり五〇ドルを大幅に上回る有形資産の裏づけがあると信じていた。対照的に、アメリカン・カン社の株価は九ドルから四七ドル、一株当たり利益は七セントから八ドル八六セント、ＰＥＲは一・九倍から一〇倍で推移し、まったくの無配であったが、洗練された投資家たちには、普通株の額面価格一〇〇ドルという金額は開示されていない「水増し」を意味しているというのは明白であった。なぜなら、優先株の額面が有形資産の金額を超過していたからである。したがって、アメリカン・カン社は景気変動の影響の大きい不確実な業界に属した投機的な資本構造を有する典型的な投機銘柄であったわけである。実際には、アメリカン・カン社はペンシルベニア鉄道との比較では、はるかに輝かしい長期的展望を持っていた。しかし、当時の投資家や投機家がその事実を信じなかっただけでなく、たとえ信じていたとしても、一九一一年から一九一三年当時の投資方針や計画上では基本的に不適切であるとして、投資対象からは外されたことだろう。

さて、投資における長期的展望の重要性が時とともに発展したことを示すために、巨大な事業会社、ほかならぬＩＢＭを例に挙げたいと思う。同社は昨年、数少ない売上高一〇億ドル企業グループに仲間入りしている。単なる数字の羅列にならずに人間味のある話にすべく、いささか個人的な内容になることをご容赦いただきたい。一九一二年、私は大学を一時休学し、ＵＳエキスプレス社の調査プロジェクトに参加した。そこでまず、運送料を計算する革新的な新システムの導入によって、売上高がどの程度増加するかといったことに着手した。そのために、私たちはホラリス機と呼ばれる、ＣＴＲ（コンピューティング・タビュレーティング・レコーディング）社からリースされた機器を使用したのである。その機器はカード穿孔器、カード分類器、図表作成器などで構成されていたが、その当時のビジネスマンにとってはほとんど縁もゆかりもないような道具であり、主に国勢調査局において利用されていた。私は一九一四年にウォール街で働き始めたが、その翌年にCTR社の社債と普通株がNYSE（ニューヨーク証券取引所）に上場した。それで、この企業にはある種の思い入れもあり、そのうえ金融業界にあって私はその機器を実際に使ったことのある数少ない者の一人として、少なからずこの製品の技術に通じた専門家を自負するところもあった。それから一九一六年の初め、私は勤務先の責任者であったA・N氏のところへ行き、申し伝えたのである。「CTR社の株式は四〇ドル台半ばで売られているが、昨年の一株当たり利益は六ドル五〇セントであり、無形資産を含めた一株当たりの簿価は確実に一三〇ドルあり、さらにすでに一株当たり三ドルの配当を始めており、そして、自分としても同社の製品と展望は相当高く評価している」ということを。ただ、A・N氏は私を哀れむように見てこう言ったのである。「ベン、私にその企業の話は二度としないでくれ。かかわりたくないんだ（彼の好きな表現）。利率六％の同社の債券は八〇ドル台前半で売られているが、あれは良くない。だから、株式なんてもってのほかだ。水増し以外の何物でもないことはだれでも知っている」（注　これは当時最大級の非難であり、バランスシート上の資産勘定が虚偽であることを意味している。多くの事業会社――特にUSスチール――は同社の額面上の一株当たり純資産額は一〇〇ドルであったが、それは工場設備の金額に紛れ込ませた水増し以外の何物でもないことを示していた。そうした企業には、収益力と将来の展望以外に裏づけとなるものが「何もない」ため、自尊心のある投資家たちはまったく関心を示さなかったのである）。

私は再び統計担当者としての狭い役割に戻り悶々とした気持ちでいたが、上司のA・N氏は経験があり成功していただけでなく、非常に洞察力のある人であり、そのため、彼のCTR社に対する全面的な否定に強く影響を受けており、生涯にわたって同社の株式を買うことはなかったのである。一九二六年に社名がIBMに変わってからも、である。

さて、一九二六年に新しく社名を冠した同社を見てみよう。その年のマーケットはかなりの強気相場であったが、その年になって初めて、同社はバランスシート上に一三六〇万ドルもの巨額なのれん勘定を明らかにした。A・N氏は正しかったのである。一九一五年当時の普通株という名の資本勘定は実質的にほとんどが水増しそのものであった。しかしそれからというもの、T・L・ワトソン・シニアの指揮の下、同社は目覚ましい業績を上げていくこととなる。同社は以降の一一年間で純利益を六九万一〇〇〇ドルから三七〇万ドルへ――実に五倍以上――大きく業績を向上させたのである。そうして同社は実体のある資本構造を築き、一対三・六の株式分割を行ったのである。分割後ベースにして、EPS（一株当たり利益）は六ドル三九セント、配当は三ドルであった。一九二六年のマーケットはかなりの強気相場であったことから、このような成長ストーリーをもった銘柄について、相当に高い価格でトレードされたと思われる読者もいるだろう。さて、どうだったのだろうか。その年の株価レンジは安値三一ドル、高値五九ドルで推移した。平均株価は四五ドルであり、PERは七倍、配当利回り六・七％はいずれも一九一五年と同水準であった。安値である三一ドルという価格は簿価純資産をさほど上回るものではなく、その点では一一年前に比べて極めて保守的な値付けとなっていた。

こうしたデータは、ほかにもたくさんあると思うが、一九二〇年代の強気相場が最高潮に達するまで、昔ながらの投資に対する考え方が依然として残っていたことを示している。その後に起きたことは、ＩＢＭの歴史を一〇年間隔で見ていくことで説明がつくだろう。一九三六年には純利益が一九二六年の二倍に増加し、平均ＰＥＲは七倍から一七・五倍に上昇した。一九三六年から一九四六年までには純利益が二・五倍増加したが、平均ＰＥＲは一七・五倍のままであった。そして、その後はペースが加速し、一九五六年には純利益が一九四六年のほぼ四倍となり、平均ＰＥＲは三二・五倍まで上昇した。昨年（一九五七年）は、海外の非連結子会社の業績を計算に入れずともさらに増益となり、平均ＰＥＲは四二倍にまで上昇したのである。

これらの最近の株価数値を慎重に調べると、四〇年前のそれと比べていくつかの興味深い類似点や相違点が見えてくる。かつて事業会社のバランスシート上で横行していた、恥ずべき「水増し」行為はまさに一掃された。まず第一に情報開示によって、そして帳簿にて損失処理を行うことで抹消したのである。しかし、水増しは別の形で株式市場での評価に再び現れたのである。これは投資家や投機家自身によるものである。現在、ＩＢＭ株は簿価の七倍の価格で売られているが、これはほとんど簿価という概念が実務上意味をなさないのと同然である。つまり簿価の一部は優先株の価格相当部分とみなすことができ、残りの部分はかつての投機家がウールワース株やＵＳスチール株を収益力や将来の見通しだけを頼りに買っていたのとまさしく同様の行為であるように思えるのである。

さらに言えば、ＩＢＭがＰＥＲが七倍から四〇倍もの評価を得る企業に変貌したこの三〇年の間に、大企業における内因的な投機要因（水増しなど）と私が呼んでいたもののほとんどは消滅、少なくとも大きく減少した。そうした企業の財政状態は安定し、資本構成も堅実であり、以前に比べてはるかに洗練され、かつより誠実に経営が行われるようになった。それに加えて、完全な情報開示の要請により、無知や不可解さから生じていた重大な投機要因の一つが排除されたのであろう。

もう一つ個人的な経験を申し上げよう。私がウォール街にやってきて間もないころ、コンソリデーテッド・ガス・オブ・ニューヨーク（現在のコンソリデーテッド・エジソン）はお気に入りの謎めいた銘柄の一つであった。同社は収益性の高いニューヨーク・エジソンという子会社を保有していたが、決算書上は配当収入のみでその子会社の利益自体は報告されていなかった。この理由から、その不可解さに伴って「隠れた価値」というものを想起させたのである。ただ驚いたことに、この秘密の数字は毎年、州の公益事業委員会に申告されていることを発見したので、記録を調べて雑誌の記事にコンソリデーテッド・ガス社の真の利益を示すことは容易なことであった（偶然だが、利益の増加は驚くべきものではなかった）。そのとき、年配の友人の一人が私にこう言ったのだ。「ベン、君はそうした謎に包まれた数字を明らかにしたことで有頂天になっているかもしれないが、ウォール街は君に礼など言わんよ。謎が解けてしまったよりも、謎めいているコンソリデーテッド・ガス社のほうが興味をそそられるし、高い株価が付くってもんだ。君のような何にでも鼻を突っ込みたがる若造がウォール街を破壊するのさ」

今ではほとんど見られなくなったが、こうした投機の炎に油を注ぐ三つのＭという代物があった――謎（Mystery）、操作（Manipulation）、利益（Margins）である。しかし、われわれ証券アナリスト自身もそうしたかつての投機的要素にとってかわるように投機的な評価アプローチを創造してきたのである。今では、かつての三つのＭは見られなくなったが、新たな三つのＭ、ミネソタ・マイニング・アンド・マニュファクチャリング社（３Ｍ）は株式への新しい投機をかつての投機との対比という形で明確に示していると言えるかもしれない。いくつか具体的な数字を挙げてみよう。昨年（一九五七年）、３Ｍ株が一〇一ドルで売られていたとき、その年の増益計画は示されていなかったが、そのＰＥＲは一九五六年利益ベースで四四倍であった。同社の時価総額は一七億ドルであり、簿価（純資産額）が二億ドルであったことから、差額の一五億ドルは「のれん」であるというのがマーケットの評価であった。のれん評価の計算プロセスは不明であるが、数カ月後にマーケットはのれんの評価額を四億五〇〇〇万ドル、およそ三〇％下方修正したことは認識している。このような優れた企業が有している無形の価値を具体的に算定することなど明らかに不可能であろう。ある種の数学的法則のごとく、のれんや将来の収益力などの要素が重要であるほど、当該企業の真の価値は不確実なものとなり、結果としてより本質的に投機的要素を帯びた銘柄となるのである。

過去と現在の比較において、このような無形の価値の評価において発展してきた重要な相違点を認識することは意義深いように思う。一昔前では、平均株価と共に公正または合法的な評価額を認識することは標準的なルールであり、そこでは無形資産は有形資産以上に保守的な評価が行われていたものである。優良企業は保有する有形資産を活用することで、債券や優先株の典型的な期待利回りである、年率六％から八％程度の利益を期待されていたが、その超過収益力、つまり無形資産相当分の期待利回りについては、例えば、一五％程度で算定されていたのである（一九一一年のウールワースの優先株および普通株の新規公開はこの例とほぼ同程度の利率であり、同様の事例が数多く存在している）。しかし、一九二〇年代以降に起きたことは何だったか。これらの状況と本質的に正反対のことがうかがえると思う。現在では、通常のマーケット環境において株式が簿価以上の価格で売られるためにはその企業は資本に対しておおむね一〇％程度の利益を上げる必要があるとされている。一〇％を超える利益、つまり超過収益分については通常より寛大に評価され、簿価と同等の評価を受けるために要求される収益性の基本部分よりも高い倍率で値付けされる。したがって、資本収益率が一五％の企業は利益の一三・五倍であるとか、簿価の二倍といった価格が付いたりするのである。これは、利益の最初の一〇％部分は利益の一〇倍で評価がなされ、次の五％部分、つまり超過収益部分について実際には二〇倍の評価がなされていることを意味している。

株価の評価手法に関するこうした逆転したアプローチがとられるに至ったのは、成長期待について新たな形で重視する論理的な理由がある。高い資本収益力を有する企業がこのように寛大な評価を受けているのは、優れた収益性自体やそれに関連して安定性も比較的高いというだけでなく、おそらくは高い資本収益力というものは総じて優れた成長実績と良好な見通しを両立させるのであろうと解釈するのが適切であろう。要するに、今日、現実として資本収益力の高い企業の株式を買う人が対価を支払っているのは、有名であるとか儲かる商売であるといった古くて狭い意味での「のれん」に対してではなく、将来にわたって収益が成長していくであろうという大いなる「期待」に対してなのである。

簡潔な内容を述べるにとどめるが、株式評価の新たな取り組み姿勢に関して一つ二つほど数学的な側面を付け加えたいと思う。多くの検証が示すように、もしＰＥＲが企業の利益率の向上に伴って上昇する傾向があるならば――例えば、資本収益率の向上など――、計算上の結果としては、価値は利益の二乗分増加し、簿価とは反比例することになる。このため、重要かつ本質的な意味において、有形資産は平均的な市場価格の形成において、その源泉というよりむしろ妨げになりつつある。簡単な事例を挙げてみよう。例えば、Ａ社は一株当たり利益が四ドルで一株当たり純資産が二〇ドルであり、対してＢ社は一株当たり利益は同じく四ドルだが一株当たり純資産が一〇〇ドルである場合、ほぼ確実にＡ社はＢ社より高い倍率、つまりより高値で売られる。例えば、Ａ社株が六〇ドルに対し、Ｂ社株は三五ドルといったところだろうか。

このように、一株当たり利益が同等と仮定すれば、B社は一株当たり純資産が八〇ドル多いことによって株価が二五ドル安いと言っても過言ではないだろう。

しかし前述した事柄よりも重要なことは、数学と新たな株式評価手法との全般的な関係性であろう。三つの構成要素、つまり、①収益成長率の楽観的な仮定、②成長期間の長い計画、③複利の驚異的な働き――を前提にすることによって、証券アナリストは言わば新たな賢者の石を手に入れて、「優良銘柄」について自らが望むいかなる評価でも、それを作り出し、正当化することが可能になった。私は最近の『ジ・アナリスツ・ジャーナル』誌に強気相場における高度な数式の流行について寄稿したが、そのなかで成長株の評価手法と二〇〇年以上も数学者たちを困惑させてきた有名なサンクトペテルブルクのパラドックスとの顕著な類似点を指摘したデビッド・デュランドの言葉を引用している。ここで私が言いたいのは、数学と株式投資との関係には特別なパラドックスが存在しているということである。それはつまり、一般に数学は正確で信頼できる解答を求めるためのものであるとみなされているが、こと株式市場においては用いられている数学がより手が込んで難解な数学であればあるほど、より不確実性が高まり、投機的になるというのがわれわれの出した結論である。ウォール街での四四年間にわたる経験と研究のなかで、株式の価値評価について、単純な計算や極めて基本的な代数計算以上に信頼に足る計算式や投資方針などにはお目にかかったことがない。微積分学や高度な代数などを取り入れた計算を見たときはいつも、その業務担当者は経験のなさを理論で埋め合わせしようとしており、大抵は投資という名に見せかけた投機であるとして、警戒シグナルとみなすべきである。

株式投資に関するかつての考え方は、今日の洗練された證券アナリストにとってはあまりに単純すぎるように思えるかもしれない。常に重視されていたのは、われわれが企業、つまりその銘柄の防衛的側面と呼んでいる、主として不況期にも減配せずに配当を継続しうる確実性であった。このような理由から、五〇年前では財務が健全で標準的な投資銘柄であった鉄道株が、近年の公益事業株と実質的にまったく同様の見方をされていたのである。もし過去の業績推移が安定していれば、基本的要件は満たされているとされ、将来その企業にとって本質的に不利となるような変化が発生しうることなどにはあまり注意が払われなかった。しかし逆にいえば、賢明な投資家たちはとりわけ素晴らしい将来の展望というものを物色しながらも、そうしたものに対価を払うべきではないとみなしていた。

これは、実質的に投資家は優れた長期的展望というものに多くの対価を支払う必要がなかったことを意味している。そうした投資家はただ単に優れた企業ではなく最高の企業を、白らの優れた知性と判断によって探し出すことで、事実上余計なコストを支払う必要がなかったのである。財務の健全性、過去の収益実績、配当の安定性などが同等の銘柄であれば、すべてがほぼ同等の配当利回りにて売られていたのである。

これは、確かに近視眼的な見方であると言えなくもないが、だからこそかつての株式投資の手法には、ただ単純であるだけでなく基本的に堅実で非常に収益性が高いという大きな利点があったのである。最後にもう一つ個人的な内容について触れさせていただきたい。一九二〇年代のあるとき、私の勤務先では「投資家への教訓」と称した小冊子を定期刊行していた。当然ながら、このような独善的で厚かましいタイトルを付けたのは私を含めた二〇代半ばの生意気盛りのアナリストであり、ある冊子のなかで、私は不用意な発言をしてしまったのである。「株式が優れた投資対象であるならば、優れた投機対象にもなり得る」と。つまり、十分に健全性があり損失リスクがわずかである銘柄ならば、大抵は将来の値上がり益を得るための素晴らしい機会となるだろうと言いたかったのである。このときの発言は的を射ており、さらには価値ある発見でさえあったが、それは単にだれもそうしたことに注目していなかったということを付け加えなければならない。その数年後、大衆が長期投資対象としての株式の歴史が裏づける利点に気づいたときには、そうした利点はすぐに失われた。なぜなら、大衆の熱狂によって押し上げられた株価水準は株式が本来持っていた「安全域」を消し去り、それによって投資対象からは外れてしまったのだ。それから当然のように、状況は振り子のように正反対の方向に振れ、当時（一九三一年）の最高権威機関のうちの一つが株式は投資対象になり得ないと発言するのを目の当たりにしたのだった。

こうした歴史上の事実を時系列で見ていくと、インカムゲインとは対照的にキャピタルゲインに対する投資家の姿勢の変化における別のパラドックスが見えてくる。かつての株式投資家はキャピタルゲインにはさほど関心がなかったということは自明のことのようで、彼らは安全に配当を得る目的で株式を買い、値上がり益といえば投機家の専売特許であった。しかし今日では、より経験があり賢明な投資家であるほど、配当利回りへの関心は薄く、長期的な値上がり益に最大の関心を置く傾向があると言えそうである。ただ、反論しようと思えば、少なくとも工業株の分野では、事実上将来の資本の増加は保証されていると思われており、かつての投資家はそれらが増加することにさほど執着がなかったためであると言えるかもしれない。これを逆に言えば、今日の投資家は将来予測を重視しているために、事前に十分なほどの対価を支払っているということであろう。このため、多大なる研究や検討を重ねた予測が実現し利益を得ることもあれば、まったく利益を得られないこともある。もし予測が期待した程度まで実現されない場合は、その投資家は一時的または永久的に深刻な損失を被ることさえあるかもしれない。

どのような教訓を——再び一九二〇年代に作成した小冊子の独善的なタイトルを使うが——、今日のアナリストはこれまでに述べた投資に対する取り組み姿勢における過去から現在の変遷から学べるだろうか。何がしかの学びがあるような代物ではないという人もいるだろう。現時点までの実績にのみ対価を支払い、将来の期待にタダ乗りすることができた古き良き時代の感傷に想いをはせ、悲しげに頭を振りながら「もうあんな時代はやってこないだろうな」などとつぶやくのが精いっぱいだろう。果たして投資家や證券アナリストは、将来が見通せる「禁断の果実」をまだ手に入れてはいないということなのだろうか。それゆえに、有望な株式を妥当な価格で選び出すことができる「エデンの園」から永久に追放されたままなのだろうか。優れた品質や将来性を手に入れるのと引き換えに不当に高い対価を支払うのか、または相対的に安い価格を支払うかわりに品質や将来性をないがしろにするのかという二者択一のリスクを常に負う運命にあるのだろうか。

確かにそのようにも思えるかもしれない。しかし、悲観的なシナリオでさえ確信を持つことは容易ではない。最近、優良企業の代名詞、ゼネラル・エレクトリックの一九五七年報告書に記載された五九年間の利益および配当の推移を示すひときわ目を引くチャートに刺激されて、同社の長期にわたるその変遷についてちょっとした調査を行った。これらの業績数値は同社に精通するアナリストにとっては驚きでも何でもないものである。何しろ一九四七年以前の同社はあまり目立たない存在であり、業績も不安定な企業であった。同社の一九四六年の修正後一株当たり利益は、一九〇二年の水準と比較してたかだか三〇％の増益（四〇セントから五二セント）にとどまっており、当該期間で一九〇二年の二倍の利益を計上したのは一年もなかった。しかし、ＰＥＲは一九一〇年と一九一六年に九倍だったが、一九三六年および一九四六年には二九倍に上昇している。もちろん、一九四六年におけるＰＥＲの高さは少なくとも賢明な投資家たちのさすがの洞察力を示していると言えるかもしれない。その当時われわれアナリストとしては、一〇年先に同社の目覚ましい成長の時代が到来するであろうことをおぼろげながらも見えつつあったように思う。しかし、覚えている読者もいらっしゃると思うが、その翌年の一九四七年、同社は見事なほどの利益を計上し、一株当たりで見て史上最高益を上げた一方、ＰＥＲとしては異常なほどに下落したのである。同社の株価は三二ドルという安値（一対三の株式分割前）を付けてＰＥＲは九倍にまで落ち込み、その年を通して平均のＰＥＲは一〇倍にすぎなかった。私たちの「水晶球」はわずか一二カ月の間に、たちまち曇ってしまったというわけである。

この驚くべき反転はほんの一一年前の出来事である。このことから私の心のなかにかすかな疑念を生じさせた。投資家にとって紛れもない事実でありアナリストたちの間でも根強く支持されている、卓越した優良企業は常にマーケットで高いＰＥＲにて評価されるという考え方に完全に依拠してよいものかどうか、ということである。この点について、独善的な意見を述べるつもりはまったくない。言えることといえば、私の心のなかではいまだ決着がついておらず、読者のみなさんも各自で解決するしかないということだけである。

しかしこの論文の結びとして、さまざまなタイプの銘柄が存在する株式市場の構造について、それらの投資または投機的な性質の観点から、いくつか明確に言えることがある。一昔前では株式への投資というものは多かれ少なかれ、例えば信用格付けなどにより示されるように、企業自体の性質や個性そのものに見合ったものであった。ある企業の債券や優先株の利回りが低いほど、その企業の株式は望ましい投資対象としてのすべての要件を満たすことが多くなり、その投資に内在する投機的要素が少なくなるのである。この株式の投機的度合いと企業の投資適格性の度合いとの関係は、グラフで表現すれば左から右へ下向きの直線で明確に示すことができるだろう。しかし最近では、その関係はU字型の曲線となるように思われる。グラフの左側では、その企業自体は投機的で信用格付けが低く、その株式は過去において常にそうであったように当然ながら非常に投機性が高くなる。一方、グラフの右端においてはその企業の過去の業績と将来性のいずれも際立って素晴らしいことから、その信用格付けは最高水準のものとなるが、株価水準の高さに応じてリスク度合いも相当に高くなる。こうしたことから、株式市場において高い投機的要素が周期的に生じる傾向があるのだろう。

この点に関して、かなり誇張した表現ではあるが、シェイクスピアの詩のなかに驚くほどこのような状況を描いている表現を最近見つけたので、その一節をご紹介したい。

「高すぎる家賃を払って無駄に財産を減らしているのに、それに満足している人がいかに多いことだろうか？」

先ほどのグラフの話に戻ると、その中央部分では株式の投機的要素は最小限になると考えられる。この近辺では、国家経済の成長に即した過去の業績を持ち、将来展望についても同様の性質を有し、安定して体力のある多くの一流企業を見いだすことができるだろう。そうした銘柄は強気相場の高値圏にある場合を除けば、大抵は本質的価値に近似する適度な価格で買い入れることができよう。ただし実際には、現在では投資家も投機家と同様に成長期待の高い人気銘柄を好む傾向があることから、そうしたグラフの中央部分に位置するような銘柄は全体としては本質的価値よりも相当下回る価格で取引されているようであるとあえて申し上げておきたい。このため、そうした銘柄はより高い将来成長が期待される人気銘柄の安全域が消失される要因であるマーケットの物色傾向や先入観によって、逆に安全域がもたらされているのである。そのうえこうしたグループの企業においては、過去業績についての洞察に富んだ分析や将来性についての分別ある選択をすることで、銘柄の分散によって得られるより高い確度の安全性が付加できる余地が多分にあるだろう。

太陽の戦車を動かしてみたいとパエトンが言い張ったときに、その操作に熟練した彼の父である太陽神アポロが、結局守られなかった忠告を彼に与えた——責任を負える範囲でやるように、と。ローマの詩人であるオヴィディウスが太陽神アポロの忠告を三語で要約している。

中庸の道を進みなさい（Medius tutissimus ibis）。

この原則は投資家やその投資アドバイザーにとっても有効であると私は考えている。

第8章 一九四六年 特別な状況（スペシャルシチュエーション）

『ジ・アナリスツ・ジャーナル（The Analysts Journal, vol.2, no.4）』（一九四六年第四四半期）、三一～三八ページより許可を得て転載

一九三九年から一九四二年までの期間は、特別な状況（スペシャルシチュエーション）や割安株を生業とする者にとっての全盛期であった。この数年の間、標準的な主力銘柄を保有する株主にとってあまり好ましくないトレンドが続いており、ブローカー業の景気も良くなかった。対照的に、バーゲン価格で売られていた多くの工業株は著しい上昇を見せた――特に初期の戦時下においては、主力企業よりも中堅企業のほうが総じて事業を改善することができたのである。さらに、非常に多くの鉄道会社や公共事業会社のリストラクチャリングが実行されたことで、そうした銘柄を不人気のときに、結果としての底値で拾った人たちは相当な利益を上げたのであった。

一九四二年までには、特別な状況では実際に高い確率で利益を上げられるとウォール街の多くの者が信じるようになっていた。こうした一般化は的外れであることがほとんどであるが、

この場合も例外ではなかった。その後の四年間はほとんど何を買っても十分な利益が上がり、ひときわ大きな利益は、そうした「特別な」状況以外での投機的な行動によりもたらされたのであった。しかし、この論文の主題である特別な状況もおそらくは十分な利益を上げたことだろう。

特別な状況の意味

まず初めに、「特別な状況（スペシャルシチュエーション）」とは一体、何を意味するのだろうか。慣習やしきたりといったものは十分といえるほど分かりやすく決定的な定義を与えてはくれない。広義には、特別な状況とはたとえマーケットが総じて上昇していなくても、特定の出来事の期待などから満足のいく利益が得られるような状況であり、狭義には、そうした特定の出来事が実際に進行中でないかぎりは、真の「特別な状況」ではないと言えるだろう。

こうした区別は、破綻企業や優先株に対する配当金の大幅な繰り越しなど多くの分野を認識することで容易かつ明白に知ることができる。前者の場合は、「特定の出来事」は企業組織の再構成（リストラクチャリング）を意味しており、後者の場合は、通常は資本再構成を伴う繰越配当金の支払い実行であろう。多くの実務担当者は、破産管財人の統治下にある企業の場合は組織再編成などのいわゆるリストラ計画が実際に示されないかぎりは特別な状況を構成しないと言うだろうし、同様に繰越配当金の支払いについても具体的な計画の有無が必須であろう。例えば、アメリカン・ウーレン社の優先株は大幅な繰越配当金があり、この数年間興味深い可能性を漂わせていたが、投資家が配当支払い計画が公表されたことを知ってようやく真の特別な状況が生じたのである。

この特別な状況についての狭義の定義を支持する論理的かつ重要な理由がある。より定義を明確にすることで、投資における期待年間収益の観点から具体的な特別な状況の着想も可能になるだろう。これから述べることであるが、そのような着想に伴う計算は、個別の状況に応じた推定を多く含むため、最終的な数値は債券の利回りとは似ても似つかないものとなる。それにもかかわらず、こうしたテクニックは特別な状況を活用しようとする者にとっての手引きとして有用であり、投資銘柄に対する取り組み姿勢として、トレーダー、投機家、普通の投資家のそれとは、まったく異なるものを与えてくれるだろう。

しかしある意味、このような計算は利回りの常識の範囲を超えてしまうことがままある。必要な前提条件を置くことで、特別な状況の投資妙味の度合いを、リスク要因を控除したうえでの年間収益としてパーセンテージで明示することができる。一般的な公式は以下のとおりである。

G――特別な状況が期待どおりの結果になった場合の期待収益

L――特別な状況が期待どおりの結果にならなかった場合の見込み損失
C――特別な状況が期待どおりの結果となる可能性であり、パーセンテージで表示する
Y――投資後の見込保有期間であり、年数で表示する
P――該当銘柄の現在の株価

期待年間収益＝［GC－L（一〇〇－C）］÷YP

例としてメトロポリタン・ウエストサイド・エレベーテッド社の債券が現在二三ドルで売られているとしよう。それから、同社が保有資産の売却をシカゴ市に提案し、対価として債券当たり三五ドルの現金が得られる見込みであったとする。これはあくまで事例としての説明のためのみ（そして責任もない）であるが、以下を前提とする。

A．計画が失敗した場合、債券の価値は一六ドルに下落する
B．計画が成功する確率は三分の二、つまり六七％
C．計画が実現するまでの債券保有期間を一年

公式としては以下のように示せる。

期待年間収益＝（一二×六七－七×三三）÷（一×一二三）＝二四・七％

右記の公式では計画の成功確率と期待損失の要素を考慮しているが、期待収益のみで計算すると期待年間収益はおよそ三四・五％となろう。

特別な状況の分類

さまざまな種類の特別な状況があるが、まずはその概要について簡潔に触れておきたい。大きくは以下の二つのカテゴリー（①証券取引または分配、②現金払い戻し）に分類できよう。マーケットが高値圏にあるときなどは、特別な状況が発生してさらに良い結果を得るというのは実際には非常にまれなことであるが、ここでの目的においてはより伝統的な分類が理解しやすいように思う。

分類A――標準的な裁定取引（企業組織再編、資本再構成や合併計画に基づく）

破綻企業の組織再編において、特に鉄道会社の場合、裁定取引の業務は既存の有価証券を買い、新たな証券をその「発行日」に売ることで成り立っている。鉄道会社における裁定取引はこの五年間に興味深い展開を見せている。そうした案件の半数以上において、その組織再編計画は完遂し、裁定取引での期待収益が実現した。ただし、ほとんどが当初予測した期間よりも長い時間が必要であった。その他の計画は一部変更や削除されたり、また新規の証券発行がキャンセルされたりした。それにもかかわらず、再編計画自体が失敗した場合でさえ、裁定取引を行う者たちの多くが大いに利益を上げた。なぜなら、再編計画が失敗に終わった場合でも、既存の有価証券が彼らの買値から大きく上昇したからである。こうして、昔ながらの裁定取引の手法は債券投機として成功を収めたのである。

このような経験は、特別な状況自体がどう転んでも利益を享受しうるという、こうした状況を活用する魅力的な側面の一つを示している。しかし、市場が全般的に高い水準にある場合は、特別な状況が失敗した場合に損失が生じる可能性が相応に高まり、裁定取引における危険性が増加する。この点に関しては、特別な状況の多くは市場全般の状態に大きく関係している。しかしそれでもなお、平均的または典型的な場合は、市場価格の動向ではなく企業自体に依存しているのである。

事業会社における裁定取引は、一般に合併や資本再構成をきっかけに生じ、新発の有価証券よりも既存証券を売ることで成立する。最近ではレイセオン社とサブマリン・シグナル社との合併において、合併公表時にサブマリン・シグナル社の株を買い、レイセオン社の株を空売りすることでその期待収益率は一八％であったが、その裁定取引を六〇日以内に成功裏に終えることとなった。同様に、ジェネラルケーブル社の資本再構成計画の公表時、優先株Aを五二ドルで買い、普通株を五九ドルで空売りすることで、四五日で一三％のサヤを抜くことができた。しかし、こうした裁定取引を行うには空売りするために一定期間株式を借りる能力が前提であるため、信用取引ができないような市況ではそのような株を借りることは困難であり（すべてではないが）、裁定取引を行う障害となろう。

公益事業の分野においても、持ち株会社の優先株との株式交換の提案などによって、似たような裁定取引が実行されている。最近の事例としては、ユナイテッド・コーポレーション社とアメリカン・スーパーパワー社が挙げられる。

これらの裁定取引のすべてには、当然ながらさまざまな取引上のリスクがある。株主による取引の否認、少数株主による訴追、ＳＥＣ（証券取引委員会）による不認可などの可能性がある。経験のある実務担当者であれば、こうしたリスクをけっして軽視せず、それぞれの案件ごとに状況を慎重に評価しようと試みることだろう。

また留意すべきこととして、時間的要素に関しては一般事業、公益事業、鉄道事業はそれぞれ別の三つの分野として分類されよう。例えば、一般事業については週単位、公益事業は月単位、鉄道事業は年単位といったところであろう。

このルールにおける例外はユナイテッド・ライト＆パワー社の裁定取引である。この案件では既存の優先株を買い、新規発行の普通株を売ることで一〇％の利益が見込まれていた。しかし連邦最高裁判所にまで発展した訴訟問題があったために、この公益事業の資本再構成は計画申請から完了するまでまる二年を要したのである。この案件は当初期待した金額どおりに利益を上げられたが、時間がかかりすぎたために平凡な成果となってしまった。

分類B――現金払い戻し（資本再構成または合併に基づく）

このタイプの取引で最近の事例はセントラル・アンド・サウスウエスタン・ユーティリティ社の第二回優先株発行であろう。一九四六年二月五日、資本再構成および合併計画のもとにSECに申請されたこの事案は、優先株の保有者は償還期間の満期にすべてを現金で受け取るか、または同等の価値の新発の普通株を受け取るかの選択が与えられた。この証券の市場価格一八五ドルに対して、現在の償還価値は一株当たり二二〇ドルである。したがって期待収益は一九％であり、さらに年率およそ三％の利息が得られる。この取引における想定される障害としては、①SECの承認、②裁判所の認可、③新たに発行する普通株を特定の最低価格で引き受けを保証する能力、④そのほかの遅延リスク、典型的なものとしては訴訟によるもの――などであろう。典型的な優先株や債券の償還においては、事実上その計画下での償還価値以上に利益を得るチャンスはないが、逆に計画自体が失敗すれば、株を買った者は保有株の下落にさらされることになる。このように、われわれはこのタイプの取引の本質的な脆弱さを認識しなければならない。

経験豊かなアナリストは、資本構成における普通株の比率が大きくなることに比例して、優先株取引において最大損失が生じる可能性が減少することを心得ている。例えば、シティサービス社の優先株は市場では一三二ドルで売られていたが、簿価相当額は一八一ドル（または権利行使価格として一九三ドル）であり、アメリカン・パワー＆ライト（ＡＰＬ）社が市場で一一七ドルで売られており、簿価相当額一四五ドル（または権利行使価格一六〇ドル）であり、最大期待収益はシティサービス社は四六％のところ、ＡＰＬ社は三七％であった。ただし、期待収益率で見劣りするＡＰＬ社の案件には有利な点があった。一つは四ドル五〇セントの配当があること、二つには優先株払い戻し計画がすでに申請済みであったことである。しかし、別の観点から重要な事実として、シティサービス社の優先株一ドル当たりに対して本日現在（一九四六年一〇月五日）で市場価値一ドル二〇セントの普通株がその裏づけとなっているが、ＡＰＬ社の優先株一ドルに対応する普通株の価値は二〇セントにすぎない。株式市場での弱気なセンチメントが継続しＡＰＬ社の計画延期が決定的となれば、シティサービス社の優先株を買い付けた者のほうが当然ながら良い成果を得ることだろう。

分類Ｃ――現金払い戻し（売却または清算に基づく）

企業が事業を他社に譲渡したり資産を段階的に売却して解体するといった案件のほとんどの場合、当該企業の有価証券保有者の受け取る最大金額は売却や清算が公表された時点の市場価格を上回ることが多い（この状況は証券市場における価格形成要因の性質によって生じることとなるが、紙面の都合上詳細については割愛する）。事業を継続する企業の売却の場合、その案件の交渉開始または完了前に証券を買い入れていれば、ほとんどの場合は大きな利益を上げることができよう。しかし取引内容が公表されたあとでさえも、売却が実行完了されれば、ある程度の利ザヤを稼ぐことができるだろう。

最近では繊維工場の業界において、相当多くのこの種の案件が実行されている。直近の事例としては、一株当たり三六五ドルの入札額で九五％以上の株式持ち分の引き受けを条件としたルーサー・マニュファクチャリング社が挙げられる。この株式買い付け提案が公表される一週間前、同社の株価は一五〇ドルであった。このような株式買い付け提案はたとえ過半数の引き受けが条件となっていても、ほとんどの場合は実施される。ただし、ほかに買い手候補が現れた場合は一般に買い取り提示価格がつり上がるため、実施されないことも多い。

段階的に資産を売却し清算するといった案件は、法令の要請に基づく公益事業持ち株会社の解体などを除いて、さほど頻繁に実施されるものではない。この種の案件では、資産売却によって得られる現金は、負債や諸費用控除後であり、概算見積もりおよびその結果生じた誤りなどの影響を受ける可能性がある。概算見積もりが経営陣によって行われた場合は保守的になされることが常であり、こうしたこともあってほとんどの場合、清算の決議がなされる時点での市場価格は、実際に売却後に回収される金額よりかなり少ないことが後になって判明する。この種の案件で長期化しているオグデン・コープ社の案件は進行中であるが、初期に買い入れた者にとって魅力的な利幅が得られたケースとなっている。また、事業会社の分野ではブリュースター・コープ社の事例が挙げられる。現時点では同社の未払い税金債務が未確定であり、公表上の一株の簿価五ドルに対し市場価格は四・二五ドルであるが、「専門家」による現時点での概算による最終的な価格レンジは五・五〇ドルから六ドルとされている。

分類D――訴訟問題

有価証券の価値が訴訟問題の結果に大きく左右される事例は枚挙にいとまがない。この分類には損害賠償訴訟（例えば、インターナショナル・ハイドロ・エレクトリック社、インランド・ガス社）、係争中の税務問題（例えば、ゴールド・アンド・ストック・テレグラフ社、ピッツバーグ・インクライン・プレーン社）、資本構成を解消する目的の再編成計画に対する訴え（例えば、セントルイス・サウスウエスタン鉄道、ニューヘブン鉄道）なども含めるべきだろう。一般に、マーケットでは訴訟にかかわる債権は過小評価され、その債務は過大に評価される。それゆえ、こうした状況を理解する者は今後、その真の価値を下回る価格で手に入れる機会にたびたび出くわし、その訴訟問題が決着したあかつきには――平均として――魅力的な利益を実現することになるだろう。

分類E――公益事業の解体

近年、これらの内容は特別な状況のなかでも非常に重要なグループになってきている。こうした案件は、公益事業持ち株会社法一一条の適用が完了するに従って、その組織が消滅するように本質的に一時的な出来事である。

これらの案件のユニークな点は、取引にかかる利益は持ち株会社が事業を継続するよりも清算したほうが価値が高いという原則に依拠している点であろう。つまり、分割する資産は負債を考慮しても持ち株会社自体の証券価値よりも高い価格で売却が見込めるということである。ただ、このことは逆説的な状況を引き起こしている。つまり、解体という苦々しい奮闘――おそらくは株主の利益のためであろうが――に直面している持ち株会社の株式はこの戦いに挑むことで価格は落ち込むのだが、その戦いが終結となれば価格は上昇に転じるのである。

こうした状況がほかの分類と異なる技術的な性質は、現在は取引されておらずこれから流通される証券の市場価格の見積もりや予測に依存しているという事実であろう。ある事例では既存の少数持ち分にすぎない程度の株式が薄商いで取引されていたところ、持ち分の過半数に当たる株式が市場に突如現れて、供給過剰となった（この事例はスタンダードガス・アンド・エレクトリック社の優先株発行の評価に際して、同社の中心的な要素であったフィラデルフィア・カンパニー社である。当時のカーブ市場［場外市場］で取引されていたわずか三・二％の少数持ち分の株価は全体としての価値を反映しているとは言い難かった）。

あまり調査することのない分野である公益事業の分析手法の進歩が、現在のマーケット環境において取引される一般の事業会社株式についてもある程度信頼に足る評価計算を可能ならしめるのだろう。このような公益事業の解体といった状況を活用することのリスクは、解体後の分配を受け取る前に市況が望ましくない方向へ変化するといった可能性も含め、その時間軸の不確実性に大きく起因している。

分類F――その他の特別な状況

この包括的なカテゴリーではこれまでに分類されなかった内容を扱いたいと思う。しかし単にこうした内容を拡大させても意味はないだろう。なぜなら良い取引というものは各人の「特別な状況」の定義に依存しているからである。このため、追加で二つの種類の取引を挙げるが、事例のみを示すにとどめることにする。一つは一風変わっておりむしろヘッジ取引の分野での主流と言えるかもしれない。その最大の特徴は普通株を売って、転換社債や優先株を保有することである（この証券取引の特徴は利益を生みだすことよりも損失を回避することである）。もう一つはより限定的であるが、将来的に魅力的な条件を備えた債券への転換を保証された証券を購入することであり、企業にとっては法人税の節税になるものである（この例として、デラウェア・アンド・ハドソン社とＤＬ＆Ｗ社のリースド・ライン株式が挙げられる）。

結論

この論文の冒頭では特別な状況と過小評価された証券とを一つのグループとみなしていた。読者のなかでお気づきの方もいらっしゃると思うが、われわれはこれらの用語を同意語とは考えていない。ただ、特別な状況を過小評価された証券に属する主要な下位分野として位置づけることは相当かもしれない。特別な状況の核心にあるのは、過去の経験を踏まえた概算の時間枠のなかでの、当該企業の（マーケットではなく）予測されうる発展や進化であろう。このように、ファイナンスの分野のほとんどすべての事柄と同様に、幅広い経験こそが継続的な成功の主たる要素である。当然ながら、注意深く各々の状況を観察することと一定の専門的な判断を有することは言うまでもないだろう。

これまで論じてきた特別な状況は、他人が気にもかけないというまさにその理由で、逆に強烈な訴求力を持っている。それらは、いわゆる一般的な意味での事業的な魅力であるとか、投機的な刺激、あるいは地道な成長見通しといったものは備えていない。しかしこのような特別な状況は、商売人が在庫を扱う際に平均粗利や平均保有期間などを事前に計算するように、アナリストが証券の価値評価に慎重に取り組む機会を提供してくれているのである。この意味で、こうした特別な状況は通常の証券投資または投機と、証券会社による引受業務などの証券取引との中間に位置する興味深い投資機会といえるだろう。

第9章　一九六二年　株式保有の投資妙味

『ザ・ジャーナル・オブ・ファイナンス（The Journal of Finance, vol.17, no.2）』（一九六二年五月）、二〇三〜二一四ページより許可を得て転載

I

この論文の内容は株式の保有または追加取得の体系的な計画に関するものである。その計画とは以下のような内容を含んでいる。①大学教授のための大学退職株式基金のような株式投資に集中した年金プラン、②新たに開発された変額年金プラン、③投資信託またはクローズドエンド型投資会社の株式の規則的な購入、④個人のドルコスト平均法によるダウ銘柄の月次購入プラン――などである。

以前、米国金融学会（AFA）の会長からそうした各種計画のより長期的観点から投資側面を熟考し、次のような質問に私の見解を述べることを依頼されていた。そうした各種運用計画は、例えば一九四九年などの比較的近い過去、または前世期以前のように相当にさかのぼった過去の時点と比較して、今後はどのような成果が期待できるのか。株式投資はインフレ回避手

段として今後はどの程度機能するか。ドルコスト平均法は満足のいく成果を得る手段として確実に当てにしてよいものか。より具体的には、株式は債券と比較して今後の一五年も格段に良いパフォーマンスを繰り返すことを当てにできるだろうか。

以降の議論のなかでは、冷戦状態継続の不確実性についての多少の考察を除いて、核戦争の可能性やその影響は除外している。今後の株式市場は過去の二つの期間、一九四九年から一九六一年または一八七一年から一九六一年のいずれの期間により近似するだろうか。

後者の期間は九〇年にも及んでいるが、われわれは当初コールズ・コミッションによって蓄積されその後スタンダード・アンド・プアーズに引き継がれた利益、配当および価格などの株価指数を活用することができる。この種の株価指数の将来の動きという観点で株式について論じるならば、前述の各種の株式運用プランは全体としてほぼＳ＆Ｐ五〇〇総合株価指数に近似する結果を示すであろう。しかもこうした平均的な成果を上げることは比較的容易であろう。必要なことは今日よく聞かれるような銘柄の選択能力ではなく、「全体にわたって」代表的な銘柄に分散投資することである。しかし逆説的には、もしそのような平均的な成果を上げることが容易であるならば、平均的な投資家はそうした平均を上回ることはほとんど不可能と言えるだろう。

投資ファンドの運用とその成果に関する膨大なデータを確認したが、一九四九年から一九六〇年の期間はそれ以前の期間と同様に、全体としてＳ＆Ｐ五〇〇総合株価指数をアウトパフォームするほどの運用はなされていなかった。プロが運用するファンドはマーケット全体をアウトパフォームするには、規模が大きすぎるかもしれないし、また私が思うに彼らの銘柄選択の基本方針にいくつかの欠点があり、それが彼らの優れた訓練、知識やこの仕事に費やす努力といったものを相殺してしまっているのはおそらく事実であろう。しかしここでの主題は、一般的な株式市場の動向のなかで、典型的ないし平均的な株式投資家がどのような運用プランまたは支援を受けているかにかかわらず、どのような影響を受けるのかを明らかにすることにある。

まず簡単にわれわれが将来の手掛かりとするために選んだ前述の二つの期間の主な特徴について述べたい。**表1**は利益、配当、株価の動きという三つの主要な要素を対象に各年代の状況を示したデータであり、各年代の平均値を示している。

大雑把な調査ではあるが比較している二つの期間は多くの顕著な相違点を示している。モロドフスキー氏（証券アナリスト）によって明示されているが、一八七一年から一九五九年の八八年間における全体としての投資家の平均利益は配当によるものがおよそ年率五％であり、価格上昇によるものは年率二・五％であった。株価が複利で年率二・五％上昇したが、これは利益および配当の両方の年間成長率にかなり近似していた（**注1**）。

しかし一九四七年から一九四九年までと、一九五九年から一九六一年までのそれぞれの期間では各種指標の成長率にはかなりバラつきがあり、全体期間の前半と後半では急激な変化が見られ、また株価よりも利益を見た場合や直近一二年より直近六年を見た場合、近年の動きにか

表1*

1871～1960年および1947～61年の株式市場のパフォーマンス

期間	平均株価	平均利益	平均PER	平均配当額	平均利回り(%)	平均配当性向(%)	年間成長率** 利益(%)	年間成長率** 配当(%)
1871-80	3.58	0.32	11.3×	0.21	6.0	67	....	....
1881-90	5.00	0.32	15.6	0.24	4.7	75	-0.64	-0.66
1891-1900	4.65	0.30	15.5	0.19	4.0	64	-1.04	-2.23
1901-10	8.32	0.63	13.1	0.35	4.2	58	+6.91	+5.33
1911-20	8.62	0.86	10.0	0.50	5.8	58	+3.85	+3.94
1921-30	13.89	1.05	13.3	0.71	5.1	68	+2.84	+2.29
1931-40	11.55	0.68	17.0	0.78	5.1	85	-2.15	-0.23
1941-50	13.90	1.46	9.5	0.87	6.3	60	+10.60	+3.25
1951-60	39.20	3.00	13.1	1.63	4.2	54	+6.74	+5.90
1951	22.34	2.45	9.1	1.41	6.3	58	....	....
1961(H)	72.20	3.10	23.2	1.97	2.7	64	+2.5	+3.5
1947-49	15.71	2.18	7.1	0.97	6.4	45	....	....
1953-55	31.64	3.02	10.1	1.51	4.8	50	+5.7	+7.8
1959-61	59.70	3.24	18.3	1.91	3.2	58	+3.5	+5.9

* 上記のデータの多くは1960年5月の『フィナンシャル・アナリスツ・ジャーナル』に掲載されたニコラス・モロドフスキー氏の論文「株式価値と株価」を参照し、同様に1926年以前についてはコールズ・コミッション株価指数に関する資料および1926年からこれまでのS&P500株価指数をつなぎ合わせて作成した

** 年間成長率についてもモロドフスキー氏の編集を参照した

なり異なった兆候がうかがえる。

直近一二年の株式市場自体の状況は、われわれの調査した期間のほかのどの一二年間と比べても著しく異なっている。この期間での強気相場は総合株価指数が当初の一三・五五から直近高値七二まで上昇した。この上昇は三度の景気後退、それぞれおよそ二十数％程度水をさされたなかでのものである。一般的な用語で言えば、これは強気相場での一時的な押し、または調整といったところであろう。

ご存じのとおり、株式市場の長きにわたるその歴史では同じことが繰り返されることがない。**表2**で示すのは、強気相場と弱気相場の推移の一例であり時間の経過とともに値動きの大きさを表している。一八九九年から一九四九年までにはそのような明確に区別できる周期が一〇回あり、平均五年の長さであった（もっとも長い周期は一九一九年から一九二九年の一〇年間、もっとも短かったのは一八九九年から一九〇一年と一九三七年から一九三九年の二年間である）。ダウ平均における下落率のほとんどは四〇％から五〇％の範囲であり、コールズ総合株価指数ではそれよりも多少少ない程度にとどまっていた。同指数最大の下落は、当然ながら、一九二九年の三一・九二から一九三二年の四・四〇への八六％の下落である。ダウ平均においてもほぼ同程度の下落率が示されている。

また過去の株式市場は年率二・五％の傾斜をもって明確で持続性のある上昇トレンドを描いていたわけではないことも申し添えておくべきだろう。株価と利益の双方ともむしろ不規則な

表2

1871年から1949年までの株式市場の変動

	コールズ・スタンダード総合500			ダウ平均		
年	高値	安値	下落率	高値	安値	下落率
1871	……..	4.74	……..	……..	……..	……..
1881	6.58	……..	……..	……..	……..	……..
1885	……..	4.24	28	……..	……..	……..
1887	5.90	……..	……..	……..	……..	……..
1893	……..	4.08	31	……..	……..	……..
1897	……..	……..	……..	……..	38.85	……..
1899	……..	……..	……..	77.6	……..	……..
1900	……..	……..	……..	……..	53.5	31
1901	8.50	……..	……..	78.3	……..	……..
1903	……..	6.26	26	……..	43.2	45
1906	10.03	……..	……..	103	……..	……..
1907	……..	6.25	38	……..	53	48
1909	10.30	……..	……..	100.5	……..	……..
1914	……..	7.35	29	……..	53.2	47
1916	10.21	……..	……..	110.2	……..	……..
1917/8	……..	6.80	33	……..	73.4	33
1919	9.51	……..	……..	119.6	……..	……..
1921	……..	6.45	32	……..	63.9	47
1929	31.92	……..	……..	381	……..	……..
1932	……..	4.40	86	……..	41.2	89
1937	18.68	……..	……..	197.4	……..	……..
1938	……..	8.50	55	……..	99	50
1939	13.23	……..	……..	158	……..	……..
1942	……..	7.47	44	……..	92.9	41
1946	19.25	……..	……..	212.5	……..	……..
1949	……..	13.55	30	……..	161.2	24

トレンドを示している。これは一八七一年から一九五〇年にわたる一連の数値の検証からも明らかなことである。

ＰＥＲ（株価収益率）もまた幅広い変動を示している。企業利益は株価以上に不安定とも言えるため――周期的な景気循環の影響から――高いＰＥＲは企業利益が落ち込みがちである不況期に発生しがちであるという明確な傾向がある。一〇年間の平均値というデータではこの種の変動を多少なりとも平坦にしてしまい、企業が公表した収益数値の信頼のもとにその企業の潜在的な強みが向上するに伴って生じると考えられるＰＥＲの上昇というものを示していない。実際、現在の強気相場の出発点である一九四九年から一九五〇年における六・二倍というＰＥＲはわれわれの九〇年間にわたる株価と企業利益の調査のなかで二年間としては最も低い数値であった。経済事象の振り子理論の愛好者であれば現在の記録的に高いＰＥＲは一九四九年から一九五〇年の企業利益の落ち込みから対極への反動であると説明するかもしれない。

Ⅱ

かなり多面的な株式市場の全体像を示している二つの表をご覧いただいたが、ここからは一九四九年から一九六一年の期間を一八七一年から一九四九年までの流れに続く連続した時代と考えるか、将来のマーケットの性質を形づくる新たな時代の幕開きとみるか、個別的な議論に入りたいと思う。最近の市場のパターンをかつてのものに当てはめることはとりわけ難しいものではないだろうが、近ごろの上昇相場は継続性とその程度とともに過去のいずれのものよりもすでに上回っていることは事実である（注2）。しかし過去のパターンによってさまざまな種類の新しい記録がしばしば生みだされることも当然予想される。新しい記録が新しいパターンや性質を創造するわけではないのだ。

変質しながらも本質的に変わったわけではないマーケットにおいて、一九二〇年代のようなことが再び起きたとき、われわれは生き抜くことができるのだろうか。言うまでもなく重大な相違点もあるだろう。抽象的な表現になるが、元々の相違点として一九二九年の出来事は異常事態であると自らに言い聞かせていたが、もろもろの類似点があとになって目立つようになり、しまいにはわれわれを心理的にそれらの相違点を認識できなくしてしまった。私の目に映った現在のマーケットと一九二〇年代のそれとの主要な相違点と類似点を列挙したいと思う。

二つの主たる相違点はさまざまな種類の財務的な操作のたぐいと投機のための過剰な信用拠出に関連している。一九二九年の強気相場の高値は、現在よりも低い証拠金率による信用買いの圧力の巨大な波が作り出した。ブローカーの融資残高は一九二六年に二七六万ドルであったのが、一九二九年には八五四万ドルまで増加し、それらは銀行の融資残高のおよそ半分に相当していた。また財務操作のほうでは、一九二〇年代に主に乱用されたのはさまざまなタイプの持ち株会社が企業買収を繰り返して何層にもわたる投機的なプールとも言うべき企業グループを形成し株価を操作するといった荒っぽい手法である。株式市場の操作も企業構造の操作もともにSECによって制定された法律やより厳しい市場監視によって大幅に制限された。こうしたなかで発見されずにすんだ金額は、私見ではあるが割合少なかったように思われる。おそらく衝撃的な暴露が後になされるようなさまざまな捜査が進行しているだろうが、どのような不正取引であれ発見されずにいるものは、三〇年前の場合と同様にファイナンスの世界に蔓延していくことだろう。

右で述べた内容の例外としてIPO（新規株式公開）の分野が挙げられよう。ここでは人気銘柄の上場の扱いに際して、いくつかの「操作的手法」が行われているようである。この二年間というものそうしたIPOの件数は徐々に増加しており、その「質」は同じ割合で悪化してきている。この投機的な分野において、一九二〇年代（特に一九一九年）の市場環境と今日（一九六二年）のそれとは非常に似ていると感じている。IPOで大金を調達しても最終的にその時価総額は大きく下落するかどうかなどについてはあり得ないことではないが、推測することは避けたいと思う。

新たな時代の株式市場における広く受け入れられている考え方は、過去の強気と弱気の一連の流れとは本質的に性質が異なり、過去と現在との間にある多くの相違点にその基礎を置いている。これらは株式の売買や企業財務の実務に関する改革の範囲を超えるものである。現在の未曾有の株価水準や高いPERが成立する事例は本質的に株式市場の性質や将来性は恒久的に変化したとする考え方を正当化するものであり、今日の株式投資の安全性や魅力は多くの望ましい要素にしっかりと基づくものであると考えられている。例えば、①人口およびGNP（国民総生産）の確実な成長、②技術の進歩およびソ連との対立構造によりますます急速化する経済の拡大傾向、③政府による景気対策に対する新しい公約、④継続するインフレに対する必要な防御策としての株式投資に関する大衆認知の高まり、⑤株式投資の支援する主要な手段としての投資信託、年金信託およびそのほかの機関投資家の誕生――などであろう。

一九二〇年代の記録を調べると上述した内容のほとんど（すべてではないが）について似たような理由が当時の後に不幸をもたらす相場の上昇を促していたことが分かる。「最高の長期投資手段としての株式投資」という概念は一九二四年に出現し、そして市場の哲学や行きすぎた行為などについての拠り所とされたのであった。当時も国家の将来成長に対して現在と同様な楽観主義がはびこり、おそらく企業利益についても成長を信じて疑わないようなムードがあったのだろう（一九二二年から一九二九年までの投下資本利益率は一九五〇年から一九六一年のそれよりも上回る水準を維持していた）。かつての価値基準――特にかつては標準的であった債券と株式との利回りの関係――は新しい経済情勢とは無関係であるという理由で、現在と同様にその当時も放棄されたのである。また、将来における事業の安定性や厳しい不況に対する免疫といったことも大いに自信になっていたのだろう。このことは、より科学的な経営手法、注意深い在庫管理、インフレの欠如、およびそのほかの要因が企業経営者が過去の大きな失敗を繰り返さずにすむことにつながっているとする考え方に基づいている。

私の考えでは、一九二〇年代の経済的実態と現在との間に三つの大きな違いがあるように思う。一つ目はインフレ要因、二つ目は冷戦状態、三つ目は実業界における政府の役割であろう。一九二〇年代の強気相場は商品価格の上昇なしに発生したが、一九四九年以降の相場の上昇は不定期だが事実上継続的な卸売および小売における物価上昇に付随して起きている。ただ、投資家が将来のインフレ可能性を懸念するのは主として自らの知りうる客観的事実に関する認識としてというより、むしろファイナンスの世界ではけっして新しくない要素に対する強い主観的な反応であろうとは一概には言えない。一九〇〇年から一九一〇年までの期間は一九五〇年から一九六〇年までの期間よりも卸売物価の上昇が大きく、一九〇〇年から一九二〇年の物価上昇も一九四〇年から一九六〇年における上昇を超過していた（前者は三六から一〇〇までの上昇に対し、後者は五一から一二〇の上昇）。われわれのほとんどはインフレは政府、労働組合幹部、企業経営者にとって最も抵抗の少ない道であり、だからこそその選択がなされていると信じている。しかし過去の記録は今後一〇年でインフレがどの程度収束するのか、それは定期的なものになるのか、または一九二一年や一九三二年のように急なデフレに見舞われるのか、今日のように投資家はインフレに懸念を抱いたままでいるのか、といったことについては、あまり有効な手掛かりは与えてくれない。ほとんどすべての投資や投機についての姿勢と同じように、インフレに対する反応は株式市場の動向の原因というよりもその結果であるように思われる。

株式価値に対する冷戦の影響についての見解というのは極めて個人的であり、あまり多くの方にはお伝えしていない。第一段階では、事業の拡大やこの一〇年間の相対的に安定した状況に大いに寄与したように思う。しかし逆の意味で、今われわれが生きているこの冷戦状態がわれわれやその子供の世代の生涯にわたって、どのように継続されうるのかは想像もできない。当面の数十年のいずれかのときに、冷戦を終結させるような手立てにたどりつけるのか、そうでなければより大規模な対立の構図に発展し核兵器使用も辞さない状態になるのであろう。もしこの一九四九年以降の繁栄の時代が実際にはわれわれの防衛費のうえに成り立っているならば、そして実際には冷戦の代わりに紛争や核戦争がまもなく行われるのでないとしても、今日の国際情勢は株式投資にとって一九二九年の雲ひとつない状態に比べるべくもないだろう。

政府による大規模な失業や深刻な不景気を回避するという公約は両方とも新しい要素であり、非常に重要な意味があるだろう。将来の株式市場が過去における周期と異なるようになることを期待する最も論理的な理由は景気循環との類推であるように思われる。一九四九年以降の記録はこの説を力強く裏づけている。月次で閲覧可能な「ビジネスサイクル・デベロップメント」という資料によれば、一九四八年以降、四回の景気縮小期があったとのことである（一九四九年、一九五三年から一九五四年、一九五七年から一九五八年、および一九六〇年）。これらのすべては、一九三七年から一九三八年に起きた急激な景気後退や一九一九年および一九二九年以降の大恐慌に比較すれば、総じて穏やかなものであった。一九五〇年以降の三回の景気縮小期では株価は平均でおよそ二〇％下落したが、これは同時期に鉱工業生産指数がおよそ一〇％下落したのと非常によく一致している。今やかつての不況期から脱して新たな時代に入ったとするならば、同様にかつての弱気相場も締め出された新しい時代だと推測するのが道理であろう。

Ⅲ

私の分析と直感の両方が、こうしたもっともらしくて安心させるような類似点には落とし穴がありそうだと感じさせる。もし最近の状況がＧＮＰと歩調を合わせながら、かつ応分に比例して株式市場の上昇とつり合っているのであるなら、評論家たちはこう結論づけるかもしれない。自身も驚きながら、経済のみならず人間性も同様に回復したのだろう、と。しかし事実を見ればそうした仮説とは意見を異にしなければならない。株式市場の水準に最も影響を与え得るのは景気の水準よりも新しい投資理論の発展や姿勢、そして投機熱やその活動の隆盛であろう。かつての財務的操作の一部は以前の強気相場の特徴を示すものであったが、それらは事実上完全に廃絶したといってよい。しかしいくつかは再び頭をもたげ、そしてほかにも新たなものが出現しすでに広がっており、これらは決算報告、企業財務、株式の売り出し、そしてＩＰＯ（新規株式公開）やその後の取引などに散見される。

私の見たところ同様に重要かつ危険なことは、証券アナリストによる自らの検討する銘柄に対する現在の市場価値や割引金利の安易な許容である。成長株評価の新しい概念によって「キャッシュフロー」を分析した企業が、得意満面で赤字の決算報告を行い、法人税を支払わずに配当を行う……もっともらしく聞こえるが、迷える投資家や投機家を導く規律というものが欠けている。つまり、そうした新たな投資理論やテクニックは一九二八年から一九二九年のころをまざまざと思い出させるし、また二流で質の低い企業の株式が市場にあふれる状況は一九一九年当時とうり二つである。比較的安定した事業や企業利益が株式への果てしない熱狂や需要を生みだすのであれば、それは結局は株価における不安定さをもたらすに違いない。われわれはすでにこのパラドックスの働きを成長株の分野において見てきている。テキサス・インスツルメンツのような成功し、前途有望な企業の株価はその将来性に対する投機的熱狂によって極めて高い水準まで押し上げられるが、事業の根本的な価値に何ら変化がないにもかかわらず、次の反動では価格が半分になったりする。この種の事例は今や枚挙にいとまがない。考えようによっては、もし株式投資が本質的に投機と同質のものになるなら、成長株分野におけるこうした値動きとはマーケット全体の最終的な動向を予告しているのかもしれない。株式市場に独自のライフサイクルがあるのならば、それは非常に気まぐれで、人間的な周期であることが判明するだろう。経済情勢が変わってもその根本的な性質やそうした性質による因果関係は不変なのである。

　このような株式市場の新しい性質に対する議論は、かつての基準から言えば明らかに高すぎる価格水準にある現在においては、必ずしも必要な議論ではないだろう。もしかしたらというよりおそらく経済指標のなかの新しい要素が、企業収益の平均を底上げし債券利回りに対する株式投資による超過リターンを従来よりも魅力的なものであることを正当化しているのかもしれない。もし一九四一年のように事業全般が有した不景気に対する免疫力を半永久的に期待できるならば、これは確かに当てはまる。ただ今ここでわれわれが気にしているのは、株式市場の将来の中心的価値観ではなく、こうした価値観が将来どの程度の振れ幅で変化しうるのかということと、その結果である。

　新しい価値基準に対する先入観や時代遅れの古い考え方を和らげるために、この段落ではこのところの記録的な株価水準があり得そうもない計算によっていかに正当化され得るかということを示してみたい。投資家が配当収入と株価上昇を合わせたトータルで年率七・五％のリターンを要求していると仮定しよう（この七・五％という目標値は長期にわたる配当利回りと株価上昇の記録から得たものであり目安として妥当と思われる）。次に企業利益と配当が今後一〇年の予測として年率四・五％で成長することを前提とする。これは、直近の高値よりも一〇％下回っている現在のS&P五〇〇総合指数の六五という水準を正当化する（いろいろと調整を加えれば直ちに法外な水準に陥ってしまう）。

四・五％の成長率を永久的に仮定することはけっして不可能ではない。というのもこれまでにわれわれはGNPをこのレベルよりも加速的に増加させなければ、ソ連との競争に負けてしまうと聞かされてきている。ただ基本的な難点はそれが仮定にすぎないということで、過去の長期的な経験からは二・五％を選択することになりそうだが、四・五％と二・五％との差異はS&P五〇〇総合指数で示せば、六五と三九となる。私の経験から申し上げれば、マーケットの振る舞いに投資家は影響を受けてより現実的な選択をすることになるだろう。

これで株式市場の新たな時代やその性質に関する議論を終えることにしよう。もし一九四九年以降のマーケットが将来の株式市場を予告していたとするならば、株式保有による投資妙味は信じられないくらい有益で魅力的である。必要なことは代表的な銘柄に分散投資を行い、穏やかな値動きの間に多少の忍耐をもってじっとしていることだけであった。S&P五〇〇指数の複利ベースの総収益率は年率でおよそ一三％であったが、これは厳選された成長株の平均的な収益率とほぼ同等である（注3）。これよりも相当低い収益率であっても、厄介な障害さえなければ、十分に報われることが明らかになるだろう。

Ⅳ

私見であるが、株式市場の根本的な性質は人間性の本質と同じように不変であるとすれば、今日から株式投資を始めた方はかなり違った局面に直面するだろう。新たに導入された変額年金はさまざまな意味で一九二〇年代を思い起こさせる。それは強気相場のさなかに米国で投資信託が最初の重要な発展を迎えた時代であった。当時の好意的な議論内容のほとんどは、今では同様に投資信託や株式のセールスに際して一般的に使用されている。一九二九年の大恐慌によって株式への信頼は壊滅的に失墜し、その影響もあって投資信託の動向も厳しく長期的な後退を余儀なくされたのである。ただしその後の苦い時代を生き抜き、以前よりも確固たる尊敬を回復し見事復活したものが多い――といってもおそらく半数以下であろうが――のも事実である。そのうえ、二〇年もの可もなく不可もない不満足な時代のあとに、ドルコスト平均法の原則は――もっとも秩序立った株式買い増しのテクニックであろう――最終的にその有効性を証明することができたのである（**注4**）。

過去におけるドルコスト平均法の経験によって得られた成果は、こうした方針をどれほど逆境に立たされても誠実かつ勇気をもって貫きさえすれば、始めた時期にかかわらず最終的には報われるであろうことの確信を高めてくれる。ただこうした方針を貫徹することはけっして簡単なことではない。ドルコスト平均法で投資する人がその他大勢から抜け出して違う種類の人間になるには、株式市場の乱高下に伴う高揚感と憂鬱のはざまを行ったり来たりすることと訣別することが前提であろう。ただこれについて私は非常に疑わしく感じている。なぜならドルコスト平均法を用いるのは、今では投資信託の分野で非常に発達したセールスの技術によって促されて株式投資を始めた典型的な一般大衆がほとんどであるからである。

ここで再び株式市場の性質と株式保有の投資側面の展望についての問題点に戻ろうと思う。冒頭に直近一二年間や九〇年間にわたるマーケットの動きについての比較統計データを示したが、ここでさらにさかのぼって株式市場の動きについて考察してみたい。実に二世紀半前だが、一七一一年に南海会社は設立された。われわれの著書である初版の『**証券分析**』（パンローリング）が一九三四年に出版されたが、ここでわれわれは一九二〇年代の株式市場における狂気をこの有名な南海バブルの繰り返しであり再発であると記している。それらと比較すると、現在のマーケットの動きはより理性的で、威厳があり、安心させるように思える。今日では根深い保守主義者（著者のような）でさえも、マーケットや経済が一九二九年から一九三二年に起きた壊滅的状況のような結末に向かっているなどと考える者はいないだろう。それでもこの金融業界が将来に対して、過度に楽観し将来においてドラスティックに変動が起きても全体として株式は耐えうる性質を有していると過信する向きがある気がしてならない。

偉大な企業は大変な苦難でさえも持ちこたえるであろうし、長きにわたり株式投資において重要な役割を担ってきた有力な金融機関もまた同様に生き残るだろう。しかし強気相場はけっして金融機関のようにはなり得ないだろうし、人間性の弱さを考慮した場合、現在のような魅力的な相場環境が許容されうる余地が果たしてあるのか、私は大いに疑問を感じている。

私の心のなかのイメージでは現在の株式市場において機関投資家は何ら信頼に足る新しい基準を見つけなくても古い価値観を捨て去るように思える（この点で投資は絵画とある意味同じ

ような立場にあるように思える)。マーケットはかつての中心的価値基準へ回帰するかもしれないし、もしくは——おそらくより現実的であるが——いずれは新たなより柔軟な株式評価基準が確立するのであろう。もし前者の状況になれば、株式は長期的に多くの株主にとって非常に失望させる結果を示すであろう。逆に合理的な根拠のもとに新しくより高度な価値基準が確立されれば、予測不能な期間をカバーしながら多くの突発的出来事による状況の変動など多くの試行錯誤の過程を経て機能していくことが期待できよう。今後の一五年に債券が株式を上回るパフォーマンスを得られるかどうかは分からないが、大学退職株式基金に加入する人々が株式投資と同様に少なくとも債券と同等の利益を享受できると主張することは賢明であろうということは良く認識している。

注

注1　N・モルドフスキー著『フィナンシャル・アナリスツ・ジャーナル(Financial Analysts Journal)』の「ストック・バリュー・アンド・ストック・プライス(Stock Values and Stock Prices)」(一九六〇年三月)を参照。

注2　この内容についてはS&P五〇〇総合株価指数を参照されたい。ダウ平均の上昇は一九四九年から現在（一九六二年）までより一九二一年から一九二九年までのほうがいくらか大きかったが、それは出発点が比較的低い水準であったからである。

注3　J・F・ボムフォーク・ジュニア著『フィナンシャル・アナリスツ・ジャーナル（Financial Analysts Journal）』の「ザ・グロース・ストック・フィロソフィー（The Growth Stock Philosophy）」（一九六〇年一一月）を参照。

注4　一九二九年から一九五二年までの一〇年間隔のドルコスト平均法を用いた場合の計算結果については、ルシル・トムリンソン著『プラクティカル・フォーミュラ・フォー・サクセスフル・インベスティング（Practical Formula for Successful Investing）』（ウィルフレッド・ファンク、一九五三年）、六二ページ表三を参照。

第10章　一九三二年　膨張する国家財政と収縮する株主――企業は株主から搾取しているのか

この記事は「イズ・アメリカン・ビジネス・ワース・モア・デッド・ザン・アライブ（Is American Business Worth More Dead Than Alive?）」という三部作のうちの第一部である。『フォーブズ（Forbes）』（一九三二年六月一日）より許可を得て転載

半値で売られている米国

工業株の三分の一以上がマーケットで正味当座資産（現預金に売掛金と有価証券を加え流動負債を差し引いた額）以下の価格で売られている。

そして、多くの株式がバランスシート上の現金および現金等価物の一株当たり残高以下で売られている。

多くの企業が銀行から借り入れがあるがその必要性はなかろう。なぜなら、彼らには新時代に株主から受け入れた資金がいまだに未使用でたっぷりと残っている。

株主は悩ましげに歩き回っているが、企業の財務担当役員は枕を高くしてぐっすり眠っているのだ。

現金および米国債		8,500,000ドル
売掛金および在庫	＋	15,000,000
工場、不動産、その他資産	＋	14,000,000
		37,500,000ドル
流動負債（買掛金）	－	1,300,000
純資産額		36,200,000ドル

銀行はもはや大企業に直接融資をしなくなってきている。彼らは高騰した価格の株式を購入する権利を通して企業に過剰に出資している株主に融資をしているのである。

企業、取締役、そして株主の責任というのは何なのだろうか。何が適切な解決策なのだろうか。株主は企業の部分所有者なのか、それともただのお人好しなのだろうか。

企業は一九二九年の手法――株主に保有株式を売る権利を付与して（企業が株式を買い戻し）、株式総数を減少させて企業と株主との負担を均等化する――を覆すのだろうか。

もし株式市場が将来の損失が長期化するのを恐れるあまりに巨額の現金残高を考慮に入れないのであれば、株主はその出資した資金が使い果たされる前に清算を要求するべきなのだろうか。

企業は株主に対して公明正大に振る舞っているのだろうか。

あなたが大手製造業のオーナーだと仮定しよう。ほかの多くの人たちと同じように、一九三一年には損失が生じたことであろう。目先の展望などは何ら励ましにならずに、あなたは悲嘆にくれ、株を手放そうとしている――それも安値で。潜在的な買い手があなたに同社の財務諸表を求めたところ、あなたは非常に健全なバランスシートを彼に示す。それは例えば右記のようであろう。

その買い手候補は財務諸表にざっと目を通すと、あなたのビジネス――現金、債券その他のすべての資産を含めた――に買値として五〇〇万ドルの金額を伝えた。あなたは売るだろうか。この質問はたちの悪いジョークだろう。そもそも八五〇万ドルの現金を五〇〇万ドルの現金と交換する正気の人間などいないし、そのほかに二八〇〇万ドルもの資産があることは言うまでもない。こうした取引はバカげたように思えるかもしれないが、ホワイトモーターズ社の株を一株当たり七ドルから八ドルの間で売却した同社の株主の多くは、まさにこれと同じことをしていたのである。

前に示した数値はホワイトモーターズ社の一二月三一日現在の状態を表している。一株七・三七ドルの安値で計算すると同社の総株数六五万株を合計四八〇万ドルで売却したことになり、これは現金および債券の六〇％以下であり、当座資産の二〇％にすぎない。また、普通株以外に資本勘定はなく負債は買掛金のみである。

このような歴史のある大企業が当座資産の一部の金額で市場で売られていることはまさに驚くべきことである。

しかし状況はさらに衝撃的な方向に進み、われわれが確認した際には市場価格が銀行預金残高以下となっている銘柄が文字どおり数ダース分もあるほどであった。そしてより重要なことはすべての一般事業会社に占めるかなりの割合が当座資産――工場やその他の有形資産すべてを除外した――以下の価格で売られているという事実である。

これは相当数の米国企業が市場で清算価値以下で売られていることを意味しており、さらに申し上げれば、ウォール街の最善の判断としてこれらのビジネスは生存より死を選ぶべきと宣告しているようなものである。

というのもほとんどの事業会社は秩序立った清算を実行すれば少なくとも自社の保有する当座資産以上に回収可能であろうからだ。工場、不動産、その他資産などは簿価などでは売却できないことは当然としても、売掛金や在庫などの売却代金で十分に穴埋めができるであろう。もしこれが妥当な前提でなければ、そうした大企業の会計手法に何らかの過度な誤りがあるにちがいない。

私の指導のもとで行ったコロンビア大学ビジネススクールでの研究によれば、NYSE（ニューヨーク証券取引所）に上場している約六〇〇社の事業会社が対象であったが、それらのうちのおよそ二〇〇社、約三分の一がその当座資産以下の価格で売られていたのである。

さらにそのうち五〇社以上が現金および有価証券以下の価格であったが、そのなかの代表的な銘柄で構成するリストを**表1**で示した。

この状況は何を意味しているのだろうか。経験豊かな資本家であればきっと、NYSEの会長

表1

現金残高以下で売られている銘柄

企業名	1932年安値	安値での時価総額	現金および有価証券	純流動資産額	1株当たり現金	1株当たり当座資産
		(単位＝1,000ドル)				
*アメリカン・カー&ファウンドリー	20¼	$ 9,225	$14,950	$32,341	$ 50	$108
*アメリカン・ロコモーティブ	30¼	14,709	14,829	22,630	41	63
*アメリカン・スチール	60	8,021	8,046	11,720	128	186
*アメリカン・ウーレン	15¼	8,354	14,603	40,769	30½	85
コンゴレウム	7	10,078	10,802	16,288	7	12
ハウ・サウンド	6	2,886	4,910	5,254	10	11
ハドソン・モーターズ	4⅛	6,377	8,462	10,712	5½	7
ハップ・モーターズ	2	2,664	7,236	10,000	5½	7½
リマ・ロコモーティブ	8½	1,581	3,620	6,772	19	36
マグマ・カッパー	4½	1,836	3,771	4,825	9	12
マーリン・ロックウェル	7½	2,520	3,834	4,310	11½	13
モーター・プロダクツ	13	2,457	2,950	3,615	15½	19
マンシングウェア	10⅞	1,805	2,888	5,769	17	34
ナッシュ・モーターズ	10	27,000	36,560	37,076	13½	14
N.Y.エアーブレーキ	4½	1,170	1,474	2,367	5	9
オップイム・コリンズ	5	1,050	2,016	3,150	9½	15
レオ・モーターズ	1½	2,716	5,321	10,332	3	5½
S.O.オブ・カンザス	7	2,240	2,760	4,477	8½	14
スチュワート・ワーナー	2⅜	3,023	4,648	8,303	3½	7
ホワイト・モーターズ	7¾	4,938	8,620	22,167	13	34

*優先株

が「今や恐れおののいた者たちはわが国米国を手放そうとしているのだ」と厳かに宣言したように、バブルが弾けたあとは株式は常に過度に安い価格で売られていると答えるだろう。

別の言い方をすれば、もともと株を保有する者は金がなく、金を持っていて株を持っていない者が安いときに株を買っているということが起きているのである。同じような現象は以前の弱気相場、例えば一九二一年などでわれわれは目にしていないだろうか。

ただ状況はかなり異なっている。以前も株は戦後不況の影響で安値で売られていたものの、当座資産以下で買える株などはほとんどなく、まして現金残高以下で買える株などただの一つもなかった。

両方の期間において代表的銘柄を比較したデータ、特に一九三一年の業績が一九二一年のそれと比較して特に著しく劣っていたような事実は見られなかったときなど、驚くばかりであった。一〇年前ではそうした企業の株価は底値でも運転資本の二倍は付いていたが、今日ではそうした企業の株価は運転資本のほぼ半値となってしまっている。現金、債券などの金融資産にいたっては、一九二一年と比べて現在はほぼ六分の一の評価にすぎない。

このように今日の状況は数ある弱気相場のなかでも典型的ではないことを認識しなければならない。広く言われていることだが、新しく前例のないことであり、一九二八年から一九二九年にかけての新時代の狂気の後遺症から奇妙で風刺的でさえある。異常なほど深刻な結果を反映しているわけであるが、金融に対する姿勢や国家金融の仕組みの変化はほとんど反映されていないようである。

もっともらしくて一見すると純粋な二つの考え方――一つは良い株こそが良い投資であるという考えであり、もう一つは価値は収益力に依存しているという考え――これらは歪められて、悪用されることでひどく興奮ぎみの財務的教義のように祭り上げられ、多くの投資家を投機家にしてしまい、株主から搾り取り、企業をリッチにし、銀行貸し付けとウォール街での資金調達の役割を逆転させ、混乱した会計方針やまったく合理性を欠いた価値基準を生みだした――そしてわれわれ自身が沈んでいくという逆説的な不況を生みだした大きな原因となったのである。

多くの偉大な企業の株式が運転資本を大きく下回る価格で売られているという事実の背景には原因、結果、意義などが複雑に絡み合っている。この論文の残りの部分では現在のユニークな状況の原因を取り扱いたいと思う。

市場価格と当座資産との現状での対比については、近年の株主の新株引受権の行使によって巨額の新たな資金が企業に流れ込んだということで説明できる。この現象は一九二八年から一九二九年にかけての強気相場の際立った特徴の一つであり、二つの正反対の影響を及ぼした。一つは追加的に注入された資金は企業の手元資金および運転資本を大幅に改善させ、もう一つは株式の追加発行によって株式総数が劇的に増加したことでテクニカル的に需給バランスが悪化し、市場での株価下落を大いに招いてしまったことである。つまり、同一状況下において価値を高めながらも価格を低下させるという二つ作用が生じたのである。

しかし、この一〇年の間に投資家がバランスシートを確認する習慣を失ったのでなければ、下落傾向が現在のように異常なほど長く続くとは思えない。過去のほとんどの期間において、必要性よりも恐怖が原因で株は売られてきた。もしこのような臆病な株主が保有する株を当座資産のほんの一部と引き換えに手放していることを深く理解していたならば、彼らの多くは違った行動をとっていたかもしれない。

しかし価値といえば、もっぱら収益力を連想するようになってきていることから、株主は企業が何を所有しているのか——銀行預金の残高さえも——ほとんど注意を払わなくなってきている。

かつての投資家は資産の簿価を過剰に重視し、その資産がどの程度の収益を生みだすのかにはそれほどでもなかったことは確かに事実であろう。工場などの資産が相応の収益力を示さなければ、その資産の簿価を無視することは一つの意味のある措置でもあろう。

しかしウォール街における多くの妥当な考え方と同様に、この考えは過度に運用されている。その結果、企業によって報告された決算上の利益を度を超えて重視し——単に一時的な状況であるかまたは粉飾でさえあるのに——かつての証券分析における重要な要素とみなされていた企業の運転資本の状態などは完全に失墜してしまっている。

ウォール街ではビジネスの評価基準が非上場企業に適用する基準とはまったくと言ってよい

ほど異なっている。良いときには途方もなく高い価格が付き、その代償として悪いときには同じ企業とは思えないほどに同じく途方もなく安い価格が付く。

株価が当座資産以下となっている三つ目の理由は将来の事業損失への恐れであろう。読者の多くは、これこそが現在の低い株価水準の暗澹たる原因であると主張するだろう。こうした市況は収益力の欠如だけでなく、「損失リスク」の存在が株式の背後の運転資本を浪費する脅威にさらしているのであろう。

現在の状況からして株式市場はもはや確実なことのように示しているが、米国企業の三分の一は株主資本を滅失するまで現金を失い続ける運命にあるというのは事実なのだろうか。

これまで将来についての重大な判断が常に誤っていたのと同様に、これもほぼ確実に間違いだろう。ウォール街の論理というのは周知のとおり、ことのほかもろい。例えば、トラック業界がこれまでの鉄道業界のビジネス領域を浸食しつつあるからといって、鉄道事業が消滅するだろうなどと考えるが、これなどほとんど起こりそうもないことである。しかし好景気のときでさえ多くの事業が途中で頓挫するように、不運なベンチャービジネスの数は今後も増加していくことは明らかであろう。状況が悪化したビジネスは継続することが困難、または不可能であると考え、その結果、多くの個別事例をもってマーケットの「消滅予言」を裏づけることにもなろう。それでもやはり、このような清算価値の一部程度の価格での株の投げ売りは根本的な間違いがあるに違いない。

もしビジネスがカネを失う運命にあるなら、なぜ続けるのだろうか。事業を継続することの将来性が事業をたたむことよりも絶望的であるなら、なぜ今すぐたたまないのか。

間違いなくビジネスのオーナーは現金のままにしておくよりもより良い選択肢を持っているが、後にもしかしたらカネを失うかもしれないという恐れを抱いている。さてここで、この論文の冒頭でのホワイトモーターズ社の株主とその潜在的な買い手との話に戻ることにしよう。

問題は一つの簡単な理屈である。ホワイトモーターズ社は継続企業として銀行口座の残高よりも価値があるかどうか。事業価値のほうが高いのであれば、強制的にそうせざるを得ない状況でないかぎり、預金残高より安い金額で売却するのは愚かなことである。事業価値のほうが低いのであれば、清算して株主は持ち分に応じて現金およびその他資産売却による回収額の分配を受けるべきである。

明らかに株主はバランスシートを調べることを忘れてしまっている。株主は単に証券コード上の時価の所有者であるだけでなく、事業の所有者であることを忘れている。そろそろ、というか今すぐに、米国の株主は日々の長ったらしい市場リポートのたぐいに注いでいる注意を、彼ら自身が所有し彼らの利益のために存在している企業そのものに向けなければならない。

事業の管理監督は当然ながら取締役に、そして日々の業務は有給の役員に委託しなければならない。しかし事業損失によって出資した資金がなくなってしまうのかどうか、また切迫した資金ニーズがありながら余剰資金を非生産的に眠らせておくのかどうかは、株主それぞれが自らじっくり考えて決めなければならない重要な方針問題である。

こうしたことはマネジメント（経営）の問題というより、オーナーシップ（所有）の問題であろう。このような問題に対する経営陣の意見は影響力があるかもしれないが、支配的ではない。

今日の株主にとって必要なことはバランスシートを意識するだけでなく、それ以上にオーナーシップを意識することであろう。株主が事業の所有者としてその権利を認識すれば、われわれが以前目にしたような常軌を逸した光景――現金で肥大化した企業をその所有者がどんな条件であっても手放してしまうひどく乱れた状態――を再び見ることはなくなるだろう。おそらく企業はかつて市場に放出した株を自ら買い戻すだろうが、皮肉にも株主が得られる報酬は自ら投じた金額に比べて悲しいほどに不十分であろう。

あるイタズラ好きな理髪師の言い伝えだが、彼が店先の看板に以下のように書いた。

「なんと、どうでしょうか（What, do you think――）、ひげそり無料、しかも飲み物付きです！（We shave you for nothing and give you a drink!）」

右記の文言からカンマを省いた文章を、売掛金や在庫をほとんどタダ同然、そして不動産やその他資産をチップか景品引換券のようにして株を手放してしまう今日の株主の標語として広く伝えてもよいかもしれない。

この滑稽な状況はさらに深刻になる可能性も考えられるが、株主、経営者、銀行家が直面する極めて重要な問題について当面なすべきことは機知に富む言葉ではなく単刀直入な提案であろう。この課題については次章の論文にて引き続き取り扱いたいと思う。

第11章　一九三二年　企業は余剰資金を株主に返還すべきか

この記事は「イズ・アメリカン・ビジネス・ワース・モア・デッド・ザン・アライブ（Is American Business Worth More Dead Than Alive?）」という三部作のうちの第二部である。『フォーブズ（Forbes）』（一九三二年六月一五日）より許可を得て転載

第10章では多くの企業の現金残高と株価との間にある不均衡について、大量な株式追加発行によって株主の財布から企業へ資金が移転したことに一定の原因があると述べた。NYSE（ニューヨーク証券取引所）の編集資料によれば、一九二六年から一九三〇年までに上場企業に吸収された資金量は五〇〇億ドルにも上るとのことである。

この期間における新規公開もしくは増資の有価証券販売高は二九〇億ドルを超えており、このうち個人投資家に返ってきたものはおそらく少なく、大部分が事業資金として使われ、工場の増築や運転資本の拡充などに充てられたようである。

また蓄積された利益が配当されずに莫大な金額に上っていることも忘れてはならない。このように巨額の資金が流れ込んだために企業の保有資金が膨張したのは何ら不思議ではない。

しかし、こうした資金の大半を供給した人々、新規公開した企業の株を買い、新株予約権を

行使して株を追加取得した投資家はどうなのだろうか。彼らには富が有り余っているわけでもなければ、余剰資金を抱えているわけでもない。彼らは企業の財政を豊かにすることと引き換えに自らを財務的に追い込んでいる――企業が負債を返済する資金のために投資家が多額の借り入れを行っているのである。

企業は現金の山にあぐらをかいている一方で、典型的な株主は財務的な問題で打ちひしがれており、このような裕福な米国企業の所有者たる株主自身が貧しいというのはまことに奇怪な帰結であろう。企業の財務担当役員はこんなときでもぐっすり眠っているが、一方で投資家は絶望の淵で落ち着かずに歩き回っている。

より多く発行された株式は、それぞれが各企業の保有する現金について所有権を持っていることは真実である。しかしどういうわけか、あまり株主の役には立っていない。株主は株を保有する企業の現金残高を根拠として、銀行から融資を受けたり、既存の借り入れに追加することはできない。株主が株を売りたければ、市場が付ける価格に応じるだけである。たとえ株主が企業幹部に株式の持ち分に応じた資金を要求したとしても、哀れむような笑みと共に追い払われるだけだろう。または運が良ければ、寛大にも保有株式を現時点での株価にて買い戻しに応じてくれるかもしれない。

その一方で、新時代での人々による企業への惜しげもない資金の移転は単に株主にとっての果てしない悩みの種を生みだしただけでなく、銀行の仕組みにも深刻な影響を与えた。商業融

表2

1920年および1932年における
銀行融資構成の変化（単位＝100万ドル）

	商業融資	担保貸付	合計
1920年10月	$9,741	$ 7,451	$17,192
1932年05月	6,779	12,498	19,277

資はこれまで常にわれわれの信用制度の防波堤としてその中核を担っており、担保貸付は取引量も少なく補助的な位置付けにあり、その役割は商業融資に大きく劣るものであった。

しかしこの数年の間に、企業や大衆はそうした信用制度のはざまで何を行ってきたのだろうか。彼らは商業融資を完済すると担保貸付に切り替えたのであった。銀行は直接大企業に貸し付ける代わりに株主に対して株券を担保に貸し付けたり、または自己勘定で株を購入したりしたのである。

この銀行融資の状況変化について比較できる数値をＦＲＳ（連邦準備制度）の加盟銀行報告書より入手したので**表2**を参照されたい。

こうした変化は全体として株主にとってはこのうえなく悲惨な状況を招き、銀行にとっても非常に厄介なこととなった。最良の借り入れ形態が最悪のものにとって代わられたのである。つまり、融資の健全性やそうした融資を行う銀行の支払い能力は、企業の財務的な健全性の代わりに株式市場の絶え間ない変動にある程度左右されることになった。

今日、非常に多くの株主――会社事業の所有者――は不合理な立場にあることを認識している。例えば、ある株主が保有する株式の市場価格が一〇〇〇万ドルとすれば、銀行から借り入れ可能な額が多くて八〇〇万ドル程度だろう。一方、その企業は銀行預金で一五〇〇万ドルを保有しているだけでなく、数百万ドルの当座資産残高を担保に銀行から多額の融資を得ることができるだろう。もしそのオーナーがそうした企業を実際に支配しているのであれば、健全な状態の事業および十分な株主資本を残しながら、彼は一五〇〇万ドルだけでなく、さらに銀行借り入れを実行したうえで五〇〇万ドル程度を引き出すことができるだろう。

これはまさに株主に対しては一株当たり一〇ドルの融資に踏み切れない銀行が、おそらく企業自体には喜んで一株当たり一五ドル程度を貸し付けるだろうということを示している。

一方では潤沢な資金と信用力を有する優良企業であり、もう一方はこの事業に数百万ドルも出資している所有者であるが、その保有する資産のわずかな部分に相当する金額さえも借り入れを行うことができないという状況を考えて見てほしい。

これは良き時代における株主による企業に対する過度に寛大な振る舞い、そして今日の株主に対する企業の極度の倹約の結果であろう。

銀行はこうした状況の共犯者のようでもあるが、実際には現実の状況にそぐわない思いつきの金融システムによって不利な立場に置かれた彼らもまたこの境遇の犠牲者だろう。彼らはこれまでずっと商業融資を第一に検討するように教育され、指導されてきたのである。

しかし、今やだれが商業融資を求めるのだろうか。過去に優れた業績（最近はそうでなくても）を上げてきた優良企業には季節要因などの一時的な資金ニーズなどないだろう。そうした企業は銀行を必要としていない。なぜなら、調達環境さえそろえば必要な資金はすべて株主から調達できてしまうからだ。

今や銀行借り入れを必要とするのは以下の三つのカテゴリー（①小規模または非上場企業、②業績が芳しくない大企業、③鉄道または公益事業を営む一時的な融資を必要とする企業）であろう。

このように商業融資を証券担保に基づく貸し付けに置き換えることは銀行システムや膨大な数の株主にとって有害となり得ることを認識すべきである。それでは、こうした状況に対する対策はあるのか。確かにある、それも非常に単純なものが。

それは企業に通常の事業運営に活用せず余分に保有する資金を株主へ返還してもらうことである。

そうしたことで最初に期待できる成果は、一つには資金が手元に戻ることで個人投資家に恩恵がもたらされ、二つ目には今日の米国企業の背後にある巨額の現金が公に明らかになることで株式市場全般に株価の改善が期待できよう。そして三つ目には米国の銀行システムの調和が改善され、より多くの適正な商業融資を生みだし（特に事業拡大期に際して）、さらには機能不全に陥っている相当数の証券担保貸付の返済も可能にすることだろう。

いかにしてこの現金の返還を実現できるだろうか。望ましくは現在のような苦境に陥った財務的な道筋をたどり直すことであろう。株式を購入する権利の代わりに、企業には株主に対して株式の一定比率を額面で売る権利を提供するのである。この額面価格はおそらく現在の株価を上回るだろうが、ほとんどの場合一株当たり純当座資産相当額より低く、つまりは株価純資産倍率（簿価）よりずっと低いだろう。企業側の観点からはこうしたディスカウント価格での株式買い戻しによる効果は内部留保および資産純額のいずれも一株当たりの金額が増加することである。

いくつかの企業はこうしたすでに手続きを実行しており、シムス・ペトロリアム社はその一つであろう。最近ではハミルトン・ウーレン社が発行済み株式総数の五分の一に当たる株式を一株当たり六五ドルで買い戻す申し出をしているが、この価格は株価純資産倍率とほぼ同等でありそれまでの株価よりも相当高い。これは一九二九年に株主から払い込まれた金額の大部分が返還されたことを示している。

また株式を消却することなく特別配当という方法で余剰資金を株主に返還する企業もある。ピアレス・モーターズ社やユーリカ・バキューム・クリーナー社はその事例であるが、ユーリカ社はさらにこのような行動が不景気を和らげる効果があるとしてほかの企業にも推奨する声明も出している。またスタンダード・オイル・パイプライン社およびニューイングランド・ミルズ社などは株式の額面価格を切り下げることで余剰資金を株主に返還している。

これらの手法のすべては同じ目的を果たすが、それらの違いは主としてテクニカル的なことである。われわれが推奨している株式をプロラタで買い戻す方法は、株式の額面価格を切り下げる方法よりも実務上適している場合が多く、特別配当と比べても会計上の比較可能性を維持できるなど利便性が高い。さらに新株予約権を行使して資金を払い込んだ株主に対する直接的な資金の返還方法としても、この手法は明らかに論理的にも筋の通った方法と言えるだろう。

相当数の企業がマーケットにおいて自社株の買い付けに余剰資金を活用しているが、これもまた企業から株主への資金移転手法の一つである。株価は明らかにポジティブに反応するだろうし、株を売却せざるを得ない人やそのまま保有し続ける人にとっても恩恵があるだろう。こうした手法で余剰資金を活用する企業は銀行口座で資金を眠らせている企業よりも確かに有効な資金活用を行っていると言えるだろう。

しかし、こうした手法にはさまざまな異論がつきものである。自社株の買い付けに支払った価格が高すぎることが判明すれば、取締役は批判にさらされるだろう。このリスクを避けるために、彼らは株価が過度に安いときのみ買い付けるだろうが、株価が低迷しているという株主にとっての弱みに付け込んだような印象は避けられないだろう。さらにこうした自社株買付が情報公開されなければ取締役やそのほかのインサイダーに不当な利益をあげる機会を提供しているともとられるだろう。

最近ではベンディックス・アビエーション・カンパニー社が無配とすると共に相当数の自社

株をマーケットにて買い付けると公表した。ほかにも豊富な現金を有する企業が、ほとんどは株式を買い付ける計画を明らかにはしないまでも同様の手法を採用しているが、こうしたやり方は株主にとっては重大な不公平を生みだす可能性がある。利益の蓄積によって手元に余剰資金があるとき、経営陣の第一の務めはそうした資金を使って合理的な配当を持続することであろう。

好景気のときに資金を蓄積させる主たる理由は不景気に際しても配当継続を可能にすることであろう。このためある期間において利益が不足したこと自体は無配を正当化するものではない。配当を中断することで株主の資金を留保し、その資金で異常なほど低い価格で自社株買いを行うことは、詐欺的な手法になりかねない危険を冒しているのである。

こうした理由から私としてはマーケットでの買い付けは企業から株主へ資金を返還する最高の手段とはみなしていない。プロラタによる株式の消却は株式を売る者と保有し続ける者との間に利益相反は生じないだろうし、経営陣の方で不当な手法に関して判断を誤るといった余地もないだろう。

マーケットで純資産額よりも低い価格で売られている企業を調査し、第10章の**表1**で示したように、手元の現金残高が明らかに過剰である多くの事例が確認された。株主が経営陣に対して十分に強い圧力をかければ、余剰資金の大部分の返還を確保できるだろうし、保有するポジションにとってはもちろん、株式市場センチメント、ひいては銀行システム全般にとっても恩恵がもたらされるであろう。

このような望ましい成果を得るために、株主はまず余剰資金の存在に気づかなくてはならず、したがって企業のバランスシートに少なくとも目を通さなければならない。近年、金融担当の記者たちが口をそろえて収益力に比較して資産価値は重要でないと指摘しているが、資産内容を無視し収益性を過度に重視することが最悪の壊滅的な結果を招こうとはだれも気がついていないようである。

新時代の優良株熱狂は収益トレンドへの過度な熱狂から生じたものである。上昇トレンドが確立されたとする楽観的な前提がＰＥＲ（株価収益率）を一〇倍の代わりに一五倍となることを正当化し、一株当たり利益がたった一ドル、例えば四ドルから五ドルに増えただけで株価が四〇ドルから七五ドルに上昇する。このように価格計算の根拠が気まぐれで心理的なものとなり、その結果だれもが「投資」という聞こえの良い名のもとに気ままにギャンブルに興じるようになった。

こうした誘惑から投資家を投機に走らせそれが蔓延することで一九二八年から一九二九年にかかる期間および程度の面で前例のない上昇を生みだし、結局はそうした熱狂に応じるように株式市場とともにビジネス環境も壊滅的な状況に落ちていった。

収益に対する強迫観念が生み出した奇妙な流れとして、毎期の減価償却費を除外してより大きな利益報告を行うために有形資産の簿価を一ドルにまで切り下げるという手法が横行した。

資産価値を減少させることで収益力を高めたように見せて株価を上げるという理屈である。だれも資産に注意を払わないのならば、なぜ帳簿上資産価値を維持する必要があるのか、と。これもまた不思議の国のアリスならぬファイナンス世界における不思議な理屈の一例であろう。

一世代前に大いに非難された資産水増しの手法と対照すると面白いが、当時は帳簿価格を高めて株価を押し上げるために、有形資産に適宜水増しが行われた。それが今では資産を水増しする代わりに、利益を水増ししているのである。手法としては正反対であるが、その目的と根本にあるダマシの手口はまったく同じである。

今や投資家と投機家双方からの損益計算書への迷信的な崇拝を原因として、恣意的な会計処理の変更によって株価に大きな変化を生じさせうる状況にあり、紛れもない不正を行う余地が多分にあると言えよう。

ＮＹＳＥに上場するある企業が最近のれん勘定を水増しして差額を利益計上するという単純な手法で営業損失を利益計上へと転換させたが、この会計処理の詳細については少しも言及しようとしなかった。

資産の軽視は企業リストラクチャリングや合併などにおいても新たな問題を生みだしている。債権者はもはや自らの請求権を満たすために債務者から直接現金を受け取ることは認められないし、企業の整理統合に際して株主はもともとは自らの権利であった現金に対する優先的請求権をほかの有価証券に譲らざるを得なくなってきている。

例えばフィスク・ラバー社は期日を過ぎた負債一〇〇〇ドル当たり四〇〇ドルの手元現金、および純当座資産として九〇〇ドルを保有していた。しかし提示されたリストラ計画では債権者に現金の割当てはなく、新たに設立する会社の株式を割り当てるというものであった。

同様に、プレーリー・パイプライン社の株主は同社株式の裏づけとなる現金同等物が一株当たり一二ドルあると分かって安心していたが、突然まったく現金がない別企業の株主となっていたことが判明し、さらには全体としての時価総額はもともと保有していた現金同等物の半分以下となっていた。

私の見解では、このような奇妙な出来事のすべては株主が企業の部分所有者であるという根本的立場と法的権利を全うするという認識の欠如に起因しているように思う。ウォール街のさまざまな手法や華々しい喧伝などがこの単純な事実を見えにくくしている。こうしたことを米国中の投資家に痛切に感じさせることができれば、より健全な企業統治や株式価値に対する分別のある姿勢を目指す道筋への大きな一歩となろう。

第12章　一九三二年　現金を抱えた負け組企業は清算すべきなのか

この記事は「イズ・アメリカン・ビジネス・ワース・モア・デッド・ザン・アライブ（Is American Business Worth More Dead Than Alive?）」という三部作のうちの第三部である。『フォーブズ（Forbes）』（一九三二年七月一日）より許可を得て転載

われわれは工業株の三分の一以上が純資産額以下の価格で、また多くの企業が保有現金以下の価格で売られているといういまだかつてない光景に直面している。この状況に対して考えられる原因は、①事実についての無知、②強制的な売却および買い付け能力の欠如、③現在の当座資産を失うことを恐れての買い渋り――の三点であろう。

第11章ではこのうち最初の二つの可能性および多くの関連事項について議論してきたが、人々の無知や財務的に厳しい状況に置かれていることなどだけで現在の市況水準のすべてを説明できるものではないだろう。

もし何の制約もなく一ドルを五〇セントで入手できるとすれば、またたく間に評判になり、そうした機会を得ようと先を急いで皆が殺到するであろう。企業が保有する一ドルは今や五〇セント以下で大量に得ることができる。しかし、そうした資金には確かに制約がある。それら

は株主に帰属するものであるにもかかわらず、株主はそれらを支配していない。事業損失が彼らに損失をもたらすように、資金が減少し失われていくのを彼らはただ椅子に座って見ていなければならないかもしれない。そうした理由から人々は企業の保有する現金を額面どおりに受け入れることを拒絶しているのであろう。

実際には、鋭くて抜け目のない読者は待ち切れずに質問するかもしれない。「企業が清算などしていないときに、なぜ清算価値のことばかり論じるのでしょうか。株主がかかわっているかぎりにおいて、彼らの関心が工場設備にあるのと同様に企業の現金残高にも関心があるでしょう。もし企業を清算するならば、株主は現金を得る。企業が利益を上げているなら、工場設備は簿価相当の価値があるでしょう」など。

こうした批評はもっともであるが、それに対しては回答を用意している。株主は事業を黒字にする力はないが清算させる力はある。根本的にこれは理屈の問題ではまったくなく、極めて実務的かつ差し迫った問題である。

こうした問題は確かに非常に賛否の分かれるところであろう。紛れもなく企業の経営陣と株式市場との間には考え方の不一致が存在し、おそらくは経営陣と株主との間には利益相反があろう。

こうした問題が行きつく先を非常に単純な表現で示せば、次のようになるだろう。経営陣が間違っているのか、それともマーケットが間違っているのか。このような低い株価水準は単に無分別な恐れによるものなのか、もしくは手遅れになる前に清算せよとの厳格なる警告を発しているのだろうか。

今日、株主はほかのさまざまな企業に関連する問題と同様に、この問題に対する回答も経営陣に任せている。しかし、経営陣の判断が「市場の声」によって手荒い挑発を受けたときなどに、経営陣に彼ら自身またはマーケットのどちらが正しいのかなどと判断を任せるのは稚拙であるように思える。事業から報酬を得ている経営幹部と自らの資本をリスクにさらしている株主との間に強い利益相反を伴う問題があるのは、とりわけ真実であろう。もしあなたが業績が芳しくない食料品店のオーナーであったら、その店の営業を継続するか閉店とするかの判断を給与を得て勤務している店長に任せたりしないだろう。

もともとこうした重大な問題に際して無力であった一般の人々は、企業経営分野における有害ともいえる二つの学説を受け入れたことでその深刻さを増している。一つ目は、取締役は自社の株価に責任、または関心がないとする考え方であり、二つ目は、インサイダーでない外部株主は事業について何も知らず、そのため経営陣の支援がないかぎり株主の見解は検討するに値しないというものである。

一つ目の説によって、取締役は自社の株価にかかわるすべての問題をはぐらかすことができるようになり、二つ目の説は現経営陣は賢明ではない、株主利益の最大化に貢献していないなどと向う見ずに提言する一部の支配権を有していない株主を黙らせるにはまたとない都合の良い考え方となった。この二つの説によって清算したほうが株主にとってより良い結果となることを指摘する意見が多くとも、経営陣は株主に対して事業を継続することの正当性を示す必要から完全に保護されることとなった。

取締役は自社の株価に対して何ら関心がないという説は誤った考え方であり、偽善的でさえある。言うまでもなく、経営陣はマーケットの変動そのものに対して責任はないが、自社の株価が異常に高いもしくは不条理なほど安いということについての認知はすべきであろう。彼らには合理的な権限の範囲において、予期し得る損失から収益や資産を保護する義務があるのと同様に回避しうる株式価値の毀損リスクから株主を保護する義務があってしかるべきであろう。

こうした務めが容認され求められるようになれば、現在の株価と清算価値との関係のような不合理な状況はけっして成立しえないだろうし、取締役と株主の双方はいかなる状況においても、自社株の真の価値は事業の換金価値（清算価値）を上回るべきであるし、その価格は同様に純当座資産額以上であるべきと認識するだろう。

さらには事業を継続する価値（意味）がその換金価値を下回るのであれば清算すべきであるということさえ受け入れるだろうし、最終的に取締役は事業の換金価値自体を減少するリスクから保護することに加え、合理的な範囲において自社株の価格水準が継続的に換金価値を大幅に下回り続ける状況を回避する責務を受け入れるであろう。

今後は自社の株価が異常なほど低い水準にあるのを冷淡な無関心さで眺めている代わりに、

取締役たちはそうした株価の下落を建設的な行動をとるべきチャレンジととらえるようになるだろう。最初の段階では彼らはまず自社株の真の価値と最低限つり合う程度に配当を維持することに最大限の努力をし、この目的のために自社の財政状態が健全であるかぎり、内部留保を惜しみなく活用することだろう。第二段階としては、清算価値が時価総額を大きく上回っていることについてためらうことなく株主の注意を向けさせようとし、こうした価値の現実性についての自信を示すことだろう。第三段階としては、すでに述べたように、プロラタにて株式を消却するなどして余剰資金を返還することで可能なかぎり株主の支援を行うのであろう。

最終的に、彼らは株式の根源的な価値が著しく減少する状況に陥っていないかを確かめるために、自社の状況および見通しについて慎重に調査するだろう。そして深刻な将来損失のリスクを見つけたならば、株主の持ち分に対して売却または清算のどちらが最善なのか真剣かつ公正に検討を行うだろう。

しかし経営陣が真剣に検討した様子がうかがえないとすれば、株式市場は容赦なく清算するべきと主張するかもしれない。実際には株式（所有権）が分散している企業の場合、不思議でもあり、皮肉にも思えるが、自発的な清算というのはめったに起こらない。個人所有の企業の場合、事業をたたむなどというのは日常茶飯事であるが、株式所有が広く分散している企業の場合は非常にまれな出来事である。

支払い不能に陥った後の清算は当然ながらより頻繁であるが、いわゆる清算執行人が足を踏み入れる前に清算するという考えはウォール街のルールからすると外れたやり方のようである。企業経営者について一つ言えることは、彼らは簡単にはあきらめる人種ではないということだろう。自国のために夫人との関係もかえりみずに愛国心の熱情のもとに立ちあがった作家のジョッシュ・ビリングスのように、経営者というのは株主の最後の一ドルを犠牲にしてでも事業を続けようとするのにやぶさかではないのである。

しかし経営幹部は必要であれば事業経営上の利害に反しても、株主の代表であり株主の権利を保護する義務を有する取締役会の決定の支配下にあるというのは真実なのだろうか。理論上はそのとおりだが、現実ではそのようにはいかない。

その理由は企業の典型的な関係者を調べることで垣間見ることができよう。われわれが見たところでは、①経営陣、自らの業務にまず関心があり株主は二の次である、②投資銀行家、第一に関心があるのは引受業務による手数料である、③商業銀行家、第一に関心があるのは融資の実行およびその保全である、④その企業とさまざまな業務を行っている顧客や従業員であり、ほとんど常に取るに足らない存在である、⑤取締役、株主の繁栄にのみ関心がある――といったところだろうか。

また通常取締役は経営陣と友情の絆で結ばれていることが多く（このため彼らは任命されたのである）、そのため取締役会全体の雰囲気は事業運営に関する経営陣の願望に反して株主の権利を主張するといったことに資するものではない。取締役たちが不誠実であるわけではないが、彼らも人間である。私自身も数社の取締役会に名を連ねているが、個人的な経験からこうした課題について認識している次第である。

結論として清算が株主にとって特殊な問題であるというのは明らかだろう。そしてそれは株主独自の判断や選択によって決めるべき問題であるだけでなく、ほとんどの場合その主導権や清算に踏み切るに足る圧力は株主から発せられるのであって、取締役会からではないことが多い。この関係性については以下の原則が非常に有効であろう。

株式が清算価値以下で放置されているという事実は清算すべきかどうかの問題を常に生じさせる

われわれは何も、株価が安いことが清算が望ましいことを意味しているなどと言っているわけではない。それは単にそうした問題を持ちかけている株主を正当化し、その考えに敬意を持って注目するに値するというだけである。

つまり、株主はそうした問題についてオープンな心をもって検討を行い、公表された事実に基づき自らの下しうる最善の判断をもって決定すべきであろう。たぶんこうした事案の多くは――おそらく過半数は――公正な調査により清算は不当であると示されるであろう。通常の経済環境における企業の継続価値は清算（資産売却）によって実現される価値合計よりも相当に大きく、たとえ現時点で事業損失を計上していてもそうした不況期を乗り切るであろう。

そうは言っても、現在のような困難な状況のもとでは、優れた事業のオーナーの多くが継続より清算を選択することもあり得ることだろう。そうした動向が全体として経済情勢に与える意味とは何だろうか。さらなるデフレ、さらなる失業者数の増加、さらなる購買力の低下だろうか。株主は自らの首を絞めているのだろうか。表面的にはそのようにも見えるが、反対の影響をもたらすという力強い根拠も示すことができる。

業績が思わしくない企業は国家にとって利益というよりも損失であると言えるかもしれない。この場合、その企業は過剰な生産能力に加えて、生き残ることが至難であるほど熾烈な企業間競争に悩まされ、それにもかかわらず存続していくことは株主の損失やその産業の衰退につながっていくだろう。

企業が利益を上げなければ、それによって同業他社の利益の可能性をも浸食していく。企業の撤退によって業界の需給関係に調整が働き、結果として存続する企業はより強力な体質、つまりより低コストでより多くの生産活動が可能になる。現在、綿製品業界ではこうした成果を得るための奮闘が続いている。

雇用の観点から見ると、不採算部門を閉鎖することで製品需要は減少しないため、生産拠点は別の場所に移転されるなどして全体としての雇用はさほど減少しないかもしれない。そうは言っても個人としての多大なる苦難は否定できず矮小化すべきものではないが、いずれの場合でも根本的に脆弱な企業における雇用環境は極めて不安定と言わざるを得ない。従業員には十分な対価が与えられてしかるべきと認めながらも、われわれの経済の原理からして雇用を供給する目的のみで株主資本を毀損することは容認しがたいということは指摘できよう。

いまだわれわれは生産力過剰の真っただ中にあり、われわれを押さえつけている不景気から脱却する方法を見つけていないが、多くを所有しながらあまりにも手にするものが少ない今日の株主の窮状を軽減する方法は必ずあるはずである。米国中の多くの悲嘆にくれる株主に対して素晴らしい成果を上げることができるのは、このような問題に対する斬新な視点であるかもしれない。

第3部　證券分析の領域を広げる

ベンジャミン・グレアムはアナリストにはただ単に有価証券の研究だけでなく、世界情勢にも気を配る責任があると常に感じていた。「木を見て森を見ず」では何も意味がないということだろう。

この第三部のなかで彼は以下のような「問い」について検討している。企業経営陣とはどのような関係を築くのが適切なのか。税制はいかにして改善できるだろうか。「企業民主主義」などというものがあるならば、政治における民主主義と同じ原理で実行することは現実的か、または賢明であろうか。戦時下のインフレ期における株価に与える影響はどのようなものであるか。国会議員や政府官僚は雇用問題、貿易赤字、米国ドルの下落についてどのような方策を取り得るだろうか。

グレアムは自らの専門外の分野について思い切って足を踏み入れたときものんびりとはしていなかった。彼は『ストレージ・アンド・スタビリティ（Storage and Stability）』『ワールド・コモディティ・アンド・ワールド・カレンシー（Wolrd Commodities and World Currency）』という二つの本を書き上げて、通貨価値を分散した商品バスケットに連動させることでインフレに対処し通貨レートの変動を緩和することができるとの持論を展開している（注1）。偉大な経済学者ジョン・メイナード・ケインズさえもグレアムの考えを支持しており、わざわざグレアム本人あてに「あなたは私と同じ方向性をもった活動家です」と記した私的な書簡を送っていたほどである（注2）。一九四三年には、フリードリッヒ・フォン・ハイエクがグレアムの計画を「重要で、実にシンプルだが、極めて現実的だ」と称賛した（注3）。それから数十年後の一九六九年にノーベル経済学賞を初めて共同受賞したジャン・ティンバーゲンは再びグレアムの提言を高く評価した（注4）。経済についての教育は大学二年時の初歩的なクラスを四週間受講したにすぎないグレアムがこうした高名なマクロ経済学者たちから専門外の分野で称賛されていたとは驚きである（注5）。

第13章の「一九四七年　株主と経営陣の関係についての質問リスト」においては、グレアムは一九四七年にニューヨーク州證券アナリスト協会の五七三人のメンバーから収集したアンケート結果を記載している。ここでグレアムはアナリストたちが企業の経営陣の競争力をいかに定義し、また基準に及ばない経営陣に対してどのような手段を取るのを適切とみなすのかを確認するために非常に慎重に質問を構成している。ただ実際には、その論文は資本家に対する行動を促す声明文のようでもある。アナリストたちの反応によれば、質の悪い経営陣というのは確かに存在し、そうした経営者に力が尽きるまで成り行きでその企業の経営を任せ続けるべきではなく、アナリスト自身も無能な経営陣を退陣させるために株主と強調した行動をとることで積極的に介入する務めがあるだろうと考えていることが明らかである。

しかし、グレアムが年を追うごとに増していくイラ立ちとともに指摘しているように、投資家は質の悪い経営陣の文句を言うことは大好きだが、それについて何か実行することは大嫌いである。多くのアナリストや投資家が行動をとることは適切であると賛同するものの、実際に実行に移す者はせいぜいいても一人ぐらいであろう。

一九四九年に『**賢明なる投資家**』（パンローリング）でグレアムは周到に考えたうえで暴言ともとれるような言葉で以下のように述べている。

私見であるが、ファイナンスの分野で企業経営者の問題に対する株主やウォール街のアドバイザーたちの凝り固まった姿勢ほど愚かで有害なものはないだろう。その姿勢を要約すれば、「経営陣が気に入らなければ、株を売れ」ということだろう。……全体として投資家は修正が必要な経営陣の改善について何も行っていない。……株主はまったくの役立たずであり、知性も敏捷性のかけらも示していない。彼らは経営陣が何を勧めようが、そしていかに業績がお粗末であろうと、羊のようにおとなしく議決権を行使しているだけだ。……長年の経験から言えることは、平均的な米国の投資家に自立した賢明なる行動をとるよう促す唯一の方法は彼らの逆鱗に触れて感情を高ぶらせることだけである（**注6**）。

一九四七年にグレアムによるアナリストのアンケート調査で判明した事柄はおそらく今日に同様の調査を行ったとしても、さほど異なる内容にはならないだろう。注目すべき具体的成果は以下のとおりである。

●九七％が経営陣の能力を評価することはアナリストの仕事の一部であると考えている
●五〇％が全企業の半分は経営陣の能力が不十分と考えている
●六一％が取締役の「累積投票」に賛成している
●七二％が少なくとも「一定数以上」を社外取締役とすべきと考えており、五一％は過半数が望ましいとしている
●九四％がお粗末な業績に対して株主から質問すべきと感じている
●五七％が取締役は株式（企業）の本質的価値を反映した水準に配当を設定すべきと考えている
●八三％が現在の株価以上での大量の自社株買いの提案について経営陣は株主に通知する義務があることに同意している

ここで一つ解説を加えよう。「累積投票」とは、株主が取締役選任に際して自らの議決権を分割して使うことができるという制度である。例えば、一万株を保有する株主は一人の取締役に一万株すべてを選任（または否認）として投じることもできるし、任意に一万株を分割して選任を望む取締役に割り振って投じることもできる。グレアムの時代の米国では累積投票は一般的であったが、近年では州議会議員によって骨抜きのようにされてしまっている。それまではグリーンメーラー（乗っ取り屋）など株を大量に買い占めて自らの利益のために特別な取り

扱いを確保しようとするやからによって累積投票が乱用され、取締役会を混乱させ分裂させたりすることがしばしば起きていた。しかし、それは逆に賢明な投資家が自らの保有する企業に対して法的権利を行使し影響を与えうる非常に効果的な方法でもあったのである。グレアムはこの点――特に考えが凝り固まっているような取締役会に企業外部から取締役を派遣して経営陣の能力と公正さをチェックするという特定の目的を果たす手段――について強く同意していた。グレアムであれば、少なくともある程度の累積投票についてなぜ現在の投資家は州法の改正に向けて動こうとしないのか不思議に思うかもしれない（注7）。

第15章の「一九五三年　外部株主に対する統制」では、グレアムはなぜ政治に民主主義があって、企業の世界には民主主義が存在しないのかという謎について詳細に研究している。グレアムは多くの投資家が選挙の投票ブースで行うのと同じように企業において「リーダーを選び重要な方針に意見を述べる」うえで満たされなければならない条件を以下のようにまとめている。

- 第一に株式の過半数を保有する個人または一体化したグループがないこと
- 第二に経営陣の支持者たちが実際的な支配力（または二〇％超の株式）を持っていないこと
- 第三に外部株主が企業の具体的な問題について独自の判断を下す意思および能力を持っていること

理論的にはこれ以上必要ないだろう。しかし、グレアムは「理論の力を実際の民主主義的な行動に変換するには株主教育の多大なる前進を要する」と警鐘を鳴らす。アナリストたちは配当政策が支配株主と外部株主とのあつれきの中心であることを投資家が理解するうえで主導的な役割を担うべきである。支配株主は彼らの持ち分に応じた配当にかかる毎年の所得税が高くなることを避けるために、配当を低く維持することに常に関心を払っている。そのうえ、贈与税および相続税を最小化するためにも、株価が低いまま放置されていることに満足している場合さえあるし、株価が低ければさらに持ち分を増やすことや安く非上場企業にすることもできる。このように、支配株主と外部株主には正反対の利害関係があるだろう。グレアムは会計上の簿価では同程度だが株価水準がまったく異なる二つの企業の驚くべき事例を紹介している。投資家はほかの点では同じような企業であれば、間違いなく配当を実施している企業を選ぶということだろう（注8）。

キャッシュには力があり、配当を行うことでそれは企業のインサイダーの管理を離れ外部株主の元へと流れていく。このように配当はいわば「平等をもたらす」効果的な方法の一つである。グレアムは取締役の忠実義務の定義を「気まぐれで利己的な配当政策による深刻な損失」から少数株主を保護することまで拡大して適用すべきであるとの強烈な議論を展開している。その一方で企業側としても自社の配当政策を透明化、通常の経済環境において収益のどの程度の割合の配当を投資家は受け取ることができるのかを事前に説明することなどを実行すべきであろう。

警戒する必要性は株を買った途端になくなるわけではなく、株を売ったあとにようやくなくなる。一九五一年にグレアムは以下のように述べている。

堅実な株式投資というのは株主による高潔な姿勢と行動を必要とする……株主が自分自身を自ら出資したその事業の長期的な部分所有者とみなせば、真のオーナーとして行動すべきときにオーナーシップに関連する決断をする準備が整っているに違いない。株主が自らの持ち分を完全に保護したいのであれば、自ら進んで自身を保護するための行動を起こさなければならない（**注9**）。

グレアムは賢明なる投資家はまた賢明なる所有者でなければならないという信念を持ち続けた。しかし残念ながら、グレアムは投資家たちに自らの権利を行使することを説得できると信じ続けることができなかった。時がたつにつれて、彼はアナリストや投資家たちに株式を保有する企業の方針、行動、経営陣の報酬などの継続的な観察を説く努力に見切りをつけてしまった。

一九四九年、グレアムは『**賢明なる投資家**』（パンローリング）の初版を出版し、その内容の八分の一以上を株主の権利と責任に関する議論に費やしていたが、一九七二年の最後の改訂版では、配当についてわずか八ページの形式的な説明のみが記されていた。数十年に及ぶ投資家への法的権利の行使を訴え続けたものの聞き流され続けた末に、彼もついにはあきらめてしまった。

われわれとしては、新しい世代のアナリストや投資家が努力を重ねて、いずれの企業においても経営者はその業績や報酬に関して簡潔で一貫した基準によって規律が保たれるべきであるとのグレアムの提言を理解し、経営陣が期待にまったく応えられないときには、株主は単に株主総会に出席することで消極的に賛成の意思表示を行うのではなく、自分の頭で考えて選択することを願うばかりである。

第14章の「一九五四年　企業利益への二重課税を軽減する方法はあるのか」では、半世紀をへてなおわれわれを悩まし続ける企業配当にかかる二重課税をいかに取り除くかという問題にグレアムは取り組んでいる。彼がこの論文を執筆した当時、企業の法人税率および個人の所得税率はそれぞれ今日のものよりも相当高かったが、それ以外はほとんど何も変わっていない。グレアムは企業が彼らの資本構成において株主資本を有利子負債に振り替る動きに出ることを懸念していた。なぜなら、投資銀行家が言うように、負債にかかる支払利息は納税額（課税所得）から控除できるため、発行企業にとって「社債のコストは株式のコストよりも安い」という考えがあるからだ。彼は企業が税金負担を最小化する手段として「利益連動債（発行企業の利益に応じて利息の利率が変動する超長期の社債）」をより活用するようになることを期待していたが、利益連動債が再び見直されることはけっしてなかった（注10）。しかし株式と社債における税務上の取り扱いの違いは、発行企業と投資家の振る舞いを一様にゆがめ続けている。例えば企業が配当を支払う代わりに、株式を買い戻すために負債を山のように重ねる一因となっている。グレアムはいくつかの解決策を提案したが、そのいずれも完全な実施には至っていない。財務的プレッシャーによって高い税率を強いられる時代において、一方で資本は最も懲罰的な税法の少ないマーケットに流れる傾向があることから、住所が異なることで利息や配当に課せられる税金がいかに異なるのかということはアナリストにとって研究する価値があるかもしれない。

第16章の「一九五一年　戦時下の経済と株式価値」において、グレアムはいつの時代にも見かける悲観論者に対して痛烈な非難を浴びせている。現在と同様、その当時も世の中は不安と恐怖に支配されていた。米国にとって遠くの半島にすぎない朝鮮戦争は、当時のソ連と冷戦状態にあり、人類滅亡の真の危機に立たされていた米国にとってはささいな問題であった。グレアムは「米国は大規模な物理的破壊と計り知れないほど数多くの一般市民の被害者という新たな痛ましい危機に直面している」と語ったその同じ年に、以下のようにつづっている。

第三次世界大戦の可能性がすべての人々の心に非常に重くのしかかっている。……万が一、そうした戦争が起これば、われわれ自身や経済に与える影響はまさに計り知れない。しかし證券分析の分野において必要なことは、さまざまな有価証券の選択や有価証券と現金における影響を熟考するのみである。……戦争にインフレはつきものであることから、紙幣や特定の金額が記されている証券は、適切に選択された収益性の優れた企業の株式に比べて財務的にも根本的にも脆弱な保護下にあると思われる（注11）。

このように、グレアムは朝鮮戦争開戦後のマーケットの上昇は理にかなっているとの結論を出している。通常、戦争開戦時に投資家はしばしばパニック状態になるが、朝鮮戦争のときは分別良く将来のより高いインフレの前提を株式価値に期待として織り込んでいた（彼は至る所で第一次大戦も第二次大戦も株価への影響は「例外ではなかった」と記している）（注12）。グレアムはまた、株式はインフレに対する完璧なヘッジ手段ではないにもかかわらず、インフレの高進とドルの下落は株高と相関関係にあると思われるとして長期にわたって観察していた。こうして彼は戦争を前にして投資家が株価を引き上げるのは正しいとの結論を出し、一九五〇年代には株式市場の歴史上もっとも強気な相場の一つとして一〇年以上続き、その正しさが証明されたのである。

第17章の「一九五五年　完全雇用の実現にのしかかる構造的問題」と第18章の「一九六二年米国の国際収支――『沈黙の共謀』」において、グレアムは證券アナリストの視点からマクロ経済政策の二つの論点に取り組んでいる。

一つ目はグレアムは長期にわたって生産性の向上が消費よりも相当早く進んでいることを見いだし、問題は米国経済が十分な雇用を提供できないことではなく、あまりに多くの米国人が必要以上に長時間働き続けていることであると結論を出した。彼の提案する解決策は週当たりの労働時間を短縮し、より多くの労働者に雇用機会を提供するというものである（注13）。数年前にフランスで施行された週三五時間労働制は当地での失業者数の減少にはあまり寄与していないようだが、厳密にはグレアムの分析は生産能力の稼働状況がほぼピークにある高成長経済に適用したものであった。彼のアイデアは急速に経済が拡大する国においては失業者数減少になお効果的かもしれない。

二つ目にグレアムは、米ドルの下落を招いている米国の国家債務残高の悪化（増加）の原因を誤解している政治家や評論家について異議を唱えている。彼はその原因は米国の貿易赤字や対外支出超過にあるのではなく、米国企業や国民による外国投資比率の急速な増加にあるとしている。つまり、米国は過剰消費または過剰輸入ではなく、過剰投資なのであると。グレアムは海外での投資は負債ではなく資産とみなすべきであると指摘し、さらに米国で金利を上げても海外からの「長期的な資本」を引きつけ続けることはできず、さらなるドルの切り下げが累積債務残高の赤字解消に資することはないだろうと警告している。ほぼ半世紀がたったが、財政赤字問題が迫り、再びドル下落傾向にある今、グレアムの論文は必読であろう。

注

注1　ベンジャミン・グレアム著『ストレージ・アンド・スタビリティ（Storage and Stability）』（マグロウヒル、一九三七年）、ベンジャミン・グレアム著『ワールド・コモディティーズ・アンド・ワールド・カレンシィイズ（World Commodities and World Currencies）』を参照。

注2　ジャネット・ロウ著『ベンジャミン・グレアム・オン・バリュー・インベスティング（Benjamin Graham on Value Investing）』（ペンギン、一九九六年）、一一六ページを参照。

注3　F・A・ハイエク著『ジ・エコノミック・ジャーナル（The Economic Journal）、vol.53, no. 210/211』（一九四三年六月～九月）、一七六～一八四ページ、「ア・コモディティ・リザーブ・カレンシー（A Commodity Reserve Currency）」を参照。

注4　ベンジャミン・グレアム著『ザ・メモアール・オブ・ザ・ディーン・オブ・ウォールストリート（The Memoirs of the Dean of Wall Street）』（マグロウヒル、一九九六年）、三三五ページを参照。

注5　同書、一〇四～一〇五ページおよび二九三ページを参照。商品および通貨についてのグレアムの見解の詳細についてはペリー・メリング『ジャーナル・オブ・ザ・ヒストリー・オブ・エコノミック・ソート（Journal of the History of Economic Thought）』（二〇一〇年）「ザ・

マネタリー・エコノミクス・オブ・ベンジャミン・グレアム（The Monetary Economics of Benjamin Graham）」を参照。

注6　ベンジャミン・グレアム著『**賢明なる投資家**』（パンローリング）を参照。

注7　こうした背景を紹介できることについてボストン大学ロースクールのタマール・フランケル教授に感謝したい。また、ジェフリー・N・ゴードン著『コロンビア・ロー・レビュー（Columbia Law Review），vol. 94, no.1』（一九九四年一月）、一二四～一九二ページ「インスティテューション・アズ・リレーショナル・インベスター（Institutions as Relational Investors）およびベンジャミン・グレアムとデビッド・ドッド共著『**証券分析**』（パンローリング）を参照。

注8　グレアムのあげた事例については、ノービン・R・グリーン著『フィナンシャル・アナリスツ・ジャーナル（Financial Analysts Journal），vol.8, no.5』（一九五二年一一月）、四二～四三ページ「ハウ・マッチ・リスポンシビリティ・ダズ・マネジメント・ハブ・フォー・ザ・プライス・レベル・オブ・イッツ・カンパニーズ・ストック。（How Much Responsibility Does Management Have for the Price Level of Its Company's Stock?）を参照。

注9　グレアムとドッド共著『**証券分析**』（パンローリング）を参照。

注10　高利回り債および不動産担保証券の一部は担保物件のキャッシュフローに応じて金額が変動するものがあるようだが、発行企業の第一の動機は税金計算によるものではない。

注11　グレアムとドッド共著『**証券分析**』（パンローリング）を参照。

注12　グレアムとドッド共著『**証券分析**』（パンローリング）を参照。

注13　このほか、グレアムは「フレキシブル年間労働」という平均的労働者の年間労働時間を減少させるプログラムを提案していた。彼はこのアイデアをおよそ二〇年かけて構想し、著書『ベンジャミン・グレアム・オン・ザ・フレキシブル・ワーク・イヤー』（一九六四年）にまとめている。

第13章　一九四七年　株主と経営陣の関係についての質問リスト

『ジ・アナリスツ・ジャーナル（The Analysts Journal）、vol.3、no.4』（一九四七年第四四半期）五七～六二ページより許可を得て転載

一九四七年六月にわれわれはニューヨーク州証券アナリスト協会（ＮＹＳＳＡ）の会員に対して株主と経営陣との関係に関する七つの質問で構成されたアンケートを実施し、五七三人の会員から回答を得た。このアンケートの結果をわれわれの著作である『**証券分析**』（パンローリング）の大幅な改訂に盛り込みたいと考えており、今まさに共著者とともに取り組んでいる。ＮＹＳＳＡの会員もこれらの質問の回答結果やその考察には関心を持っていただけると思う。

質問一　銘柄選択において経営陣の能力や資質は実際のところ検討事項であると考えているか

回答

はい　五五八

いいえ　一四
無回答　一

考察

この質問のキーワードは「実際のところ」である。経営陣の能力や資質が株式投資の成功に最も重要な影響をもたらすことにはだれもが同意するだろうが、そうした資質や能力というものを証券アナリストは評価しうるのだろうか。アナリスト自身は圧倒的多数で肯定的な回答を示しており、彼らは明らかに証券分析の実際の作業において経営陣の能力についての何らかの考えを形成することに真剣に取り組んでいる。

質問二　無作為に選んだ上場企業一〇〇社のうち、経営陣の能力に十分満足できる企業はおよそどのくらいの割合（％）と考えているか。

回答

回答は広範囲にわたったがその概要（十分満足できると考えられる割合）は以下のとおりである。なお、回答の中間点は五〇％を下回っている。

〇～二五％　一四二

二六～五〇％　一四三
五一～七五％　一四〇
七六～一〇〇％　六一（合計　四八六）
無回答　八七

考察

アナリストの多くは確かに大雑把ではあるが、経営陣の優劣についての何らかの考えを示そうとしていた。われわれは特に説明なしに「十分満足できる」という表現を使用したが、われわれの見解では特に具体的な批判が経営陣に対して向けられていなければ、その経営陣は「十分満足できる」とされていたように思える。十分に満足というほどではなくとも続投するのが相当ではあるが、おそらく彼らの経営手法については改善余地があるのだろう。回答結果は「十分満足できる」経営陣についての会員の多様な考え方の分散を示しており、質問の表現をどのように解釈したかにかかわらず、中間値である五〇％以下の回答者は心の中で経営手法、またはその人選において変革する必要性とその余地があろうことを表しているように思える。

この点についてアナリストたちが正しければ、所有者たる株主たちは経営陣の能力について積極的に関心を持つべきであり、不足していることは状況を改善するためにある程度合理的であると思われる行動は躊躇せずに実行すべきことであろう。私見だが、もし不十分な経営陣の割合が一〇％程度に低かったならば、それは投資業界における問題が本当に深刻であることを意味しているのだろう。

質問三　取締役への累積投票制度には賛成か。

回答

はい	三四九
いいえ	一六九
無回答	五五

考察

累積投票は、少数株主の一定数以上のグループが取締役会のメンバーを確保することで一定の経営管理機能を行使することができる一つの手段である。およそ半分程度の州において累積投票は強制適用されており（注1）、その他の州の多くは企業の定款や内部規定などで定められているようである。当協会の会員の過半数がこの点を妥当と考えるならば、株主に各々の企業においても累積投票が導入されることを助言すべきであり、手続きとしては年次株主総会において決議されることで完了する。

現任の経営陣はその地位を脅かす内容としてこのような決議についてはおそらく異議を唱え、自らの誠実さや能力に対する全般的な自信の問題の一つにすぎないとすることだろう。典型的な株主は、この種の問題についてはほとんど盲目的に経営陣の支持に回ることだろう。したがって、累積投票や似たような企業の変革を意図する内容の提案者は当初、非常に厳しい状況での戦いを強いられる。しかし、それは證券アナリストやそのほかの金融業界の権威たちの強力な支援の下に、粘り強く組織的な啓蒙活動を行うことで乗り越えることができよう。

質問四　標準的な企業において取締役の過半数（または少数でも一定数以上）は経営執行から独立した立場であるべきであり、特に報酬やそのほか多額の金銭を企業から受け取るべきではないと考えるか。

回答

過半数	二九一
一定数以上	一二〇
どちらでもない	八〇
無回答	八二

考察

企業の組織機構を批判する人たちは理論上、取締役は経営陣を選択し評価をする立場にかかわらず、実際はこの分野において独立した判断を実行できていないと強く主張する。これは経営幹部自身またはその友人やそうした非常に近しい間柄の人たちによって取締役会の過半数を構成している場合に明らかであろう。

われわれの質問は取締役会の過半数または一定数以上を経営陣から独立した取締役で構成することによって、この種の問題の根本的な解決策を暗示している。この質問は回答を三つ選ぶことができたため、ほかの質問に比べてより分散した回答結果になっているが、半分以上は過半数の独立取締役に賛成しており、一定数以上を含めると実に五分の四以上が賛成している。

私見では、この回答結果に示されている考え方、つまり、過半数または一定数以上を独立取締役とすることで企業組織の機構を変革することは極めて妥当であるように思う。ただわれわれは経営陣が取締役会を支配する企業の成果は常に不満足なものであるなどと言いたいわけではない。逆に成功している企業の多くはむしろそのような形態である場合も多い。確かにそうした企業は数人のいわゆる典型的な外部株主の存在によって悩まされることはないだろう。しかし、比較的業績が芳しくない企業の多くは取締役会に新しい、独自の思考を注入することで大いに恩恵を受けるであろう。

この点に関して、われわれが会員から受領したアンケートに対する手紙の一節をここで引用したい。なお、その会員は大手銀行に所属し高い地位にある方であった。

私見であるが、取締役の第一の責務は優れた経営がなされているかを確認することであろう。もし取締役会の過半数が経営陣に占められていれば彼らは居座り続けることになるため、質の悪い経営を取り除くことは不可能であり、ゆえに取締役会の過半数は経営陣から独立したものであることは極めて重要なことと考えている。しかし、取締役会にふさわしい人材を招き、また取締役として相応のリスクを引き受けることに報いるのに十分な、ある程度の報酬はあってしかるべきであろう。最近では取締役に支払う報酬は多くて五〇〇ドル、場合によっては一万ドル程度が上限というのがより一般的になりつつある。

ある程度の報酬が社外取締役に支払われるべきであるという意見は回答のなかに複数みられた。そうした報酬は常勤の経営幹部のそれと比較すれば、さほど多額であることは通常ないだろう。

質問五　企業業績が平均して妥当な資本収益率を下回り、さらに全体として業界のなかでも大幅に低い水準にある場合、こうした事実は株主による質問、調査がなされるべきと考えるか。

回答

はい　五三九
いいえ　一八
無回答　八

考察

この質問では経営体制の構造からその成果の測定に重点を移している。質の悪い経営を改善させるには、まずその質の悪さを認識しなければならない。この質問の回答から改善の必要性について明らかな証言が得られたように思う。われわれは経営の成果がお粗末だからといって経営陣を代えるべきであるということではなく——野球界ではよく起こることだが——、株主は注意深く問題を調べる必要があると言いたいだけである。

実際にはこうした行動についてあまり聞いたことがないのを考えると、このアンケート上で圧倒的多数が賛成と回答していることに少なからず驚いている。われわれの見解では、この質問への回答結果は株主と経営陣との関係において起こるべきことと実際に起きていることとの大きな隔たりが強調して示されていることから、このアンケートのなかでも最も重要な意味を持つ回答と考えている。

株主によるそうした質問を実施する枠組みは、累積投票制度と同じように年次株主総会で決議が適切に行われる必要はあるが、容易に導入できることだろう。その際の決議では業界で地位の確立した専門家による経営手法や経営効率についての調査報告を要請すべきであり、さらに経営陣から独立した社外取締役によって構成された委員会に直接報告されるべきであろう。

当然ながら、経営陣が反対しているときなどは、たとえ理にかなっているとはいえ、強引に決議を押し通すなどは論外である。もし証券アナリストが株主のこの種の努力を実際に支援すれば――理論上それら望んでいることが明らかなように――、このようなテクニックが株主持ち分の状況を改善する手段として広く導入されるまでそう長くはかからないだろう。

質問六　事業の平均的な利益の範囲内において、株式（企業）の本質的価値、または自らの設定した価値に相応した水準の配当を支払うことは取締役の責務であると考えるか。

回答

はい	三二九
いいえ	一六二
無回答	七四

考察

株主による不満のタネの一つに不十分な配当がある。経営陣は必ずと言ってよいほど事業の収益を維持していることによって企業も株主も恩恵を受けているなどと言って、不十分な配当を正当化する。この質問はその企業の収益が十分に余裕がある場合の適切な配当の実行についての簡潔な基準として、株主は彼らの投資にふさわしい配当を受け取るべきであることを示唆している。現在（一九四七年）の状況では投資収益率としては四％以上が妥当であろう。質問の後半部分の「自らの設定した価値」というのは議論の分かれるところであり、この質問は取締役は企業価値についての自分自身の考えを持ち、その価値に合理的に則って配当政策を維持することに最善を尽くすべきことをほのめかしている。

回答のなかで配当政策は企業の平均収益と同様に財政状態や資金ニーズも考慮しなければならない旨の意見が多く寄せられたが、これは間違いなく正しい。脆弱な財政状態であれば配当について保守的にならざるを得ないのは自明であろう。真に議論すべきは経営陣が拡大路線をとっているときであろう。おそらく株主は事業拡大は配当を抑制するよりも、むしろ新規株式発行（増資）による調達をもってなされるべきと主張するであろう。なぜなら、配当を抑制することによって、その株式は不当に低い配当収入から過度に低い株価に追いやられる可能性が高いからである。財政政策にどちらの方針をとるべきかは個別の状況により異なるであろう。しかし、ほかに妥当な選択肢が残されていないような状況に追い込まれていないかぎりにおいて、株式の適正価値に基づく適度な配当を支払うべきという前提に取締役が置かれることは、株主にとっても望ましいこととなろう（注2）。

質問七　企業が現在の市場価格以上で株式を大量に買い付ける場合に取締役にはそうした提案内容を株主に通知する義務があると考えるか。

回答

はい	四七七
いいえ	六七
無回答	二一

考察

株式を買い増すことで企業への支配力を高めることは不十分な経営を改善させる一つの方法である。現任の経営陣の至らなさによって株価が低迷しているときなどはなおさらそうだが、現経営陣が支配力を手に入れるためには現値よりも相当に高い価格を支払うことも、時にいとわない。回答した会員はすべての株主は自らの保有する株式に対するそのような申し出について、受け入れるか否かは自分で決める権利があるという明確な考えを持っているようである。

しかし、それでもそうした申し出の成立を拒絶する株主に対して経営陣は法的措置をとることができる。この質問リストで扱ったほかの事柄と同様に、ここでも證券アナリストたちの意見と実際に起きていることとの間にある相違が明らかであり、それは株主が目を覚ますべきである旨を示している。

注

注1　一九四一年当時、以下の州では一定の条件下において累積投票が強制適用されていた。アリゾナ、アーカンソー、カリフォルニア、アイダホ、イリノイ、カンザス、ケンタッキー、ミシガン、ミシシッピー、ミズーリ、モンタナ、ネブラスカ、ノースダコタ、ペンシルベニア、サウスカロライナ、サウスダコタ、ワシントン、ウエストバージニア、ワイオミング、ミネソタ、オハイオ、ノースカロライナ。

注2　一九四七年八月七日付けのウォール・ストリート・ジャーナル紙に株主との関係性について触れた記事があり、参考までに以下に記載する。「企業幹部が証券取引所の代表者に非公式に伝えたところでは、株主との最善の関係は十分な利率での安定した配当によるのだろうと

のことである」

第14章　一九五四年　企業利益への二重課税を軽減する方法はあるのか

『ジ・アナリスツ・ジャーナル（The Analysts Journal, vol.10, no.1）』（一九五四年二月）、一五〜一七ページより許可を得て転載

税制改正法案が可決に向けて進行中であるが、配当の二重課税についてある程度の緩和措置がとられることが一般に期待されている。このいわば「二重の苦難」について課税の必要性という単なる言い訳にすぎない方針原理を支援する者はまずいないだろう。二重課税を完全に解消することは米国財務省にとって少なくとも三五億ドルの税収を失うことになる。今日（一九五四年）における膨大な年間予算総額は差し控えることもほかの税目の課税によって置き換えることも容易ではない。このため、投資家は当初抱いていた願望を制して、その五分の一程度の部分的な緩和へと期待を修正しなければならない。受け取った配当収入の五％から一〇％の税額控除が得られるのではないかというのが一般的に予測されている内容であるが、この種の緩和策はすでにカナダで施行されている。もしくは少額の配当収入に対する一律の控除――およそ一〇％または二〇〇ドルのいずれか少額のほうなどが期待されているところである。

これまでは現実的で望ましい緩和策を考えるよりも二重課税を不当で有害であるとして、非

難することに多くの労力が割かれてきた。そもそもこの問題に対しては二つの根本的に異なるアプローチがあることを心にとめておくべきだろう。一つは企業のみに課税することであり、もう一つは株主のみに課税し、企業にはその利益のうち配当として流出した分は課税所得から控除することである。これらの手法にはいずれも米国税務における歴史的背景があり、現在の税法にもいくつか類似点がある。いずれの手法にもそれぞれ利点があるが、これまでの重い税負担によって生み出されてきた偏った見方や不健全な慣習を改善する方向には特に意義があるだろう。

この論文ではビジネスや投資方針に関してよく聞かれる不満のタネでもある、企業に対して重い負担によって失望させるような影響などではなく、現在における二重課税制度の具体的な意味合いについて考察する。今のところは全体として事業活動において著しい縮小傾向などは見られず、税率そのものをそうした原因と見ることはできないことは注目すべき点であろう。この事実のある程度は米国企業における金額や数値に表れない構成要素、なかでも特に経済学者や社会学者によって十分に研究されていないテーマでもある大企業によって説明できるかもしれない。しかしより重要なのは、おそらく惰性または反応の遅延という要因であろう。一般にこれまでに深く染み込んだ人生やビジネスへの姿勢や習慣などを変えることには長い時間を必要とするため、税率のような外部要因の変化によって、ビジネスマンや投資家が直ちに行動を変えるということは考えにくい。

このことはまたビジネスマンや投資家が税金の影響を最小限にするために策定した実現可能な具体的な方針――組織形態、資本構成、配当方針および手続きなどの分野――を採り入れるのに、意外なほど失敗する主たる要因でもある。しかし税金負担が将来において軽減されないかぎり、こうした状況への順応するスピードはますます早まっていくと予測されよう。もし米国経済が税金要因によって本当に支配されるようになるなら――税法や関連規則がほのめかすことがわれわれのビジネスや投資活動に完全に反映されるようになるなら――、わが米国は自らが相当な苦境に陥っていることを知るだろう。

法人税の二重課税に対する反応

法人税の二重課税は論理的に主として二つの反応または傾向を引き起こすように思える。一つは、企業形態がパートナーシップ形態、特にリミテッド・パートナーシップへの置き換えが数多くなされることであり、二つ目は課税所得から損金算入することを可能にするために有利子負債――望ましくは、利益連動債――が可能なかぎり活用され資本構成の多くの比重を占めることであろう。

これらの法人税を減少させる手法の活用には制約がある。言うまでもないが、大企業がただちにパートナーシップ形態に転換することは考えられない。しかし、米国にはさまざまな規模や所有形態の事業形態が五〇万にも及ぶことを思い起こせば、事業の組織形態において広範囲にわたる変化が生じる余地があることは明らかであろう。最近導入された超過利潤への課税――実にこの一〇年で四回目であり直近の三回は法人のみ課税――は、株式会社とパートナーシップ形態との税率格差に新たな側面を加えている。

数年前は個人事業における税金負担を減らすために法人化が広く採り入れられた。配当課税を避けるために利益を再投資する法人への課税は一五％以下であり、計算上は黒字のパートナーシップよりも明らかに利点があった。今日（一九五四年二月）、配当がまったくなく最終的に利益の実現はキャピタルゲインにより実現されると仮定すれば、標準的な企業所有者は六三％という税負担に直面し、実効税率はほとんどの場合さらに高い。

株式会社とそのほかの形態がまったく異なる税金制度を適用することは根本的に適切ではないが、この点については後ほど再度触れたいと思う。

債券にかかる支払利息は発行企業にとって税額控除できるが、優先株および普通株の配当は控除できない。したがって、配当のすべてを債券の利息という形態で支払うことができれば、二重課税の問題は落着する。つまり、われわれの前提によれば、何であれ企業が支払った分は法人税を課せられることがなくなり、留保した分は所得税を課せられなくなるからである。こうした成果をどうにか得るには二つの手法が考えられる。まず一つは配当の支払いについて利息の支払いと同じ税金の基準となるように法律を改正することであり、二つ目は企業の資本構成を変えて現在の額面上の資本を負債、例えば長期の利益連動債などに組み替えることである。

伝統的または「原則的」な思考は新しい状況に即座に方針を適応させることをしばしばさまたげるが、これは企業が税金負担を軽減する道具としての利益連動債の活用がうまくいっていないことにもよく表れている（利益連動債に関する一般的な悪評がそれの強い要因ではあるが、こうした障害は真に強固な企業であれば乗り越えるものであろう）。財務省や裁判所は利益連動債が一定の制限――明確に定義されていないが――を超えて活用されることを容認しないであろうが、判決の公式記録を見れば企業がそれを活用しうる余地が多分にあることは明白である。

われわれの予測するところでは二重課税の重みは最終的に利益連動債――または発行企業に「免責条項」のあるほかの債券――に対する「伝統的な」異論をしりぞけ、新しい手続きが一度しっかりと確立すれば、ますます急速に普及していくように思われる。これによって負債を全面的に活用する企業とそうでない企業とは、税務負担における格差が生じることだろう。そうした変化はあまり歓迎されるものではないが、資本構造に関する選択が収益力や投資価値といった観点からより一層重要性を増し、さらには企業間の税収への貢献度合いが広範囲にわたって不当なほどに変動するだろう。

この分析は、二重課税から解放される最善の方法の一つは、配当の支払いを可能なかぎり課税所得から控除できることを容認することであることを暗示している。もし財政赤字を当初およそ五億ドル程度に制限すると仮定するならば、当初の控除額は配当のおよそ一〇％程度が妥当であろう。しかしほかの考え得る緩和策と同じように、議会によりさらなる改正の実行が決められた場合にはこのパーセンテージは増加していくことであろう。

こうした政策から予測される最終的な成果は株式会社とその他のビジネス形態における税率のおおまかな平準化であろう。将来において、もし配当のすべてが企業にとって控除可能となれば、そして通常の法人税率が受取配当にかかる個人の所得税率とほぼ同等であるならば、企業の配当支払額にかかわらず全体としての税収は同等のものとなろう。そしてこの試みは、パートナーシップや個人事業の場合も利益が同等の額であれば同様になるだろう。記憶力の良い読者は、これは一九三六年に草案された税制法案の当初の公然の目的であり、その手法であることを思い起こすだろう。それは後に大変な非難を浴びることになる留保利益にかかる税法へと転換された。かつての法人税はそのまま維持されながら、新たな税金が課せられたため、そもそも将来の緩和策として始まったものが、結局のところ罰則のようなものとなったのである。もしこの当時税金緩和政策がわずかであっても始まっていれば、追加の税負担へと歪曲する危険は避けられたように思われる。

現在および最近の税法の規定は株式会社による配当支払いにかかる税額控除を取り扱った二つの前例を盛り込んでいる。一つは、一九四二年の歳入法によって定められた公益事業会社による優先株の配当支払いについての税額控除である（これはいわゆる普通税のみに限られている)。もう一つは、歳入法三六二項の規制を受けている投資信託などの投資会社に関連しているものであるが、これらの特別な規定に準拠し分類される株式会社においては株主への利益分配にかかる課税は発生しない。

現在の税法制度における見すごしがちな側面は、政府は株式会社の純利益については五〇%の権利を持つパートナーであるが、純資産のパートナー(部分所有者)ではないということである。例えば、ある企業がその資本の価値を正当化するのに十分な利益、およそ一〇%程度の利益を上げているとしよう。その利益を五〇%ずつに分け、売却または清算すれば、継続企業としての事業価値は明らかに半分程度になるだろう。このとき税率が高ければ高いほど、利益よりも資産が多いほうがその事業の価値はより大きくなる。財務省と利益を分け合う前段階での投下資本における適度な配当に対する許容、つまり税額控除は現在の経済環境におけるこの不当な要素(二重課税)を軽減するのに寄与することだろう。

株主に対する救済策

さて株主への課税に話を戻すが、株主の課税負担を軽減する最も明白な方法は配当収入にかかる課税を免除することである。これまでの所得税の歴史をひもとけば、一九一三年から一九三五年までの間、そうした免除は付加税部分を除いて実際に普通税に対して適用されており、法人税についても所得税と同様に適用することで、株主は二つの税目から控除を受けるという考え方であった。ただこの単純な論拠は、法人税自体に普通税と付加税があり、また法人税率が所得税率に比べて株主によっては途方もなく高かったり低かったりする現在（一九五四年二月）の複雑な制度上では適用できない。それでも、現在二〇％に設定されている低所得者層への配当の税額控除を再び適用することは今でも実行可能であるように思う。

現行の配当課税制度によって特別な経済的ゆがみが生じているように思うが、所得の多い投資家が通常の配当収入よりもキャピタルゲインを望む傾向がますます増えてきていることもその一つであろう。長期投資によるキャピタルゲイン課税の最高税率は現在二五％であるため、高所得者層にとっては極めて大きな利点であるが、この配当とキャピタルゲインとの「課税格差」は損害を生じる大きな温床になり得るものであろう。それは投資と投機の区別を曖昧にし、配当政策について一貫性を欠いた思考をもたらし、少数株主の利益と直接的に相反するような利益を投資家にもたらすかもしれない。もし二重課税の負担がとにかく軽減されるのであれば、キャピタルゲインと配当にかかる「課税格差」を埋める特別な効果があるだろう。

これを実現する上手な方法は国内でのすべての配当について長期キャピタルゲインと同様に取り扱うことであろう。この点については税法においても前例があり、三六二項に「キャピタルゲイン配当」という条項が存在する。それは、歳入法の規制を受けている投資会社がその獲得したキャピタルゲインから分配する配当については、その分配を受けた出資者に対してのみキャピタルゲインと同様の利率で課税するというものである。この改正が百パーセント導入されるのであれば、おそらく配当収入からの税収がおよそ三分の二程度減少するであろうから、そもそも受け入れがたい内容ではある。ただ望ましい緩和策として、配当収入のある一定部分をキャピタルゲインと同様に扱い、そのほかの部分をこれまでと同様に課税するということであれば合意がより容易であろう。同様に、少数株主に対して特別な救済案を望むならば、例えば配当収入の最初の四〇〇ドル分についてはキャピタルゲインと同等の課税対象とみなすというのも一案であろう。

二つのアプローチの比較

二重課税から逃れることを前提とした場合、株式会社またはその株主において税務負担を軽減することはどちらがより改善につながるのだろうか。株式に加えて広範な経済政策の考察からすれば、わずかな額である州法人税を除いて、株式会社とその他のビジネス形態との課税を同等にすることが望まれているように思える。おそらく最も好都合な手法は、株式会社に対して配当の支払いについては利息の支払いと同様に税額控除を認めるか、または超過利潤税を税額控除することであり、この手法による付加的な利点についてはすでに述べたとおりである。

株式評価の観点からは、企業利益にプラスとなる課税措置のほうが配当を受け取る株主にとってプラスとなる措置よりも、おそらくより有益な効果がもたらされるであろう。その理由は前者の場合はより高いＥＰＳ（一株当たり利益）の観点から直接計算が可能であるのに対して、配当収入における課税は株主が異なればその内容も異なるということが挙げられる。しかしいずれの場合も全体としての税率が減少すれば、株式の魅力は増し、より価値が高まるように作用するのは間違いない。

株主に対する減税は企業に対する減税と比較するとやや論拠がはっきりしないきらいがあるが、株主個人に対する訴求力は高まるだろう。この点がなぜ期待が常にこの方向に広がっていくのかをおそらく説明している。それでも配当収入にかかる普通税の限られた一部を控除するかわりに、配当収入にかかる税率をキャピタルゲインのそれと同等にすることで税負担を減少するという主張は実現が可能であろう。

第15章　一九五三年　外部株主に対する統制

『バージニア・ロー・ウイークリー（Virginia Law Weekly, vol.V, no.21)』（一九五三年四月一六日)、一ページ、三～四ページより許可を得て転載

株式会社における「民主主義」が実際に機能するかどうかは、企業統治の問題と密接に関係している。ある企業の一般の外部株主がその企業の取締役の選任について実質的にまったく影響力がないとするならば、民主主義の基本概念たる「人民の力」というのはここでは当てはまらない。一般株主は情報を要求し、年次株主総会において議論したり批判する権利を主張するかもしれないが、議決権の三分の二または四分の三を必要とする決議に反対するような場合を除いて、彼らは企業の決定に何一つとして、支配や影響力を行使することはできない。

金融業界では企業統治レベルを三種類に区別している。個人または密接なグループが株式の過半数を所有していることを「支配」しているとし、株式の二〇％程度を保有していることを「影響力を行使しうる」とし、経営陣などのインサイダーの株式保有が非常に少なく外部株主が買い進めることで影響力を高めうる状態を「オープンマーケット（open-market)」としている。興味深いことだが、最後のカテゴリーは外部の一般株主が大挙して、経営陣とは無関係

に実際に権利行使するとはみなされていない。それは理論的には可能でありよく知られたことでもあるが、そうした権利行使は実際にはほとんど起こらない。大体において、経営陣よりも多くの株式を保有する外部株主グループが中核として存在し、二つの大きな勢力がさらに一般株主の支援を勝ち取るための争いである場合がほとんどであろう。

このように、リーダーを選ぶことや主要な政策法案を可決するのに多くの国民による権利行使が介在している政治における民主主義と同じように、株式会社に民主主義を採り入れるにはどう見ても程遠い状況である。企業実務で民主主義的な状況が起こり得るのは、①インサイダーに支配的または影響力を行使しうるほどの議決権がなく、②外部株主が企業の特定の問題について独自の判断を下す意欲と能力があるという両方の条件が満たされる――ときだけである。理論上の権力を民主的で効果的な行動に落とし込むには、株主教育の大幅な向上が必要であろう。さらに、この領域における主導権や方向性は、企業の諸問題に精通しながら偏りのない意見を持つことのできる特別な資格を有する非常に多くの機関――投資ファンド管理会社、投資顧問、証券会社、證券アナリスト協会など――によって、主導されなければならないように思う。

株式会社における民主主義の現在の状況についての悲観的な見方から、ある意味、逆説的な事柄が生まれつつある。外部株主がその仲間とともに議決権の過半数を形成し支配力を行使するよりも、そもそも過半数の持ち分を持つ者が少数の持ち分に対する忠実義務によって、より明確な保護が得られるかもしれないのである。ただ過半数の持ち分の忠実義務は法的原理の問題であり、司法上、拡大解釈されがちな事柄である。もし少数株主が不当な扱いを受ければ――不当な扱いというものが存在し定義されたときには――、その株主はすべての少数株主のための救済命令を裁判所から入手するかもしれない。しかし一般株主の合計が数字上の過半数に達している場合、おそらく裁判所は株主決議の取り下げ、また場合によっては経営陣の交代などによって不当な扱いからの救済を命じることだろう。ただ問題が非常に明白な場合でさえ、このことを実現するのは極めて困難である。

こうした矛盾は実際にも企業実務の二つの重要な分野において発生している。連邦破産法に基づく組織再編成および解散、または公益事業持ち株会社法（一九三五年法）に基づく資本再構成である。ここでは株式会社における民主主義の理想は、ＳＥＣ（証券取引委員会）や裁判所の指導や統制なしに一般株主は安心して自らの意を表明できないという現実的な考え方によって厳しく制限されている。過半数持ち分のグループがいかに計画や取引に賛意を示しても、当局によって不正または実現不可能と判断されれば、そうした事案は却下されるだろう。結果として、わずかな議決権しかなくても当局と同じ側に立っていれば、数字上では圧倒的に不利でありながらも勝利を収めるかもしれないのだ。こうした可能性は同様に、過半数を保有するグループを少数株主の見解に対して非常に注意深くさせるのである。

企業実務の一般的な業務範囲において、限られた業務に関連する場合を除いて、不満を抱えた株主または少数株主グループがそれを満たす正式で法的な場は与えられていない。この分野の専門家ではないが、私が理解するところ以下については改善の余地があるように思える。①企業とそれを支配する者との間の不正取引、明らかに過度な報酬なども含む、②企業からそれを支配する者への「事業機会」の転用、③法令の定め（一九三四年証券取引所法一六条bなど）による企業の有価証券を短期売買により利益を上げること――などである。最初の二つのカテゴリーについては、明らかに除外すべき事項である。三つ目については、まったくの無知により結果として不正な取引が行われることもあり得ることから、議論の余地もあるように思う。

しかし、支配者たる者と一般の外部株主との間にははるかに重要な利益相反の領域があるというのがこの論文の主題であり、それはこれまで法的認定を免れてきたが、そのためにより権力のあるグループがそうでない者を出し抜くことは看過されてきた。こうした領域は経営陣の能力、資産管理、配当政策などに関係している。そのうちもっとも明白なのは配当政策であり、私もより一層この問題に注目していくつもりである。

企業が適度な利率で配当ができる状況のときに、不十分な配当であれば株主は損害を被る。株主は配当収入の面と自らの保有株式の市場価格の面の両方でその損害を被るのである。株主が投資から具体的な利益を得ることができるのはその二つしかないなかで、不当に低い配当によって株主が受ける損失は包括的な意味を持つ。そうした損失は後により寛大な配当政策によって、ある程度は取り戻せるかもしれないが、低い配当はほとんど常に非常に多くの株主に不当なほど低い価格での株の投げ売りを誘発するため、そうした損失は回復困難と言うべきであろう。

配当に関して、支配株主の立場はまったく異なる。支配株主はそうした問題について、あたかも私的企業のように見るだけの権利を持っている。通常の場合、配当収入を生活費の当てにすることはなく、また所得税の税率も高い。したがって、支配株主の気持ちとしては「保守的」な配当政策へと強く向かい、配当を低く維持できるならどのような口実も喜んで受け入れることを意味している。そうした口実を見つけることは難しくない。例えば、事業領域を拡大するため内部留保の必要性が増したなどの単純な決定によって、いつでも都合の良い時に容易にひねり出すことができる。

支配株主は不当に配当が低いことを受けて株価も不当に下がったとしても、一般の外部株主と同じようには心配しないかもしれない。大抵の場合、支配株主による投資は永続的であり抵当などに入れられていることもなく、株価が低いことで相続税を抑えることができ、またバーゲン価格で株式を買い増す機会とすることもできるだろう。もし支配株主が「キャッシュイン（現金化）」を望むのであれば、通常彼らは収益力や資産を反映した現実的な価格での合併または売却取引として案件化し、その価格はしばらくの間低迷していた株価に比べ相当に高いものとなる。もし売却やほかの目的のために必要性があれば、配当は適切な水準に引き上げられるであろう。

支配株主そして逆の立場にある一般の外部株主にとって、一見したところで一体どの程度の配当を不十分とする目安となるのだろうか。それは企業規模によって変わるように思える。ほとんどの大企業はすべての株主の立場を保護する義務を認識しているため、配当水準についてもっぱら公正に努めている。その一方で、一九四六年以降配当が相当低い水準である事例が数多く見受けられたが、その配当政策の背後にある理由は必ずしも説得力のあるものではなかったとしても批判には耐えうるものであろう。

配当政策の分野でのこうした問題のほとんどはより小規模の企業で発生し、特に単一の家系、親族などにて集中支配されている場合が多い。その典型的な事例として、現在はＮＹＳＥ（ニューヨーク証券取引所）に上場されている、Ｄ社を挙げてみよう。一九四六年、同社の株式が上場し、確か初値は一三ドルだったように記憶している。簿価（一株当たり純資産額）は二二・五ドル、前年のＥＰＳ（一株当たり利益）は二ドル四一セントであり、一株当たり配当額は年間一ドルであった。一九四八年にＥＰＳは三ドルとなり、年度末の簿価は二九・六七ドルに増加していた。しかし、その年の初めに無配にしたときに株価は一一ドルへ下落した。その当時、同社には有利子負債や優先株はなく、さらに純流動資産額（流動資産から流動負債を差し引いた額）だけで一株当たりで一九ドルあったにもかかわらずである。

別の事例として、『ジ・アナリスツ・ジャーナル（The Analysts Journal）』一九五二年一一月号に記載されたノービン・グリーン氏による論文を引用したい。ここでは同じ種類の事業を営み、企業規模、業績および財政状態も同程度のＸ社とＹ社を比較している。そしてＸ社の株価が二四・七五ドル（簿価は一六・六ドル）であるのに対し、Y社の株価は一五・七五ドル（簿価は一八・六ドル）であった。この違いは明らかに「インベスター・リレーションズ（投資家向け広報活動）」、とりわけ配当政策によるものであった。一九五一年、X社は一株当たり二・一五ドルの配当を支払ったが、Y社は一・四ドルにすぎなかった。ほかの相違点についても、投資家への報告の頻度、報告で開示される情報などいずれもX社のほうが投資家にとって望ましい内容であった。

より規模が小さい企業の場合でも、当初は適正な株価がついたが、株主の支払った対価に対してまったく不十分な配当政策を継続したあと、必然的にその企業の市場価値は劇的に減少したという事例も多数あるだろう。このような不運な出来事のいくつかは景気後退によって正当化しうるかもしれないが、利益水準からは適度な配当を実行するに十分であるにもかかわらず、より多くの資本を維持する観点から低い配当とされていることがずっと多いことだろう。この後者の場合などは、事業とは支配株主の利益に与するように、そして善意を持って企業に資本を投じた一般の外部株主に損失を負わせるように経営されている、というのは果たして言いすぎだろうか。

いつの日か企業経営陣の忠実義務の原則が拡大されて、気まぐれで利己的な配当政策による重大な損失から少数株主を保護するようになる、という可能性にかけて投機してみるのも一考に値する。おそらく誠実な証券会社――新規上場した銘柄の株価がいかに不安定で思わしくない展開になりがちであるかを認識している――であれば、適度な配当を実行することを勧められないほど明らかに事業環境が悪化していないかぎり、満足できる程度に十分な配当を維持する意思があることを経営陣が表明するよう、いずれは要求するであろう。この種の表明は、経営陣が事業拡大やそのほかの回避できる決定をして配当水準を危うくする前に支配株主たちに再考を促すことだろう。また、少数株主が配当政策によって損失を被っている場合は彼らの権利を救済することにより焦点が当たるようになり、それは同時に企業のインサイダーにとっても痛手であるよりむしろ恩恵があるだろう。

配当の問題に関するアノマリー（合理的に説明できない一定の法則）の一つとして挙げられるのは、これまでの失敗や高い税率およびインフレや事業拡大のための再投資のニーズといった目下の状況もあり、金融業界全体が投資方針における配当の適正な役割をじっくりと考えるようになったことである。

配当に関する企業のインサイダーと株主などの外部関係者との間に内在する利益相反の問題のほとんどは、当期利益のうち留保された部分に対して継続的に配当を行う方針を慎重に制度設計し、かつ明確に表明するといったやり方でうまく解決できよう。しかしウォール街では新たな状況を満たす新しい考え方が浸透するには、非常に時間がかかるものである。

外部株主が損失を被る一方でインサイダーが利益を享受する二つ目の大きな領域は、企業の保有する資産に対する管理である。資産の保有およびそれを管理する権利は言ってみればインサイダーの通常業務であるが、それはインサイダーに一定の優位性――例えば、保険を付ける権利など――をもたらし、それらはほとんど侵害されることはないが、もし事業が適切に経営されていて堅調に推移しているのであれば、そもそも侵害されるべきものではない。しかし、事業そのものの構造が実証できるほど明らかに支配勢力にのみ利益をもたらし、その構造が継続するかぎり外部株主は損失を被るようになっているといった事例は枚挙にいとまがない。例えば、持ち株会社などはこのカテゴリーに分類されるだろう。また古典的な例で言えば、ミッション社などが挙げられるだろう。同社の支配株主から提案された非常に珍しい合併案件を同社の社長が反対したとき、そもそも少数株主に特有の不利な点がはからずも示されたのである。こうした企業支配に関する案件の詳細を注意深く学ぶ者には恩恵があるだろう。

おそらく最も賛否の分かれる争点は、外部株主に支配勢力によるお粗末な経営から逃れる権利があるかという点であろう。一般に少数株主は支配勢力による経営を良くも悪くも受け入れている。少数株主が願うのは経営陣の重大な過失によって、企業の保有する資産が明らかに毀損したなどの失態から法的行為をとりうる状況のみである。しかしいずれ時が来れば、少数株主としての地位が法廷において少なくとも一定程度以上に優れた経営陣を求める権利が確立することは考えられないこともない。企業においてお粗末な経営陣がその地位に居座り続けることは一般の株主の利益より自らの利益を優先することにつながり、そうした行為は忠実義務違反を意味している。このような状況を改善するための法律の改正は、たとえなされたとしても時間がかかるだろうし、現任の経営陣の質が悪く改善が必要であることについての簡潔で信頼に足るそれらしい根拠の認定を要することであろう。

ここまでのわれわれの議論は株式会社における民主主義の幅広いテーマの本題から外れるかもしれない。なぜならそうしたテーマは少数株主の利益を保護するといった概念と反対のものを扱う場合が多いからである。しかし、この領域においても、ほかの多くのテーマと同様に、用心深くかつ精力的な者によって迷える万人に道筋が示されるかもしれない。少数株主が支配株主の忠実義務を引き合いに出すことによって、株主に対する公明正大な取り扱いの標準や基準は確立できるかもしれず、そしてそれらは、真の意味での「マジョリティ（過半数）」を形成する一般投資家によって、賢明な行動に関する手引きとしてそれほど苦もなく受け入れられ、さらには彼らの議決権を通してその支配力が行使されることであろう。

第16章　一九五一年　戦時下の経済と株式価値

『ジ・アナリスツ・ジャーナル（The Analysts Journal, vol.7, no.1）』（一九五一年第一四半期）、三四～三五ページより許可を得て転載

昨年（一九五〇年）六月に朝鮮戦争が勃発したとき、ウォール街のアナリストたちは戦争が目前に迫っている状況や本格的な戦時下における経済、つまり物価統制のなかで多少食糧などが配給されたり、重い超過利潤税の課されるような状況を予測していた。戦争需要によって事業活動が極めて活発になるとしても、アナリストたちは企業の税引き後利益はそれでもなお深刻な減少となるだろうと予測していた。こうした予測は戦争自体の状況推移と相まって、株価暴落の見通しとして広く伝わることとなった。

株式市場の上昇

専門家の多数を占める意見とは裏腹に、株式市場はこの六カ月間上昇している。この動向は、これまでの証券取引の歴史においてかなり異質な二つの特徴を示している。第一には非常に不

穏な国際情勢に対してパニック的反応やひどく悲観的な反応が見られないことである。その規模が予測できないほど大規模な物理的破壊や民間人犠牲者の危険性を秘めた新たな痛ましい状況に米国が直面していることを無視することはできない。こうしたリスクは、これまでの歴史でもそうだったように、投機家と投資家の双方にとって長期にわたって厳しい緊張状態を強いることになろう。第二にマーケットが中期よりも相当に長期的な判断を優先していることである。つまり昨今の株価の上昇は、戦時下の経済はインフレ経済であり、さらに長期的にはインフレは株式のより高い平均価格を意味するという国民の信念を本質的に反映しているとみなすことができる。

上昇相場に対する二つの疑問

このところのマーケットの動きを考えると二つの疑問が浮かんでくる。一つは株価の長期的な強気見通しは妥当なのか。そして二つ目は、たとえ強気見通しが妥当としても、まず短期的にマーケットが悲観的、厳密にはパニック的な状況へと移行することなく、いかにしてそうした強気の見方に対する株価の反応が起こっているのか。この論文ではこれらの二点について私なりの回答を試みたい。

歴史を振り返れば戦時における主なパターンは――この時代においてはありふれているが

――インフレに続いてデフレとなるパターンである。第二次世界大戦時のように、戦時下の状況においては、厳正なる統制によってインフレは抑制されているかもしれないが、現在（一九五一年）もこのような難局においてそのようになりそうな気配である。しかし、戦争終結時にはそうした統制は緩和され、財政赤字によって生み出された圧力が物価全般の劇的な上昇というかたちで発散される傾向がある。戦争はドルを、特にドル紙幣を安く、弱くするのである。

このドル安に対する反応として、早晩、全体としての株価は上昇するはずだと予測することは合理的ではないだろうか。一九〇〇年からこれまでの株式市場の推移は、長期間大きく逸脱した時期があったものの、全体としては株価と物価の上昇にかなり相関関係があることを示している。ビジネスはより高いコスト環境、とりわけ高騰する人件費にある程度うまく順応してきており、ますます増加する税金負担にさえ順応しつつある。しかし普通税の急激な増加に加えて極端な超過利潤税が課せられることによって、企業利益は近年の平均を下回ることは確実であろう。したがって事業資産価値の表面的な増加にもかかわらず、税金負担の増加によってインフレ水準と同等程度の企業の純利益の増加を妨げるだけでなく、減少を予測する者がいても不思議ではない。利益は資産価値よりも株価に対してははるかに影響力があるため、こうした状況の変化により株式市場の長期的見通しにおいて弱気な見方が台頭しているのであろう。

確率の重要性

株価が壊滅的な打撃を被るような戦争状態を否定はできないものの、単に可能性だけでは何ら重要性を示すものではない。われわれが関心を持っているのは、それがどの程度起こり得るのか、つまり確率を重視している。この問題を検討するにあたって、過去の経験に照らし着手することでうまくできるように思う。われわれは不幸にも生涯に二回の世界大戦を経験したが、せめてその辛い経験によって得られた知識や多少の知恵を示さなければならないだろう。もし第三次世界大戦が勃発するならば、それが経済に与える影響は先の二回の世界大戦とはまったく異なるものとなると主張する向きが昨今増えているようだが、このような主張には根拠が必要である。根拠がない主張については、そうした主張が過去に結果としてどうなったかを考えると良いだろう。

維持された企業収益力

第二次世界大戦の間、主要企業の収益力は物価統制や超過利潤税などによって押し下げられていたにもかかわらず、ダウ平均構成銘柄の平均利益は戦前の期間に比べおよそ二〇％上回り、中堅、中小企業は概してさらに大きく純利益が増加していた。戦後の企業収益は、全体として思いのほか増加しており高い水準を維持していたことが示されている。しかし、長期的には一九四六年から一九五〇年の利益水準から相当減少すると想定する保守的なアナリストたちにとっては、それでも新たな停滞期を想定し、平均収益としては一九三六年から一九四〇年の水準よりおよそ五〇％上回る程度を前提とせずにはいられなかった。このためダウ構成銘柄の平均利益について、戦前のおよそ九ドルに対して平時はおよそ一五ドルと見積もる傾向があった。

一九三六年から一九四〇年までのダウ構成銘柄の平均価格は一三五ドルであり、同様に一九四六年から一九五〇年までは一八〇ドルであった。私自身の計算では、その中央値（一九四七年の計算）はおよそ二二五ドルであった。

もし全体としてこうしたパターンが戦時経済において妥当と仮定するならば、以下の状況を予測するべきであろう。①軍事動員または戦時下においては抑制されるも十分な利益が見込まれる、②戦前の平時経済に比べて、戦後期間はドルベースの収益力がかなり上昇する、③不合理で予測不能な株価の変動が戦後数年にわたって発生する、④戦争状況によって株式の「価値」が減少すると信じるに足る合理的な理由は見当たらない、⑤株式価値の本質的かつ中心的な水準はわれわれの最近の評価よりも相当上回るだろうと期待しうる説得力のある理由がある。

実際の数値

ダウ構成銘柄に関するいくつかの実際の数値を用いることでわれわれの結論を強調することができる。一九四六年から一九四九年の間、ダウ構成銘柄の平均税引前利益はおよそ三〇ドル、税引後利益は一八ドルであった。一九五〇年には、税引前利益がおよそ六〇ドル、税引後利益は三〇ドル超となっていた。最高税率は、第二次世界大戦時の七二％に対して、現在（一九五一年）は六二％である。ここで戦時下の税引前利益を例えば平均五〇ドル、実効税率を七〇％と仮定すると、平均税引後利益は一五ドルとなり、一九四五年以降の平時における利益水準とほぼ近似する。こうした利益に、金利水準やダウ構成銘柄に関連している「平時の乗数」を当てはめれば、その計算結果は一九五一年初期の価格水準をほぼ裏づけることになるだろうが、実際の数値はおそらくこの計算よりも良いかもしれない。実効税率は七〇％超に引き上げられるかもしれないが、その場合は税引前利益もまた平均五〇ドル超になっていることだろう。

鉄道会社の節税策

現在（一九五一年）鉄道会社は超過利潤税について非課税とされているが、鉄道利用者の増加と相まって途方もないほど利益を計上する可能性があろう。こうした望ましい状況が永久に続くべくもないが、石油や鉱業を営む企業が度重なる価格水準の変更を通して享受しているように、税制上の恩恵については引続き継続されそうである。一方、公益事業会社は戦時下において特に恩恵を受けることはなさそうであるが、すでに税制上の恩恵をたっぷりと受けておりその収益の安定性が深刻に打撃を受けるようなことはないだろう。

こうした予測は戦争により引き起こされるインフレよりも戦時の事業活動をより反映している。過去から判断すると、この種のインフレのほとんどは戦争から落ち着いた平和へと戻るころに経験されてきている。だれしもわれわれの直面する経済状況を十分に予測することはかなわないが、株式がドル紙幣よりもより価値を維持しうると予測することは十分に論理的であると私は考えている。

価格、資産価値、そして収益力

悲観的な考えの人は、物価全般が極端なほどのインフレにもかかわらず、企業利益を引き下げる人件費の高騰や痛烈な税金のイメージをすぐに思い浮かべる。ただ、そのような結末は米国の経済システムとは相いれないものであると指摘されるべきであろう。高まりつつある政府の統制やそのほかの障害にもかかわらず、米国は依然として自由な投資の選択肢の一つである。米国の経済システムの中核または要となるものは毎年巨額の追加の資本財投資が任意に行われることである。大規模なこの種の投資行動は、既存の設備投資が全般的に十分な利益を示しているかぎり継続的に実行される。また、この場合の利益というのは既存設備の再調達価格に対比するため、ある程度測定ができなければならない。つまり、物価上昇により資本財の再調達価格も上昇するため、既存設備への過去の投資から生みだされる利益も物価上昇に相応する増加を反映していなければならない。

資産価値と収益力の関係

資産価値と収益力の関係は明確にまた統一的に断定できるものではない。実際、投下資本の利益の変動は非常に激しく、何らかの関係性があり得るとする考え方は誤解を招くことを示している。しかし、経済が拡大しているようなときには、総合的または標準的な過去の投資における十分な収益を前提とした大規模な新規投資をよく見かける。その意味では、年間の新規投資が増加する際には、既存の投資における収益と新規投資における収益は、資産価値との関係よりもより近似し、かつ論理的な関係性があるという基準を提示できるかもしれない。

新規投資の促進

政府による完全雇用政策の強調は新規投資の促進を国家政策の最重要要素として位置づけている。これは同様に税引後の「適正な利益率」について政府の干渉によって実務的な制限を置くことでもある。ただ、ここでわれわれはある種の逆説を申し上げたい。近年、米国企業はワシントン（米国政府）の非友好的な態度に不満を述べている一方で、取得原価ベースにて算定した投下資本収益率では史上最高益を計上しているのである。

結論

われわれの結論としては、戦時下の経済において進展しつつあるインフレの側面に現時点で重点を置いている国民は本能的に正しく、これまでの「ルール」ではパニック的な売りがなされるようなときにも株価が上昇しているのは必然的な結果と考えている。投資家や投機家が過去の同様な状況においては明らかに恐怖心に支配されていたのに対して、なぜ現在の危機的状況においては論理的に行動しているのか推測するのは興味深い。大胆に提言するならば、われわれが目にしているのはインフレ意識の成熟化というものではないだろうか。売り一色のパニックもあれば、買い一色のパニックもあるのだろう。昨年（一九五〇年）六月以降の株式市場は、買い一色というには程遠いが、われわれを取り巻くドル紙幣やドルに連動する投資の価値についての不安のなかで、はっきりと新たな導きの力が一般投資家の心の中に芽生えつつある明確な兆しがあることを示している。

華々しくも不運であった一九二〇年代の新時代の株式市場は一九二四年ころに始まり、債券に対する株式の長期的な優位性について極めて説得力のある実証をもって認識されたが、そのほかの状況は、今日のそれとは異なっていたことは想像に難くない。最後にウォール街で復唱するのにおあつらえむきなフランスの格言で締めくくろう――「変われば変わるほど、同じままである（本質的にはなかなか変わらない）」。

第17章　一九五五年　完全雇用の実現にのしかかる構造的問題

『ジ・アナリスツ・ジャーナル（The Analysts Journal, vol.11, no.2）』（一九五五年五月）、一一三～一一六ページより許可を得て転載

一九四六年にわれわれの多くに疑わしくも歓迎された完全雇用の公約は、現在（一九五五年）では政治や経済における一般に認められた前提となりつつあるように思われ、二大政党が共に継続的な大量失業が生じることを防ぐ政府の責任に同意している。

この公約はどのように実行されるのかというわれわれの当初の懸念は今やそれほど明白ではない。過去一三年間における目覚ましい雇用状況――および特に一九五四年の景気の下押し圧力に対して米国経済によって示された抵抗力――は古いタイプの不快な後退をすることなく、前進し続ける能力という新たな自信を米国産業界にもたらしている。

この楽観的なテーマはなにか別の言い回しで表現できるかもしれないが、いずれにしても導かれる結論は同じであろう。つまり、各企業が完全雇用を維持するために要する加速度的な成長を無期限に続けるか、または政府（またはいずれかの政党）がわれわれを深刻な停滞から救出するために必要な程度の大規模な介入を実施することである。言い換えれば、この概念は活

動的な事業とほぼ完全に近い雇用状況を保証しているということであろう。ただ問題は、われわれはそうした状況をさらなるインフレとともに迎えるのか否かということである。一九五三年から一九五五年における強気相場はこの革新的な将来の構想が投資家のマインドに徐々に浸透していることを反映していることは確かであろう。

証券アナリストや経済の研究者はこの重要な仮説を受け入れるか否かを決める前に、完全雇用の課題についてこれまでに重要な影響を与えてきた経済の関連性についてじっくり考えることだろう。失業者数の変動に影響する四つの基本的な要素――①生産性、②一人当たり生産量（または消費）、③労働時間数、④労働力人口――を含み、ある程度信頼できる数値を得られるとわれわれが考える数式は以下のとおりである。

失業者数＝労働力人口－GNP（または消費）－［生産性（人時当たりGNP）×一人当たり平均年間労働時間］

この論文ではさきほど列挙した四つの要素における顕著な計算上の関係性を考察し、その記録を最近の当局による一九六五年までの計画値と比較してみたいと思う。なお、この計画値およびわれわれの統計資料のほとんどのデータは議会の経済合同委員会（JCER）のスタッフによる「今後一〇年における米国の経済成長の可能性」と題した資料（一九五四年一〇月）を元にしている。

われわれは四つの要素におけるパーセンテージの変化率を一九〇〇年から一九五三年までの間のなかのほぼ同間隔の四つの期間――一九〇〇年と一九一三年、一九一三年と一九二七年、一九二七年と一九四〇～一九四一年、一九四〇～一九四一年と一九五三年――について調査を行ったが、クリーブランド信託銀行の総合景気指標（左記）が示したように、この期間において不況期に陥ることはなかったが、ほかの期間の景気が適度に良いまたは標準以下であるのに対して、一九五三年の好景気は際立っていた。

一九〇〇年　　プラス三％
一九一三年　　プラス四・五％
一九二七年　　プラス三％
一九四〇～四一年　　マイナス一・五％
一九五三年　　プラス一五・五％

前述の数式から得られる失業者数は以下のように各要素の関連性をもって算出される。

一・生産性・生産比率

これは一方は生産性（人時当たりＧＮＰ［国民総生産］）の増加率を、

もう一方は消費または生活水準（一人当たりGNP）を示す比率であり、単位人口当たりの必要労働時間（仕事量）の変化を算出する。

二．労働時間の変化　これは総合的な水準を示しており、総労働時間を労働者数で除することで算出される。一と合わせて、単位人口当たりの必要労働者数の変化を算出する。

三．労働力人口の変化　人口との関連において何より重要なのは労働力人口である。一と二と合わせて、最終結果である単位人口当たりの失業者数の変化を算出する。

表1ではこの考察で使用した基本データおよびその結果得られた重要な数値を記載し、**表2**では、前述の選択した四つの期間における各要素の変化率を示している。なお、**表3**ではおおよその平均値を算出し、それらを経済合同委員会リポートにおいて見積もられている一九五三年から一九六五年までの一二年間の変化予測と比較を行っている。

表での計算には、より意味を持たせるための二つの独特な特徴があることにご注意いただきたい。一つ目は一人当たりの数値については、一四歳未満の子供を〇・五人として換算した「調整後人口」を基礎としていることである。この手法の目的は一四歳未満の子供の人口の大幅な減少を比較の上で考慮するためであり、例えばその年齢層の子供は一九〇〇年には人口の三二・三％を占めていたが、一九四〇年には二三・一％となっている。

二つ目の特徴はパーセンテージの変化率に関する処理の仕方、例えば二〇〇から一〇〇まで

表1

検討に使用した基礎経済データ

	1900	1913	1927	平均 1940–41	1953	予測 1965*
人口（100万人）	76.1	97.2	119.0	132.8	159.6	190.0
調整後人口（100万人**）	63.8	82.7	102.1	117.5	138.1	163.5
GNP（1953年ドルベース、10億ドル）	75.6	113.1	160.5	220.1	364.9	535.0
平均週当たり労働時間（1時間）	58.0	51.4	48.1	42.9	40.6	37.1
労働力人口（100万人）	29.1	38.7	46.9	56.9	67.0	79.0
雇用者数（100万人）	27.7	37.6	45.0	50.0	65.5	76.0
失業者数（100万人）	1.4	1.1	1.9	6.9	1.5	3.0
総労働時間（10億時間）	83.5	100.4	112.6	111.5	138.2	146.6
生産性（人時当たりGNP、1953年ドルベース）	0.905	1.126	1.461	1.974	2.640	3.649
調整後人口1人当たりデータ						
GNP（1953年ドルベース）	1,185	1,367	1,570	1,873	2,643	3,272
総労働時間	1,308	1,214	1,103	949	1,001	897
労働力比率	0.456	0.468	0.460	0.484	0.485	0.483
雇用者比率	0.434	0.454	0.442	0.426	0.474	0.465
失業者比率	0.021	0.14	0.18	0.058	0.011	0.018

*経済合同委員会スタッフのリポート（1954年10月）を元に作成
**14歳未満の子供を0.5人として換算

の減少をマイナス五〇％とするのと同じように、一〇〇から二〇〇までの増加をプラス五〇％（標準的にはプラス一〇〇％）としたことである。この手法は特に連続する期間を比較する場合に非常に効果的である。

さまざまな期間におけるそうしたパーセンテージの変化率を考察するに当たって、われわれは以下のような興味深い構造的な関係に感銘を受けた。

一．生産性は考察した五

表2

検討した４つの期間における各要素の変化率*

	1900～1913年	1913～1927年	1927～1940-41年平均	1940-41年平均～1953年
生産性（人時当たりGNP）	+19.6% h	+22.9% h	+26.0% h	+25.0% h
調整後１人当たりGNP	+13.4	+12.9	+16.2	+29.1
総労働時間 **	−7.2	−9.3	−14.0	+5.2
週当たり労働時間	−11.5	−6.3	−10.8	−5.4
雇用者数 **	+4.6	−2.9	−3.6	+10.1
労働力人口 **	+2.8	−1.7	+4.9	+0.2
失業者数 **	−38	+28	+69	−81

* より高い数値または最大値に対してのパーセンテージの変化率を用いて計算（本文参照）
** 調整後人口１人当たりの数値

表3

過去における変化率実績平均と1953年から65年までの変化率予測との対比

	1900～1953年までの変化率実績の平均値 *	1953年から1965年の変化率予測
生産性	+22% h	+27.5% h
生産または消費 **	+16½	+17.9
総労働時間 **	−6	−10.4
週当たり労働時間	−8	−8.6
雇用者数 **	+2	−1.9
労働力人口 **	+1½	−0.5
失業者数 **	—	+3.0

* 比較のため12年間ベースに調整
** 調整後人口１人当たりの数値

三年間を通して、一貫してかつ加速度的に増加している。生産性の増加自体は――ほかの要素による相殺がなければ――、労働者のニーズを減少させるため、雇用情勢は困難の度合いを高める傾向になりやすい。

二．一人当たりGNP、つまり消費は各期間においてほぼ一定のペースで増加している。一九四〇年から一九五三年までの期間における急激な増加は非常に楽観的な材料となったが例外的であり、その要因の多くは標準をやや下回る水準であった一九四〇～一九四一年から記録的な好景気となった一九五三年への移行に伴う景気水準の揺り戻しによる上昇であった。

三．雇用にとって重要な数値は、生産性の変化や消費の変化というように別個に考慮するのではなく、それらの変化率を比較する指標――私が生産性・生産比率と呼んでいるようなものを考慮すべきであろう。考察した四つの期間のうち三つの期間で生産性が生産（または消費）を上回るスピードで増加し、「生産性超過」が生じていた。さらに、一九四七年に公表されたより長期の期間を対象とした似たような研究においても、そのすべての期間において「生産性超過」を見出すことができたのである（注1）。

生産性超過があれば、人口単位当たりの人時労働時間が減少することになる。一九〇〇年から一九五三年までの間、人時労働時間は一人当たり一三〇八時間から一〇〇一時間に減少した。もし週当たり労働時間も短縮化するならば、その結果一九五三年における雇用者数は二三％減少し、一六〇〇万人もの失業者を生みだすこととなる。

四．労働時間の短縮は当然ながら生産性超過に対する重要な相殺要因となる。週当たり労働時間は各期間において減少しているが、そのペースにはバラつきがある。好況時の雇用水準を維持するために労働時間を意図的に下方修正したような兆候はみられないが、実際の結果はそうした方針とは裏腹に大きく外れたものとなっている。

ここでの重要な問いは生産性超過は米国経済の構造的な特徴であるかどうかということである。生産性が消費よりも早く増加するのは米国特有の傾向であるならば――半世紀にわたる数値記録はそうした点を強く指摘している――、週当たり労働時間（または年当たり労働時間）の段階的削減は失業者を増加させないために必要な措置なのであろう。

五．人口動態に関連した労働力人口の変動はほかの要素から独立しており、失業についても独自の影響を持っているように思われる。過去五三年間において、労働者数は人口増加よりも多少上回る水準で増加してきており、調整前では一〇〇〇人当たり四〇七人から四二〇人、調整後では一〇〇〇人当たり四五六人から四八五人へと増加している。もしほかの要素による相殺を考慮しなければ、こうした労働者数の増加要因のみで一九五三年までに失業者数を数百万人増加させたと考えられる。

一方、労働力人口の拡大については思いがけない側面もある。生活水準の著しい向上が人口に占める労働力人口の比率の下押しに反映されていると考えられないこともない（実際のところ、働く女性の増加による影響は児童就労の排除や早期退職が好まれる傾向を補って余りある）。労働力人口の変動における厄介な側面としては、そうした変動が一九二七年から一九四〇年までの期間にかなり集中しており、生産性超過によって生じた雇用環境の悪化に拍車をかけたことである。

六．最後に決定的な重要数値である失業者数について、根本的には四つの決定要因――①生産性の増加、②消費の増加、③労働時間の減少、④労働力人口の変動――との間には限られた関係性しかないことを認めなければならない。生産性の増加はわずか二年以内に深刻な失業問題をもたらすことがあるが、平均生産性超過によってそうした問題が生じるには六年以内程度、労働力人口の想定外の変動による場合にはおそらくは一二年以内程度であろう。

理論的な立場からは、少なくともこれは政府の完全雇用公約に対する広範な異論である。雇用環境に影響を与える決定要因のなかでわずかでも不均衡であるように思われるときには、考えようによっては政府の非常に強力な干渉を必要とするかもしれない。

この現実は一九五二年から一九五四年の二年間の動向によって指摘できよう。この二年間では一人当たりの実質生産量はほぼ変化がなかったが、平均失業者数は一六七万人から三二〇万人と二倍近くになっている。また、決定要因については、生産性は四・四％向上したが、労働時間と労働力人口がそれぞれ一％減少したため一部は相殺効果があったように思われる。

将来についての意味合いの考察

経済合同委員会（JCER）のスタッフによる一九六五年までの予測には興味深い分析（逆の意味であるが）が含まれていた。その予測では米国経済は一〇年後には満足のいく財政均衡に到達し、その基礎としてGNPは五三五〇億ドルであり——一九五三年に比べ四七％の成長——、物価上昇はなしという前提であった。

しかし、この研究により示されている方式に従ってこうした財政均衡に到達するには、三つの構造的要件が満たされなければならない。まず第一に消費財への必要な需要を創出するために可処分所得の貯蓄率を八％から六％に減少することを前提としている。第二に政府の各省庁による非軍事支出をGNP自体をはるかに上回るペースで拡大することとしている。最後に、明示的に述べられているわけではないが、その議論の内容からして労働時間短縮化が実現しない場合の選択肢としては許容できない失業水準ということが示唆されており、週当たり労働時間の大幅な短縮化を前提としている。

要するに、一九五三年と比べて人々はより少なく働きながら、より貯金を減らし、政府支出は増やすといった状況を前提としているのである。これはほとんど支離滅裂に思えるが、右肩上がりの生産性向上を前提とした二〇世紀の富める経済についての当局の考えなのであろう。

われわれはＪＣＥＲスタッフの作成した予測のなかの失業水準に影響を与える要素について、一九五三年と一九六五年における変化率を考察し、その結果を**表3**に示している。

生産性の増加が一九四〇年から一九五三年までの期間よりもいくぶん早いスピードで見積られていることには注意すべきであろう。しかし、消費（一人当たりＧＮＰ）の増加は一九四〇年から一九五三年までの期間よりかなり低めに予測されており、一九〇〇年から一九五三年までの期間と比べても年間およそ一〇％上回る程度にとどまっている。それによって生じることは著しい生産性超過（一〇・四％）および一人当たり労働時間の減少である。

週当たり労働時間の減少は今後半世紀にわたってほぼ同じ平均率で予測（または規定）されており、三つの要素を総合すると二％を若干下回る程度の雇用の減少となり、その四分の一は労働力人口の緩やかな減少により相殺される。最終的な計算結果では失業者が調整後人口一〇〇〇人当たり一一人から一八人への増加が示されている。

これは多分に楽観的な予測であると言えるだろう（確かにＪＣＥＲスタッフは現実的な予測というよりも経済成長が最大限到達しうる将来像を描いていると注意を喚起しているが）。ただ確かに理想郷とまでは言えないものの、四つの期間に区切ってその比較を分析したように、経済の成長と相当程度一致しているようにも見える。

しかし、たとえこの予測が合理的であると思えたとしても、投資や事業判断の有力な手引きとして、この予測内容を二つの警告として心にとめておくべきだろう。一つはこのような今後一二年間にわたる申し分のない成長というのは、途中で著しい景気後退がある場合は成立しがたいということである。一九〇〇年から一九四一年までの間の三つの各期間においては、不況に直面していたものの各期最後の年においては一貫して成長を示していた。

高い失業率を伴う循環的な景気低迷の予防は別の問題であろう。一九五三年から一九五四年にかけてそうであったように、経済は今後も景気を下押しする圧力に抵抗し耐えることはできるのだろうか。われわれの分析にしても、ＪＣＥＲスタッフによる予測にしても、この難問に明確なヒントを与えているとは思えない。

二つ目の警告は、われわれに失業という問題の周辺にある特徴について思い出させてくれることである。失業に影響を与える四つの決定要因のうち最初の三つに関しては、それらが望ましくない方向へ多少変化することで失業者数という最終的な数値を申し分のない水準から問題のある水準へと変化させる。例えば、もし週当たり労働時間が三・五時間から二時間へと減少すれば、計算上では失業者数は二倍、およそ六〇〇万人になる。そして四つ目の決定要因である労働力人口がほかの要素によって生み出された問題をさらに悪化させるようなことも起こりえないことでもない。

米国経済は近年目覚ましい成長を遂げてきた。しかし、不況は訪れない、または失業問題は解決する――といった結論を下すには時期尚早であり、その二つの問題の性質もまた必ずしも同じではないだろう。

一九一三年および以降の年に関するすべてのデータはＪＣＥＲの報告書より抜粋している。人時労働時間については、その報告書では除外されている政府一般職員を考慮すれば、さらに増加するだろう。一九〇〇年のデータはさまざまな情報源から入手したが、ＪＣＥＲのデータとの整合性に留意して選択している。

「パーセント・オブ・ハイ」手法の活用

この論文ではより高い数値または最大値に対してのパーセンテージの変化率を用いて計算している。長い間、私は経済学者や證券アナリストの仕事には、初期設定値に対して変化率を計算する標準的な手法よりもこの手法のほうが向いていると信じていたが、国連経済部によって「開発途上国における輸出市場の不安定な性質」（一九五二年）というタイトルの研究報告が公表され、そのなかでこの手法が活用されていたのを目の当たりにして、大いに勇気づけられて今回この手法を活用している。その国連資料の別添資料Ｂにおいて指摘されていたが、この「パーセント・オブ・ハイ」または「％ｈ（私自身の表示法）」手法は標準的な手法よりも以下の点で優位性があるとのことである。

一．「％ｈ」手法では、例えば一〇〇、八〇、一〇〇という数字の羅列について二〇％減少して二〇％増加と表現するのに対して、伝統的で面倒な手法では二〇％減少して二五％増加と示すことになる。

二．単一の減少幅の最大値が一〇〇％であるのに対応して、単一の増加幅はすべて一〇〇％以下となる。

三．二つの数字の羅列、例えば一〇、五、八、一〇および五、一〇、八、五において、平均の最大変動幅は「％ｈ」手法では同等となるが、一方、標準的な手法によればそうした差異は著しく異なる結果となるだろう。

この「％ｈ」手法は、利益率などそのほかの計算については適切ではなく、連続する数値間の変動を比較する場合にのみ推奨されることにご注意いただきたい。

注

注1　ベンジャミン・グレアム著『アメリカン・エコノミック・レビュー（American Economic Review），vol.37』（一九四七年五月）、三八四〜三九六ページ、「ナショナル・プロダクティビティ（National Productivity）」を参照。

第18章　一九六二年　米国の国際収支――「沈黙の共謀」

『ジ・アナリスツ・ジャーナル（The Analysts Journal, vol.18, no.6）』（一九六二年一一月～一二月）、九～一四ページより許可を得て転載

国際収支に関する問題は極めて逆説的な内容を秘めている。一方ではドルの国際的地位を脅かす現実的な脅威があり、他方では外国為替に関する一般的な問題とはまったく異なる理由から生じた必ずしも本質的ではない脅威が存在している。

この論文ではより最近の動向について触れていき、私自身最も好奇心をかき立てられる問題により深く考察していくつもりである。この問題については数え切れないほどの評論家――ケネディ大統領からUSスチールのロバート・タイソン氏まで――が存在するが、なぜこのドル危機の根本的な原因については言及しない（まったく不十分な内容を除いて）のだろうか。このように多くの人物が最も重要な事実から目を背けているともいえる状況から、この論文のタイトルに「沈黙の共謀」という表現を使用した次第である。

この論文は妥協なき姿勢で進めていくつもりであるので、ほかの人たちの意見について批判することも多々あるだろう。そうしたことでどなたかの感情を害したり、多くの人に乱暴、ま

たは傲慢ですらあるとの印象を持たれることもあるだろう。私の釈明としては（それだけの価値はあると思うが）、国民が最も関心を持っていると思われるドルの強さは非常に誤解されている現状について適切に理解することにかかっており、そのためには率直な発言が不可欠であるように思っているとご理解いただきたい。

ドル危機の発生と「終焉」

米国の国際収支問題は一九五八年に始まった。一九五一年から一九五七年までの間、米国の国際収支は毎年概ね一〇億ドル程度の赤字で推移していた。これは世界経済の安定にとっては望ましい流れであった。なぜなら、それによってほかの国々は金（ゴールド）やドルを外貨準備として蓄積することができたからである。しかし、その後の三年間に米国の国際収支の赤字は平均で年間三七億ドルに拡大し、一九六一年の赤字は二五億ドルであった。この四年間における一三五億ドルもの国際収支上の赤字に伴う「流動性」の流出によって、米国の流動性ポジションは六七億ドルの貸方残高（流入超過）からほぼ同額の借方残高（流出超過）へと転換した（**表1**を参照）。これによって、もはやこの調子で流動性を流出させ続ければ、ドルの国際的信認の維持が困難になることが明らかになった。こうして「ドル危機」、そして金（ゴールド）との交換確保も困難になるとの見方がほどなく広がったのである。

表1

1949～61年における米国の流動性
および資本残高の推移（単位＝10億ドル）

	1949年12月	1957年12月	1961年12月*
金	$24.6	$22.8	$16.9
差引　海外向け短期債務	7.0	16.1	23.8
流動性残高	17.6	6.7	def. 6.9
加算			
民間投資			
短期（総額）	1.3	3.2	6.0
長期（純額）	8.4	20.8	30.2
民間投資残高	27.3	30.7	29.3
加算			
政府支出	11.0	17.3	17.0
資本残高合計	38.3	48.2	17.0

* 一部は国際収支の数値から推計

米政府はそのような必然性や意図を断固として否定し、一九六三年末までに外貨準備高についてさまざまな措置を講じる運びである旨を述べている。今年（一九六二年）の第二四半期の数値を見ると改善が示されており、今年の国際収支の赤字幅は年間一〇億ドル以下に減少し、流動性ポジションはおよそ一五億ドルの借方残高となる見込みである。

今年九月にワシントンで行われた世界銀行とＩＭＦ（国際通貨基金）の協議会では、各国の中央銀行総裁がもはや脅威は去ったとして、「ドル危機の終焉を歓迎する」や「ドルの切り下げを棄却する」などのコメントを残したが、実際のところ米国の国際収支赤字が収まったときに自国の貿易収支や流動性ポジションに生じることの懸念を表明し始めていた（米国の国際収支の問題が本当に制御可能かどうかは、別の問題として後ほど扱いたい）。

じっくり観察する人であれば、力強い当局の声明や四半期報告の数値に一回改善が見られたとしても、ドル危機は実態に即していないとの表明について疑わしく思うかもしれない。こうしたことはわれわれのテーマにもつながっているが、つまり一九五七年以降の米国における流動性の減少はもっぱら米国による年率ベースの対外純投資の増加に端を発している。こうした流れの進展が国家の外国為替ポジションの根底を成すわけではなく、過去において通貨切り下げを余儀なくさせたこともなければ、将来において望まれていない切り下げを引き起こすようなこともないだろう。

実状は先般の世界銀行およびＩＭＦ（国際通貨基金）の協議会代表によって以下のように警句的に総括されている。「米国は自らの資力を超えて生計を立てているわけではないが、対外投資については明らかにその資力を超えて行われている」

こうした見立ての検証は後ほど比較データをもって明らかにしていくが、まずは海外投資比率の上昇がドル危機を招いた要因であることを否定する主張について扱いたいと思う。その後この問題に関する事実が最重要でありながら、なぜ一般に見過ごされているのかについて問い直し、最後にわれわれの意見としてこの問題自体の発端からいかにしてこの問題に対処する最善策を導き出せるかについて示していきたい。

長期的観点で見た国際収支の問題

表2において真に重要な数値を明らかにするために、一九二九年から一九六一年までの長期間にわたって米国の国際収支をまとめてみたが、以前のすべての期間に比較して近年の海外投資実行が顕著な増加を示しているのは特筆すべきことだろう。収支項目を統合しここでは三つの基本的な分類として示している。

グループＡ　すべての民間取引、純額、資本収支を除く
グループＢ　すべての政府取引、純額、資本収支を含む
グループＣ　民間の資本収支、純額（短期的な海外資本移動を除く）、また「簿外取引（誤差脱漏）」を含む

グループＡは輸出入など貿易およびサービス収支、海外からの投資収益、民間からの海外送金などを含んでいる。一方、正式な分類では貿易およびサービス収支に含まれる政府によるサービス取引や「軍事取引」は除外しており、これらはグループＢに含めている。

「簿外取引」は、一般にこれらの内容のほとんどが国内外への資本の移動を示していると理解されていることから、グループＣに分類している。短期的な海外資本移動については、金（ゴールド）の動きと同様に調整項目として扱われていることから、グループＣからは除外してい

表2

長期的観点で見た米国の国際収支（年間平均、100万ドル単位）

	グループA すべての民間取引（資本収支を除く）	グループB すべての政府取引（資本収支を含む）	A＋B 経常収支（持分の変動）	グループC 民間の資本収支（純額）*	A＋B＋C 国際収支（流動性の変動）
	cr	dr			
1929–41	$ 650	$ 100	cr $ 550	cr $ 570	cr $1,120
1942–45	—	—	dr 1,530	dr 170	dr 1,700
1946–49	7,942	5,928	cr 2,020	dr 100	cr 1,920
1950–57	4,537	4,877	dr 340	dr 940	dr 1,200
1958–61	5,016	5,326	dr 310	dr 3,130	dr 3,440

* 短期的な海外資本移動を除く

2つの期間における残高総額

	1950～61年の12年間	1929～49年の21年間
経常収支（持ち分の変動）	cr $ 9,100	dr $ 4,000**
海外投資（純額）	cr 6,300*	dr 20,000
国際収支（流動性の変動）	cr $15,400	dr $24,000

* 投資残高のマイナス――ここでは外国による投資超過を意味している
** 投資収益を考慮すると貸方残高となる
cr＝貸方、dr＝借方

る（民間および政府の短期の海外資本残高については、政府が金（ゴールド）の需要に対応して自由に活用することができないことを主因として、外国の残高に対して相殺するものとはみなされてはいない）。

国際収支の推移について一九二九年以降の5つの期間に分けてみることは有益であるように思える。つまり、①戦前一九二九年から一九四一年、②第二次世界大戦　一九四一年から一九四五年、③戦後　一九四六年から一九四九年、④朝鮮戦争およびスエズ危機　一九五〇年から一九五七年、⑤ドル危機　一九五八年から一九六一年——である。各期間における正確な「取引収支」はグループAとグループBを足し合わせたあとに、民間の純資本収支を除外して得られる。この収支は言わば、米国と世界のそのほかの国々との取引の「純利益または純損失」もしくは「経常収支」「国際収支勘定の純増減」と考えられる。

一九二九年から一九四九年までの期間において経常収支にはバラつきが見られるが、続く一二年間では非常に穏やかではあるが平均経常収支は赤字化している。しかし実質的には、投資収益の増加を考慮すれば黒字であると考えられる。こうして米国全体としての「投資持ち分」残高は、その一部は現在では回収されているが、一九四九年そして一九五七年以降、政府残高を考慮しなくても増加していったのである。

留意すべき重要な点は、一九五〇年から一九五七年までの「満ち足りた時代」よりもドル危機に見舞われた数年間のほうが「経常赤字」の額がわずかではあるが少ないことである。それだけでなく、ドル危機の懸念が非常に高まった一九六一年は、五〇億ドルもの政府の対外支出が計上されたが、それでも歴史上もっとも好ましい経常収支を計上した年のうちの一つ（この年より上回るのは一九四六年から一九四七年のみ）であった。

表2を見るうえでもっとも重要な数値は投資収支（グループC）であろう。一九二九年から

一九四九年を通して、実際にはマイナス投資――外国からの米国への投資が米国の海外投資を超過している――の状況にあり、その合計額はおよそ七〇億ドル程度であった。そして、一九五〇年から一九五七年までの期間では、米国の海外投資が外国からの米国投資を上回り、その超過額は年平均で一〇億ドル未満であった。

この期間において米国は大量の金（ゴールド）とともに非常に多くの流動資金を抱えており、そうしたリターンを生まない余剰流動資金を収益性の優れた外国への長期投資に振り向けることは理にかなったことであった。しかし後に、そうした行為がエスカレートし、強気相場における投資家もどきの投機家のようになっていったのである。

そして流動資金が減少、つまり金融引き締めを行うことなく投資余力が減少していたにもかかわらず、年間当たりの投資比率が著しく増加していたのである。海外からの投資相殺分を考慮する前の米国の海外投資総額は、一九四九年の六億ドルから一九五五年に一三億ドルとなり、そして一九六一年には四六億ドル（簿外取引六億ドル含む）となっていった。まさに米国は自らの資力を超えて投資していたのである。

このテーマに対する反論

ドル危機を招いた根本的な原因として海外投資比率の増加を私が重視していることについて

は、さまざまな点で異議を申し立てられてきた。こうした異論を考察することは全体像を明らかにするのに役立つように思う。まず最初の論点は、国際収支の赤字は多くの要素、例えば対外援助や軍事費などの巨額な支出の結果でもあることから、海外投資をもっとも重要な原因とする正当な理由がないとするものである。こうした一般的な見解の側面については、このテーマを確かに知る人物、米商務省国際収支局長のウォルター・レデラー氏によって以下のようにはっきりと述べられている。「資本の移動とほかの取引における変動との相殺関係が続くかぎりにおいて、両方とも国際収支の評価において考慮されなければならず、ある種の取引がそのほかの取引よりもより「基本的」であるなどとみなすことはできない」

これから示唆されることは、毎年の海外投資はその規模に相応の相殺項目を生みだすということであり、したがってこのような分類では国際収支問題の原因因子として有用な分析をすることは難しいかもしれない。

しかし、事実と数字はどうか。まず一九四九年と一九六一年の結果を比較した**表3**に目を通してみよう。一九四九年では経常収支がわずかに赤字であり、外国からの投資が米国の海外投資を上回っていたため、米国の流動性はわずかに増加している。一九六一年では一五億ドル近くの経常黒字であったが、対外投資純額が四〇億ドルほどのマイナスであり、流動性は二五億ドルほど減少した。

こうした目を見張るような変化について、その原因探しを貿易収支、政府支出や外国投資な

表3

1949年と1961年の流動性の変動要因とは何か（単位＝100万ドル）

	（貿易収支のみ）	グループA すべての民間取引（資本収支を除く）	グループB すべての政府取引	A＋B 経常収支	C 民間の資本収支	A＋B＋C 国際収支
1949	($5,424)	cr $6,140	dr $6,270	dr $ 130	cr $ 341	cr $ 211
1961	(5,340)	cr 6,815	dr 5,327	cr 1,488	dr 3,949	dr 2,461
	(dr 84)	cr 675	cr 943	cr 1,618	dr 4,290	dr 2,677

cr＝貸方、dr＝借方

ど見境なく広げていくべきなのだろうか。この問題の最たる原因は特定が困難なのだろうか。どうしたら国際収支の赤字を停滞する輸出のせい――ご多分にもれず価格が高すぎるなどで――にできるのだろうか。一九六一年の商品輸出入は五三億ドルの輸出超過であり、この額は戦後の欧州再建による貿易特需を享受していた一九四九年とほぼ同水準である。

さらに、一九六一年の商品およびサービス合計（非政府部門）の貿易収支は、実のところ一九四九年に比べ六億七五〇〇万ドル黒字が増えている。そう、確かに問題の真の原因は明らかに対外援助や軍事費などの政府予算にある。しかし、そのように指摘する専門家たちは一九六一年の予算は一九四九年に比べて、九億四〇〇〇万ドルも減少していることに気づいているだろうか。どのような論理をもって、全体が減少しているなかで改善を示している要素を原因とすることができるというのか。海外投資が顕著に悪化傾向にある唯一の分類であること、そしてその悪化傾向がけた外れに規模が大きいことから、こうした数字に目を向ければ海外投資がこの悩ましい問題の主たる要因であることは明白だろう。

反論の引用

しかしそれでも、反対論者はこれらの投資の多くは同等程度の流入を生みだすことから、米国の流動性に全体として大きな損失はないと述べている。一九六一年、海外からの投資（流入額）は合計で三六億四五〇〇万ドルであり、米国の海外投資額三九億五一〇〇万ドル（簿外取引を除く）と比べても、確かに少ない額ではない。このように資金の流入と流出との関係に示されるように、海外投資額は近年の国際収支赤字においてその原因の一部にすぎないという考え方は広く知られている。

こうした論点は適切に聞こえるかもしれないが、完全に忘れられている事柄がある。つまり投資から得られるほとんどすべての収益を考慮していない。例えば、一九五九年末時点で四五〇億ドルもの海外に投資された資本が蓄積されており、それらはその後、一ドルの追加投資をせずとも投資収益が得られるということである。

この点に関しての一九五八年から一九六一年までを対象としたかなり正確な計算を**表4**に示している。直近四年間における民間海外投資額はおよそ一四〇億ドルであり、その投資によっ

表4

1958～61年における海外投資収益による効果（単位＝100万ドル）

1957年の投資収益	$2,900
1958～61年における投資収益予測（1957年収益の4倍）	11,600
1958～61年における投資収益実績	12,815
1958～61年における投資収益差額（実績－予測）	1,215
1958～61年における海外投資額（概算）*	14,700
1958～61年における流動性の純減少額――海外投資額から投資収益差額を控除	13,500

* 総額およそ12億ドルの簿外取引（誤差脱漏等）を含む

て生み出された収益はおよそ一二億ドル、つまり投資額に対して一〇％弱の相殺効果があった。ドル危機の絶頂にあった一九六〇年および一九六一年における全体としての「赤字額（流出超過）」はおそらく各年の資本支出を平均一〇億ドル程度削減したことによって、年平均三五億ドル程度の流出超過に収まったように思われる（この削減による投資収益の損失は極めて少額であった）。

これに関連して巨額資本支出の擁護論者はさらに異議を唱える。資本支出は追加的な資本財の輸出という形態をもって収支の帳尻を合わせる重要な収益をもたらし、おそらくそうした収益は海外生産設備の増設なくしては得られないであろう、と。残念ながら、資本支出の国際収支における全体としての影響を正確に測定するすべはない。

厳密な正確性という狭い意味では、これは確かに真実だろう。しかし、そうした主張による相殺のおおよその目安を得る手掛かりになるようなデータがある（これらは一九六一年に米商務省により公表された「米国企業の外国投資」という綿密な研究報告に示されている）。データでは一九五七年に設備投資が合計で四九億ドルであったのに対し、米国から海外への資本財の輸出はおよそ一〇億ドル程度であった。一九五七年の海外投資支出の合計額は三二億ドルであり、そのうち二〇億ドルがそうした「企業の直接投資」であった。

これらの数値から海外投資から生じる資本財の輸出による相殺効果はおよそ三〇％であったことが指摘できよう。一方で、海外進出した企業から米国への消費財の輸出額は一九五七年に三七億ドルあり、これは米国からの輸出額を大幅に上回っている（研究報告のなかでは、輸出額はおよそ二六億ドル程度とされている）。研究報告の本文では、米国が投資した先の国においてはドル預金的な効果があることを強調していたが、それこそが国際収支の観点から見れば、海外投資の正味の影響としては収入よりも支出のほうが多いということを示唆していることにほかならない。

沈黙の共謀

これまでの四つの表において示したデータは大幅に拡大された海外投資比率が近年のドル危機の主因であったことを明確に示していた。この論文の読者のなかで、こうして認識された問題の側面や議論の詳細、そして当局によって公表された数多くのこの問題に関する情報源について、理解していた方はいるだろうか。私は少なくとも今年（一九六二年）の九月までは理解していなかった。そこでこれまで取り上げてきたテーマについての対処方法とその考えられる根拠を取り上げたいと思う。

貿易赤字による流動性の流出と海外投資によって引き起こされた流出との間に根本的な違いがあるという認識は、これまでなされていなかった。しかし今年の一月に行われた大統領経済諮問委員会による議論においていずれの取引も彼らが呼ぶところの「基本項目」として一体化されたのである。

企業による設備投資は事業からの損益と同じように「基本」と言えるのだろうか。対照的に、カナダ当局は彼らの呼ぶところの「経常収支残高」および「資本移動純額」として慎重に分析し区別している。一九五五年以降大幅な赤字であったカナダの経常収支とほぼ収支トントンであった同期間の米国の経常収支との比較から、カナダは実際に外国為替の危機を経験したが、その一方で米国の「ドル危機」は実態のない人為的なものにすぎなかったという事実をまざまざと感じさせる。

ケネディ大統領は一九六一年二月の特別教書のなかで国際収支について以下のように述べている――「わが国の貿易収支は相当程度の輸出超過ではあるが、海外軍事施設への支出や民間企業による海外投資、政府の経済協力および融資計画などを負担できるほど十分ではない」。

米国企業の海外投資は軍事支出と政府支援に挟まれた、まるでそれらはすべて本質的に同じような性質をもっているかのように語られていることに注目したい。こうして「経費項目」のあいだに埋もれた「資本項目」は、同様に一般経費的に扱われるようになり、大いに誤解を招くものとなったのであろう。

　また一九六二年五月に行われた米商工会議所での講演において大統領はさらに以下のように述べている――「米国は米軍、国防施設および海外での安全保障活動に年間三〇億ドルを費やしている。もし貿易収支における黒字がこうした活動を負担するのに十分でなければ、選択肢は二つである。一つはこれまでも行ってきたように金（ゴールド）を手放すということ、もう一つは海外での安全保障活動を縮小することである」。ここで論点である海外投資については一切触れられていないが、現実としては今のところは海外投資を除外した貿易収支は政府支出をまかなうのに十分な黒字を計上してきている。

　肥大化した海外投資について無視を決め込んでいる大統領は、おそらくその強烈な意欲を二つの方向へ向かわせているようにみなすことができよう。一つは賃金と物価の上昇を抑制すること、二つ目は裕福な同盟国が海外活動でのより大きな負担を引き受けるよう促すことである。最初の目的については米国の輸出額が著しく増加していると主張することが有効であろうし、もう一つの目的については為替市場におけるドルの状況が非常に心もとないことから同盟国からの支援が必要であるとほのめかすことが有効であろう。

　USスチールの財務責任者であるタイソン氏は今年（一九六二年）の三月に強い調子で以下

のように述べている。私の考えでははなはだ不正確に思えるが、「国際収支が赤字である問題については実質的に解決策は一つしかない。世界のマーケットにおける競争力の回復と進化である」。この発言の趣旨はそれに続く発言によって明らかになろう。「つまり、私が思うに米国人は今一度勇気を奮い起こし、緩やかな賃金インフレの時代に終止符を打たなければならない」

われわれのほとんどは賃金のインフレはとめるべきであることには同意するだろうが、国際市場における競争力が損なわれていてそれをうんぬんとする主張の根拠については、一九六〇年、一九六一年に示された貿易収支の成果が平時において歴史上最大ともいえる黒字であり、一九五〇年から一九五七年までの平均を大幅に上回っているなかでは、同意しかねるだろう。

沈黙は続く

常に自らが嫌っているものを追及しているウォール・ストリート・ジャーナル紙は今年（一九六二年）七月のある社説のなかで現在の状況を以下のように総括した。「国際収支の赤字に関して多くの混乱を経たが、根本的な事実は非常に単純である。米国企業は大幅な輸出超過を享受しているということだ。つまり、赤字を生みだしているのは、国内外における政府の政策にほかならない」。また、より思慮深いトーンではあるが事実の尊重という点では必ずしも優れているとは言えない、ビジネスウィーク誌は同じ時期に似たような見解を以下のように表現した。「単純――不愉快かもしれないが――な事実であるが、米国は現在の国際取引の構造の範囲において負担しうる以上の相当に大がかりな規模で海外での軍事活動および経済支援を行ってきたのである」。以上のようにどちらも、その影響がなければドル危機も起こり得なかったであろう肥大化した海外投資比率についてはほとんど言及していない（おそらく、米国の年間投資額が四〇億ではなく八〇億ドルであり、全体の収支が七〇億ドルの赤字であっても、政府の政策と公約がなおすべての原因とするのだろう）。

このような不正確な描写によって、ときにはほかのメディアに、より過激な表現を促すことさえある。おそらく米国でもっとも販売数の多い新聞の一つである典型的な全国紙は以下のような文面を掲載した。「国際的な破綻が、起こり得る大惨事として米国に迫っている。もしこの謎めいた国際収支の赤字問題が続くようであれば、……米国は世界のマーケットにおいて、ほかの国々が米国に対してよりも、そういった国々に対して多くの『借り』があり、米国は債務超過の状態にある。……米国の負債は輸入超過、海外での軍事支出、海外への企業投資、および経済支援などを含んでいる」

ここでは米国に国際的な破綻が迫っているという忠告とともに米国の「負債」を列挙するなかで海外投資が含まれていることに注目したい。国民が金（ゴールド）に対してドルの価値が下落すると考えたり、または莫大な資金がスイスやほかの国々へと移されたとしても何ら不思議ではないだろう。

今年（一九六二年）九月、英国の財務大臣はかなり適切な大局観をもってこの状況を以下のように述べている。「この赤字の性質は非常に特別なものだ。現在の商取引に関しては、米国は大幅な黒字であり、この問題は海外における経済支援、軍事、そして投資にかかる莫大な支出によって生じている。これは国際収支というよりも、その寛大さによる収支と言えるものであろう」。この言葉は、米国の巨額の海外投資は米国の「寛大さ」の一部であることを示唆している。これは事実とは言えないものの、こうした投資の継続が純粋に自発的なものであるかぎりにおいては寛大な行いといえなくもないだろう。

ただ私が憂慮しているのは、米国有数のエコノミストたちが労を惜しまずに現実を直視することや、ドル危機をもたらした海外投資の多大な影響について十分な注意を払うことを怠っていることである。こういったことを示す引用はまさに枚挙にいとまがないが、昨年（一九六一年）に公表された主要なエコノミストによるこのテーマに関する一三の論文を含めた権威ある書物が部分的であまり啓発的でない議論に終始し、事態の全体像の焦点がずれていたと言えば十分であろう。

こうした専門的能力の不足を言葉で説明することは非常に難しい。例えば、多くの読者もそう思うかもしれないが、私の見解が完全に誤りであるという解釈もあろう。ただ自己防衛として申し添えたいのは、この極めて重要な問題について、だれが正しく、だれが誤っているかを決める前に、どうか再度これまでに提示したデータや議論を見直し、それらを慎重に検討されることをお願いしたい。

将来の脅威と考えられる解決策

たとえ国際収支の問題が海外投資に加えて「寛大さ」によって生じているとしても、ドルの国際的信認に脅威を及ぼしたことは事実である。今年（一九六二年）の上半期に多少改善が示されたが、当然ながらそれ自体はドル危機から脱する段階までその傾向が継続することを何ら保証していない（米国の流動資金の流出額はおよそ年間で一〇億ドル程度であることも申し添えておきたい）。

米国の貿易収支は数カ月にわたって申し分のない状況が続いていたが、ここにきて若干悪化の兆しが見えてきており、それに加え軍事的支出を大幅に増加せざるを得なくなるかもしれない。この論文を記している本日現在（一九六二年一〇月二八日）の国際情勢を鑑みると、このようなことが相当現実味を帯びてきたように思える。

米国の流動資金の流出をこの先数カ月において十分に食い止めることができず、海外投資がこれまでのようなペースで行われると仮定した場合、こうした状況に対応するためにどのような方策が可能であり、また実行すべきなのだろうか。最近の税制改正により減税措置の得られる生産設備の拡張があったとしても、貿易収支を劇的に向上させることが難しいのは自明であり、性急な解決策を当てにした政府高官の度重なる発言はまったくナンセンスに聞こえる。

政府による海外支出の大幅削減は不可能ではないだろうが、これは基本的な政策の変更を伴うものであり、諸外国は非常に難色を示しているように見える。海外からの短期資本を引きつけ、かつ引きとめるために金利上昇がすでに進行しているが、これは米国の全体としての流動性ポジションに影響を与えるほどでもなく、短期資本が金（ゴールド）に振り替わるのを抑制する程度であろう。

より高い金利をもって長期間にわたって資本を引きつけることができるかどうかは定かではないが、いずれにしてもこうした目的に限らず米国内の金利水準を急速に上昇させることには強烈な抵抗がある。ここでほかの可能性を三つほど検討してみたい。

一つ目はドルの切り下げである。それが争点となっている問題を本質的に解決するかどうかは分かりかねるが、こうした問題が米国の巨額な海外投資へのこだわりによってもたらされたとするならば、こうした言わば「破産行為」はいかにして正当化し得るのだろうか。このようなあまりに不十分な理由で破産に至った国家、企業、または個人は存在するだろうか。

二つ目の可能性は明確かつ論理的なものである。身の丈に合った振る舞いを心掛ける、つまり新規の年間海外投資額をほかのすべての国際取引から得られる資金の範囲内で行うということである。これは例えば個人が生活費、税金、寄付などを支払ったあとの余剰資金で投資を行うという当たり前の行為と同じことである。

そうした政策を始めるのにもっとも訴求力のあるのは外国債および新株発行の分野であろう。これらの市場は巨大で一九六二年現在もますます増大化しつつあり、およそ一〇億ドルまたはそれ以上に到達しそうな勢いである。

ディロン財務長官はすでにドル流出を抑制する何らかの措置を講じる必要性が高まっていることに言及している。一方で民間における海外投資を強制的に削減することは米国の経済的自由の方針に反しており、たとえ英国における財政の歴史にこうした前例が多くあるとはいえ、このような規制にはだれもが気が滅入るものである。

少なくとも私の見解では、米国企業、または米政府によって海外で起こした長期の借入金についてこの問題を当てはめるのは筋違いである。この問題の本質は海外における長期投資のための資金を当地での短期借入金で用立てるため、外国人への短期借入金が生じることに起因している。長期の海外投資については、必要に応じて長期借り入れで資金調達することが確かな解決策であろう。長期借り入れであれば、短期借り入れによって生じるような、年間または総計としての流動性ポジションの悪化は起こらない。

そうした計画は米国内での借入金利よりも相当に高い金利の支払いが必要になるだろう。しかし、米国の新規投資が十分に収益を上げられれば、その調達資金の金利コストを負担することができ、もしそれが見込めないなら投資を実行するべきではないだろう。

海外の資本市場が十分に整備されていないことから、そのような借り入れは「不可能」と主張されるかもしれない。しかし、欧州の主要な国々においては投資家が自国の企業に多額の資金を貸し付けており、米国企業もその種の借り入れによる調達をすでに実行している。貸し付けの回収通貨を自国通貨または米ドルのいずれかのオプションを貸し手が選択できる無記名証券は特に魅力的であろう。

問題は間違いなく「海外で長期借り入れが実行できるか」ではなく、「借り入れの調達コストはいくらか」である。世界の基軸通貨たるドルの状況とこうした追加的なコストとの均衡を保つために、相対的なバランスをよく検討するべきであろう。年利一・五％で一〇億ドル相当を外国で借り入れした場合の年間金利コストは一五〇〇万ドルである。この金額を年間三〇〇億ドルを超える国際取引、さらには五五〇〇億ドルのＧＮＰと比べてみていただきたい。もし将来のドルへの脅威が年間一五〇〇万ドルの支出で払拭できるのなら、対価としては非常に少ないといってよいだろう。

第４部　證券分析の未来を考える

ベンジャミン・グレアムは一九五六年に数十年にわたる卓越した業績を残して資産運用の第一線から退いている。しかし彼は隠居したわけではなく、それまでに築いた専門的職業としての證券分析の未来について、絶え間なく考え、書き、そして話していた。それまでの証券分析の進歩に一定の満足を感じながらも、この分野のさらなる向上が急務であるとも感じており、さまざまな意味においてウォール街が誤った方向に進むのではないかと心配をし、いつものように称賛するかわりに警告を発したのである。

第四部では講演やインタビューなどでグレアムが語っていることを収めている。つまり、雄弁で、洗練された学識、そしてアイデアに対しての情熱を持ち、その一方で、投資家の不適切な扱いや知的誠実さの欠如に憤慨する「ありのままのグレアム」である。第22章の「一九七二年　ベンジャミン・グレアム――證券分析についての見解」では、ノースイースト・ミズーリ州立大学のビジネス専攻の学生からの質問に電話で答える、非常にリラックスしたグレアムを垣間見ることができる。

また、彼は時に非常に鋭い機知を披露し、およそ考え付かないような皮肉を交えて金融業界を揶揄している。「かつてブルボン家は何も忘れないが何も学ばないなどと言われたが、ウォール街の人たちについて言えば、概して何も学ばず、すべてを忘れてしまう」（注1）。

グレアムは、人間はより成長するために訓練を積むことができるし、そしてそうすべきであると信じていたが、人間性まで変えられるとは考えていなかった。これは私たちのだれもが学び理解すべきことである。しかし全体としてのマーケットは、本質的に何も学ばず、すべてを忘れる運命にある。このため、マーケットが極端な感情に振れるようなときにもアナリストは自立できるよう準備しなければならない。

グレアムは人生の最後の数年まで、訓練された専門家で満ちあふれるマーケットにおいて、いかにアナリストが価値を生み出せるのかを念頭に置いて過ごしていた。そして、触発された何千人もの人々がＣＦＡ（ＣＦＡ協会認定証券アナリスト）になれば、マーケットをアウトパフォームすることをより困難にした事実上の責任があるというこの矛盾をつくづく感じていた。第21章の「一九七六年　ベンジャミン・グレアムとの対談」において、彼はチャールズ・エリス氏に「私はもはや優れたバリュー投資の機会を見つける精緻な証券分析テクニックの提唱者ではない」と語り、第24章の「一九七七年　グレアムと過ごした一時間」では彼が亡くなる六カ月前のハートマン・バトラー氏との対談で「このような銘柄選択的（マーケットをアウトパフォームすると思われる特定の銘柄を選択しようとする）なアプローチを取りながら、アナリストが全体としてどのくらい成功できるのか、私は大きな疑問を抱いている」と述べている。もし証券分析が広く普及することによって、これまでよりも銘柄選択が困難になるのだとしたら、アナリストはほかにどのような意味のある役割を果たすべきだろうか。

第19章の「一九六三年　証券分析の未来」では、グレアムは投資の専門職を示す長年にわたって使用していた言葉を「證券アナリスト（security analysts）」から「証券アナリスト（Financial

Analysts)」へと変えている。彼は投資家と同じように投資を検討する――ただ証券がどのような値動きをするのかだけでなく、人間がどのように振る舞うのか――のはアナリストの「義務」であると私たちに認識させたかったようであり、それもあって、グレアムは新たに導入されたCFA試験のレベルⅢにおいて投資管理と顧客への助言に関する秩序立った知識を問う内容を称賛している。また、彼が数十年前にCFAの認定制度の考えを初めて提案した際に使用した医学との比較に戻り、グレアムは、医師が患者の健康状態を向上させるように努めるように、アナリストに対して各顧客の「財務的健全性」の向上に努めるように促している（注2）。

彼は米国の上場企業の決算書類が今ではサーベンス・オクスリー法に基づき経営陣が署名したうえで公表されなければならないのと同じように、すべての投資推奨には認定証券アナリストであるCFAの署名を要するような時代がやってくることを予見していた。このグレアムのビジョンはいまだ実現には至っていないが、そうした「管理は行き届いている」という、言わばお墨付きは極めて有効であろう。

グレアムは、訓練されたアナリストによる共同作業は「合理的に正当化できる相対的な価格」に収斂される、つまりマーケットを全体としてより効率的にし、「大抵の期間における大部分の銘柄」に極端な過大評価や過小評価が生じにくくなると考えていた。しかしグレアムはまた、非常に多くの賢明で訓練されたアナリストたちが、マーケットを上回るリターンを試みることによって、必然的に彼らのだれもがそれを実現することがより困難になると指摘している。「証券アナリストも投資ファンドも『マーケットを出し抜く』ことは概して期待できないだろう」と語り、「なぜならある意味彼ら（またはあなた）自身がマーケットでもあるからだ」と警鐘を鳴らしている（一九六三年時点ですでに八〇〇〇人のアナリストが存在していた）。

こうした激しい競争の圧力によって、アナリストはどの銘柄が最大の価値をもたらすかを決めるというやり方ではわずかな付加価値しか生み出せないとグレアムは語る。それよりむしろ、アナリストは投資と投機の間の明確な線引きに努めるべきである。詳細な調査を行い、細心の注意を払って元本の保全を確保し、十分な利益を見込めて、ようやくアナリストはその銘柄に対して投資であるとの結論を下すことができる。ここで、グレアムがウォール・ストリート・ジャーナル紙の編集長にあてた手紙のなかの一節を引用しよう。

「投資」をどのように定義したら、株式市場で端株を空売りしているような人たちを「投資家」と呼ぶことができるのでしょうか。もしこうした人たちを投資家とするならば、「投機」や「投機家」はどのように定義するべきなのでしょうか。投資と投機の区別についての現在の誤りによって、個人だけでなく、金融業界においても重大な損失――一九二〇年代後半に起きたような――が生じる可能性はないとお考えでしょうか。（注3）

グレアムは、アナリストが銘柄を調査する際にはその価格を二つの要素に分解することを推奨している。一つは過去を振り返り、もう一方は将来に目を向けるのだ。グレアムは、前者を企業の過去の収益および資産に基づく「実質価値の下限」と呼び、後者を将来の期待を評価し推測するうえでのリスクを考慮に入れた「現在価値」とした。これらの二つのアプローチを適正に実行することによって、アナリストはその役割を果たせるだろうとグレアムは考えていた。そして異なるアナリストであれば、これらの二つの要素の比重が異なるのは当然であり、またそうなるべきであると彼は指摘している。

もしグレアムが願望を持っていたとすれば、すべての銘柄調査リポートは現在の株価をアナリストの分析に基づくファンダメンタルバリュー（根源的価値）の部分と株価に寄与している投機的要素とに分けてほしいということであろう（投機的要素は当然ながら市場センチメントによってポジティブな場合とネガティブな場合があり得る）。つまりグレアムは、アナリストは事前に推奨についてのリスクをはっきりと顧客に伝えてほしいと考えていたのである。

グレアムは価格を根源的価値部分と投機的プレミアム部分の二要素に分けることで効率的なポートフォリオを構築することにも役立つだろうと指摘している。彼の頭の中にはハリー・マーコビッツ氏のものとは異なるリスクの定義があったものの、積極的なファンダメンタル分析と消極的なポートフォリオ管理の融合を打ち出していたように思われる。

グレアムはアナリストが推奨する銘柄について「不十分な結果」を改善するために、より積極的な役割を担うべきであるとの提言を繰り返し、驚くべき思考実験を提案した。彼は私たちに企業利益に課税する権限を持ち、そのことから間接的な利害関係者ともいえる政府が企業に対して、「もっと利益を出しなさい、さもないと……」と言い始めていると想像することを求めた。グレアムが苦笑しながら「ブレインストーミングか、さもなければ悪夢」と呼ぶこの状況は、世界各国の政府が金融機関や自動車製造業の出資持ち分の対応を検討することによって今日再び現れてきている。政府高官が企業の収益目標を設定することは想像しがたい一方、非常に多くの個人投資家が今なお自らが所有する企業の業績を確認する務めを怠っていると指摘するのも悩ましいことである。

第20章の「一九七四年　株式の未来」では、グレアムはウォール街に初めてやってきた一九一四年にさかのぼり、モルガン財閥の創始者J・P・モルガンのことが心に鮮明に残っていると回想する。一九一二年後半、モルガンが亡くなる数カ月前に、この偉大なる資本家は有名なプジョー委員会（金融・通貨委員会内の小委員会）に対する議会証言を行った。繰り返し株式市場の動向について尋ねられたモルガンは、変わらず単純な答えを口にした――「これからも変動（上がったり下がったり）すると思う」（注4）。グレアムはこのモルガンの言葉を進化させた。彼はマーケットはただ変動するだけでなく、極端に変動し、強い高揚感から頂点に達し、絶望と共に大底を付ける。

株式や債券の個別銘柄と同様に、そのときの価格や投資家心理によって、全体としての株式市場が割安のときもあれば、割高のときもある。グレアムが指摘するように、エドガー・ローレンス・スミス著の『コモンストック・アズ・ロングターム・インベストメンツ（Common Stock as Long-Term Investments）』は株価が割安のときに出版された。投資家たちはその論拠を非常に説得力があると感じて、彼らは最終的には株価を天文学的な水準にまでつり上げてしまう。そのときには、その本のなかの分別のある前提などはもはや何の意味も持たなくなっていた。なぜなら株価はもう上がりようがないほど高く、あとは下がるしかなかったからである。そしてひとたびマーケットが下落基調になると、株価はあっという間に割安な水準となり、たとえその論拠が再び有効とされたとしても、もうだれもその本のことを信じる者はいなくなった。

同じような調子で、グレアムはFRB（連邦準備制度理事会）が一九四八年に行ったアンケート調査を引き合いに出した。その調査では回答者の四％のみが株式は「満足できる」収益をもたらすとする一方で、回答者の二六％は株式を「安全ではない」または「ギャンブル」とみなしていた。FRBの指摘では、株式における潜在的な高い収益は「知識や安全の不足によって引き起こされる損失に比べればごく小さな利点にすぎない」とされている（注5）。

グレアムは「金融のこととなると一般の人の態度は、投資手法の手引きとしてまったく信用できなくなる」との結論を出している。彼の言葉の「一般の人」とは個人投資家、もしくは投資家気取りの愛好家を示しているのだろうか。

グレアムが講演を行った一九七四年の六月にダウ平均は八五〇ドル辺りであったが、その一年半の間にひどい弱気相場が到来し、ダウはその年の年末には六〇〇ドルを下回るまでに下落した。そのとき、すでに評論家たちは株式が再び浮上することができるかどうかに疑問を投げかけていた。激しいインフレや金利上昇、エネルギー危機、環境・公害問題、より少ない消費でゼロ成長を目指す活動、そして投資家の怒りを正当化するウォール街での「恥ずべき振る舞い」などを考えてのことであろう（注6）。バイ・アンド・ホールドは死んだのだろうか。

グレアムの答えは、もちろんノーである。それは株価がどれほど高くても買いであると主張することが理にかなわないのと同様に、「株価水準がどんなに安くなってもその株への投資は魅力がないと判断するのはバカげている」と語っている。後に彼は「そのうちに、株価は勢いを失うかもしれない。しかし真の投資家は、新たな資金を非常に魅力的な条件で投資できる機会として、その状況に落胆するよりもむしろ喜ぶだろう」とくぎを刺している。

グレアムによれば、機関投資家の存在は価格と価値の乖離を狭めるよりも、むしろ増幅させるとのことである。過度なトレードややみくもにモメンタムに追随することで、彼らはマーケットを非効率にしてきたきらいがある。実際には、財務分析が広く活用されることで価格はより価値に近づいたと思える一方、巨額の資金が生みだした運用者への圧力が市場の効率性を損なってきたとも言えよう（注7）。

グレアムはいわゆるニフティフィフティ銘柄――ウォルトディズニー、ＭＧＩＣインベストメント、ポラロイドなど――が過去の利益の五〇倍から九〇倍の価格でトレードされている一方で、そのほかの銘柄は沈滞している状況について、「二重構造のマーケット」と表現している（注８）。「この常軌を逸した投機騒ぎを抑えるために金融機関は何をしたというのか」とグレアムは腹立たしそうに問いかける。彼の答えは、「何もしていない」である。そのうえ、モメンタムに追随する機関投資家は財務分析をあっさりと捨ててしまったのである。

そして四半世紀がたち、機関投資家がインターネットや通信関連銘柄を利益の一〇〇倍もの価格にまで押し上げることに一役買ったときに、同じような現象が起きた。

正しい判断力を維持したいと考える責任感のある証券アナリストであればこうしたときの選択肢は一つだけである、とグレアムは言う。「ほとんど不可能に近いことだが、要は、そうしたことには一切背を向け、放っておくことである」。さらに彼は後に控えめな表現で「性格的な強さ」を要件として加えている。

グレアムは早くも一九五五年には指数化を活用することを公に推奨していたが、さらに早くからこれを支持していたようである（注９）。グレアムは、「根源的価値に近似する価格が形成されていると明確に説得力のある説明が可能な銘柄のみ」をベンチマークとして財務分析に有効活用することで、機関投資家は簡単に自らのポートフォリオを指数化できると提案し、そうした戦略は「実際の運用パフォーマンスも向上するだろう」と彼は付け加えている。

グレアムは複雑な問題に対しては簡潔な答えにくみすることはなかった。マーケットが乱高下しているようなときに、アナリストが日々の業務である価値評価に取り掛かろうとするときには、グレアムの忠告は心にとどめておくに値することだろう。投資家の仕事は買った途端に終わるものではなく、アナリストの役割も財務諸表や将来のトレンドの分析にとどまるものでもない。グレアムのように、投資家やアナリストは自らの能力を最大限活用し、これまで受け入れられてきた手法は今でも有効であるかを問い、そしてそうした仕事の価値観や高潔さに妥協を強いるような力が働いたとしても毅然とした態度をとるために、常に新しい分野の開拓に努めなければならない。

注

注1　ブルボン家はフランス王家一族の一つである。ブルボン朝の国王、ルイ一五世およびルイ一六世による放蕩と浪費のなかでの統治は、フランス革命によって絶対王政が打倒され終結にいたった。

注2　グレアムが引用した「ロックビルセンター・ケース」は、ニューヨーク州ロックビルセンターの証券会社へフト・カーン＆インファンテ社の証券アナリストであるロナルド・ビンデイ氏が、フォローしている企業の受注が大幅に増加しているという会社の同僚の主張を

真に受けたことを発端としている。当該企業はその同僚に会社の情報を細かく調査しないことを条件にその情報を与え、それによると受注増によって少なくとも一株当たり利益が二ドル増加すると調査ノートに記されていた。ＳＥＣ調査官はビンディ氏がその情報の性質についての理解または懸念についてまったく知らずにいたことを立証したと結論を出し、ＳＥＣはその証券会社の登録を取消した（http://www.sec.gov/litigation/aljdec/1961/id19610518is.pdf）（http://www.sec.gov/news/digest/1963/dig021263.pdf）（http://www.sec.gov/about/annual_report/1963.pdf の六一ページを参照）。

注3　ベンジャミン・グレアムが編集長あてに「送付した手紙「リトリカル・クエスションズ（Rhetorical Questions）」、ウォール・ストリート・ジャーナル紙（一九六二年七月一二日）、一四ページを参照。

注4　ジーン・ストラウス著『モルガン――アメリカン・フィナンシャアー（Morgan : American Financier）』（ランダムハウス、一九九九年）、一一ページを参照。

注5　ＦＲＢの一九四八年の『サーベイ・オブ・コンシューマー・ファイナンシィズ（Survey of Consumer Finances）』（http://fraser.stlouisfed.org/publications/frb/issue/3834/download/56290/frb_071948.pdf）、七七七ページを参照。

注6　一九七四年、インフレは一二％を超える一方、グレアムが講演を行った数週間後にフェデラルファンド金利は一三・五％を記録した。一九七三年から一九七五年の間に、ＯＰＥＣ（石

油輸出国機構）の石油禁輸措置によって、原油価格はほぼ二倍に跳ね上がった。一九六九年クリーブランドのカイヤホガ川流域における火災は甚大な汚染公害を引き起こした。一九七二年、ローマクラブは著名リポート『成長の限界（The Limits of Growth）』を発表し、過剰人口および過剰消費によって世界経済は破綻に向かうとの警鐘を鳴らした。

注7　最近の研究報告もグレアムの見解が今なお有効であることを示している。例えば、ジョナサン・ルーレン著『インスティチューショナル・インベスターズ・アンド・ザ・リミッツ・オブ・アービトラージ（Institutional Investors and the Limits of Arbitrage）』（http://mba.tuck.dartmouth.edu/pages/faculty/jon.lewellen/docs/Institutions.pdf）、およびディミトリ・バヤノス、ポール・ウーリー共著『アン・インスティチューショナル・セオリー・オブ・モメンタム・アンド・リバーサル（An Institutional Theory of Momentum and Reversal）』（http://eprints.lse.ac.uk/24423/1/dp621PWC1.pdf）を参照されたい。

注8　キャロル・J・ルーミスによる著名な論文「ハウ・ザ・テリブル・トゥティア・マーケット・ケイム・トゥ・ウォールストリート（How the Terrible Two-Tier Market Came to Wall Street）」『フォーチュン誌』（一九七三年七月号）、八二〜八八ページ、一八六〜一九〇ページを参照。

注9　「インタビュー・ウィズ・ベンジャミン・グレアム、エクスパート・オン・インベストメンツ　ハウ・トゥ・ハンドル・ユア・マネー（Interview with Benjamin Graham, Expert on Investments : How to Handle Your Money)」、『ユーエス・ニューズ・アンド・ワールド・リポート誌』（一九五五年六月三日）、四七ページを参照。

第19章　一九六三年　証券分析の未来

『ザ・フィナンシャル・アナリスツ・ジャーナル（The Financial Analysts Journal, vol.19, no.3)』（一九六三年五月、六月）六五～七〇ページより許可を得て転載（この論文はニューヨーク州証券アナリスト協会二五周年記念に寄せてベンジャミン・グレアムが寄稿した）

これまでの過去二五年間の実績を振り返ると、証券アナリストという職業の将来については何の心配もいらなかったようだ。

二五年前を思い返せば、ニューヨーク州證券アナリスト協会の会員はわずか八二人にすぎなかったが、今日（一九六三年五月）では会員が二九四五人となり、そのなかには南米、欧州、そしてアジアにおいて金融財務関連の業務に勤しんでいる者もいる。

さらに、現在では証券アナリスト連盟を構成するアナリスト協会が二九にもなっている。もし金額ベースでの協会年会費の増加を測定すれば、米国の主要な「成長産業」の一つであると言えなくもない。

こうした数字上の成長は金融の影響力の向上に伴って生じていると思われるが、今日の証券取引の大部分――おそらく直接関係はないような証券会社のリポートのたぐいからポートフォリオの方針変更に至るまで――がある程度までは証券アナリストによってなされた仕事に基づいているというのは言い過ぎだろうか。

これらの数字上の成長、そして影響力の向上に伴って、責任というものも増加してしかるべきであろうが、最近までそうした動向はほとんど見られなかったように思われる。そして、一九五九年のCFA協会の創設およびCFA認定制度の整備によって、われわれの目指す真の専門的職業としての地位確立とそれに伴う国民に対する真のプロフェッショナルとしての責務という道筋における一つの大きな節目を迎えることができたように思う。

ウォール街での仕事のやり方を変革しようとする高まる要求を満たすこうした動きは時宜にかなったものと言えよう。SEC（証券取引委員会）の最近の決定――「ロックビルセンター・ケース」――は、証券アナリストは不正行為についての説明責任、もしくはそれ以上の責任があるようにみなされることを示している。予言者のように遠い将来について思いを巡らせれば、いつの日かすべての銘柄推奨リポート（広く一般に配布される）にCFAの責任のもとで署名がなされなければならない時が到来するようにも思える。

われわれの職務にとって、「証券アナリスト（security analyst）」よりも広い意味を示す「証券アナリスト（Financial Analyst）」のほうがより好ましいように思う。なぜなら多くの上級アナリストは、今では人間味のない有価証券の研究だけでなく、個人顧客のニーズを考慮し対応しなければならないからである。CFA認定試験のレベルⅢではさまざまなタイプの投資家（および投機家）に適したポートフォリオを構築する「投資管理」も含まれている。このように、証券アナリストの役割は一つは有価証券について、もう一つは人間についてという二つの側面を持っている。医師が患者の身体的または精神的な健康について処方するのとまったく同じように、ポートフォリオの助言者は「患者（顧客）」の財務的健全性に対して処方すべきである。

私の基本的な考えとしては――今後もこれまでと同じように――賢明でよく訓練された証券アナリストは、多くの異なるタイプの人たちに対してポートフォリオの助言者として有益な仕事を行うことができ、その存在意義を十分に正当化できるというものである。またアナリストのこうした仕事は、比較的単純で堅実な投資の原則――例えば債券と株式の適切な配分、適度な分散、代表的銘柄の選択、顧客の財政状態や性格に適さない投機的行動の抑制など――を着実に実行することによって実現されるのであり、アナリストが銘柄リストから勝者を選び出したり、マーケットの動きを予告できる魔術師である必要はないのである。

しかしこの点についての私のような少数意見にかかわらず、間違いなくアナリストは今後も「最も成功する可能性の高い」銘柄を選び出す試みを、その主要な活動として追求し続けることだろう。そしてさまざまな平均指数について、誤解を生む、または意味がないなどと公然と非難することが今や流行となっている感もあるが、そういう者に限ってそうした指数が上がるか下がるかについての意見を今後も言うことになるだろう。将来、アナリストがこれらの二つの重要な領域において優れた仕事を行うことをわれわれは期待できるだろうか。

株式市場予測の妥当性についての私の考えは、半世紀にわたって否定的なものである。これによって私は一貫性があるとの評価をいただくこともある一方で、このテーマについての公平な研究者であるとはほとんどみなされていない。一つだけ慎重に予測をしたいと思う。未来のウォール街における調査業務は、市場予測の主要な方法の主張や成果について相当広範囲なものとなる可能性がかなり高いだろう（昨年［一九六二年］にも似たような内容の記事をフォーチュン誌で見かけたが、その領域はより広範囲に言及していた）。

もしSECがこの好奇心をかき立てる問題に正面から取り組むことになれば、その成果は相当興味深いものになり、次のような内容が含まれるだろう。①証券分析の重要な要素としての市場分析、②証券アナリストは自らの業務に対し全面的に責任を負わなければならない、③すべての市場予測の公表についてはその担当者の名前およびCFAとしての署名がなされなければならない。さもなければ、そうした予測のたぐいのすべてに大きな文字で「娯楽目的に限ります。本気にしないでください」などの注意書きの記載が必要になるだろう。

もっとも有望な株式の選択者としての証券アナリストの業務において、平均的なアナリストまたはアナリスト全体としても卓越した業績を上げるには、主として二つの障害があるだろう。第一に競争環境の進展であり、第二に新たな投資の考え方によって、優れた特徴を持つ企業の株式に織り込まれている投機的要素の大きさである。

アナリストの問題――競争

さて、まずは最初の問題である競争――外部環境ではなく、われわれの業界内における数字上の著しい成長および指導育成の高まりによる――について考察したい。ここでの基本的な論点は、全体としての証券アナリストだけでなく、投資会社などの業界全体としてもいずれも「マーケットに打ち勝つ」ことは期待できないということである。なぜならある意味、彼ら（またはあなた）自身がマーケットでもあるからだ。もしマーケットにおけるすべての行動がアナリストの助言によるものであれば、平均的なアナリストはけっして「そのほかの人たち」よりも優れた成果を生みだすことはできない、なぜなら「そのほかの人たち」というものは存在しえない、ということを明らかにしておくべきであろう。したがって「マーケットに打ち勝つ」ためには、アナリストは自分自身に打ち勝たなくてはならない――不可能な自助努力――という難題に挑まなくてはならない。このように、証券アナリストが投資や投機の判断にかかわる全体としての影響が大きくなればなるほど、そうした全体としての成果はマーケットを数字上で上回る可能性は小さくなっていくのである。

この見過ごされがちな事実は、不要な議論を引き起こしているように思える。ここで過去数十年間にわたり投資信託はS&P五〇〇総合株価指数をアンダーパフォームしているという多くの批判のある比較に触れてみたい。投資信託はマーケット全体よりもより保守的でリスクの低い運用をしており、この批判自体に問題があると反論するのは詭弁であろう。というのは一九五六年または一九六二年の下落の際に、そうした投資信託はS&P五〇〇指数と同等の比率で下落しているからである。しかし、マーケット全体と同等に資産運用を行うことができない、また行おうとしない多くの人たちにとって、そうした投資信託が価値あるサービスを行っているということはまったくもって妥当な回答かつ抗弁であろう。また個人的には、そうした投資信託が長年にわたってその存在意義を十分に正当化してきたように、今後もそうし続けるであろうことは想像に難くない。

アナリストの問題――投機的要素

それでは証券アナリストによる銘柄選択の成功における二つ目の障害――株価の高い銘柄の評価に対してその度合いがますます増加している投機的要素に移ろう。私はこのテーマについては、かなりさかのぼるが一九五八年の証券アナリスト連盟の会合の席で、「株式の新たな投機要因」という題目で少し長めの話をしたことがある。その基本的な論点は、かつての時代ではほとんどの銘柄において投機性はその事業や特定の問題に関連した脆弱さやリスクに関連したものであったが、新たな時代においては優れて強固な企業の株式が将来の成長を株価により寛大に織り込むことによって、ますます投機性を高めていくということであった。そうした傾向は一九五八年から一九六二年五月まで歯止めがかからずに継続した。

この新しいタイプの投機リスクについてはある銘柄を例に説明することが一番分かりやすいように思う。その銘柄は一九六一年に史上最高値を付け、時価総額はおよそ一七〇億ドルとなり、財務的健全性や将来の見通しなどの見地からみても疑いなく最高と言える企業であった。その企業とは、もちろんIBM社であるが、同社はそれまで長年にわたってS&P社から最高水準の格付け評価を受けていた。しかしこの真に卓越した企業の株式は一九六一年に六〇七ドルを付けていたが、翌年一九六二年に安値三〇〇ドルを付けた。実際には六カ月に満たない期間でその価値の五〇%超、時価総額八〇億ドル以上が失われたのである。その損失は同時期におけるS&P五〇〇総合株価指数の最高値から一九六二年安値までの下落率と比較しても、一・七五倍となる暴落であった。

この比較は企業の質の高さと高いリスクというのは株式の分野では両立するという比較的新しい傾向をくっきりと浮き彫りにしている。われわれが好むと好まざるとにかかわらず――私個人としては嘆かわしい傾向と考えているが――、株式市場の恒久的な性質であるような様子がうかがえる。ここでフランスの小説家マルセル・プルーストの「愛と苦しみとはそれぞれが密接に関係している」という言葉を思い出す。国民の株式との情事はもはや悲しみなしには成立しえないとも言えそうだが、代表的な銘柄の株価に投機的要素が多く含まれるほど――それが企業内部の脆弱さによるものか変動の激しいマーケットの評価であるかにかかわらず――、アナリストの銘柄選択の仕事に対する信頼性が減少するように思われる。

ここでテクノロジーというものについて補足が必要だろう。マーケットの評価である成長性の高い銘柄はいわゆる「ハイテク銘柄」——例えば、コンピューター、画像処理、電子機器など——と呼ばれる。しかし、技術の進化は株式評価の側面においては最も投機的な要素の一つである。少なくともある程度ほかのセクターの銘柄の価値を損なうといった側面があり、昨年（一九六二年）のハイテク人気もその様相を呈していたように思う。高い乗数を得る評価というのは将来成長やその収益の維持が非常に長期にわたって予測されることによってのみ正当化されるものであるが、テクノロジーそのものが短期間で変化を引き起こすものであることから、いずれの製品や処理技術、さらには技術的要素に大きく裏打ちされているどのような企業にしても、信頼に足る長期的な期待とは正反対の性質を持っていることを暗に示していることになる。

さて、別の角度から銘柄選択の問題点をもう少し検討したい。いずれの期間をとってみても、ダウ平均のなかで、またはほかのどのような銘柄リストであろうと、その株価動向において銘柄間で顕著な相違が見られることについては読者のだれもがご存じであろう。

このような株価パフォーマンスの大きな相違は、もっとも有望な銘柄を識別できる専門家であるアナリストにとっては並外れた利益を上げる機会にあふれていることを示していると多くの人は言うかもしれない。逆の意味合いとしては集団としてのアナリストは個別企業の将来について合理的な正確性をもって評価することはできないということを示している。というのも、もし彼らにそうしたことができるならば、株価は割り引いて計算されてその後数年の実際の業績動向にはるかに近似した水準となるはずであろう。

これに関連しては、『ワイゼンバーガー・マニュアル』における集計についての解説が興味深い。著者はそうした数値は、①必要でないとしても、現代のマーケットにおける分散化という知恵であるか、②市場「平均」という響きによって生みだされる影響がいかに非現実的であるか、③現代のマーケットはいかに「選択的（効率的）」たり得るか――といったことを示していると述べている。私のような過度に批判的な者からすれば、このような言葉はこの数年においてわれわれを追い込んできた大きな錯乱状態の性質を帯びているように思える。そもそも分散化の知恵や必要性が大きくなればなるほど、このように酷評された市場平均の実際の投資の成果はより現実的になるものである。

事実としては、ダウ平均とS&P五〇〇指数でその構成は大きく異なるものの、この二つの指数の年ごとの変動は意外なほど似ており、また同様に投資信託の全体としてのパフォーマンスもほぼ近似しているのである。これに反して、先に引用した参考文献による現代のマーケットにおける選択的な働きは、優れたアナリストは最高の銘柄を選択することができ、そうした助言に従った方法であれば、市場平均が下落するときであっても収益を上げられるといったウォール街の好む宣伝文句を支持しているようでもある。しかし基本的に当然ながら、選択主義的な概念は幅広い分散化の考えに反している。もし全体として証券アナリストが真に優れた銘柄選択者であるならば、投資信託で行われている銘柄分散の方針は明らかに矛盾していると言えるだろう。

これまでに私が申し上げてきたことは、銘柄選択の活動において大切にされてきた證券分析の主張にまったくおもねらないように聞こえることだろう。それらの主張は私が言うほど本当に理にかなわないものなのだろうか。まず、少なくとも主に二つの検討すべき事柄があろうが、逆説的な内容を含んでいる。一つはアナリストは実際に株式の研究や評価をもってこの業界における重要なサービスを提供しているという事実である。しかしこのサービスは、個別銘柄の選択によって得られる成果というよりも、むしろほとんどの期間における大半の銘柄の公表された事実や合理的な将来予測などによって成立する相対的な価値を適切に示す株価水準の形成という側面にその意義が表れている。このような相対的な評価をその後の動向に照らして判断した場合は、さほど信頼に足るものではないかもしれない。しかしおそらく現実的に実行しうる最善の手法であり、それ自体は株式を売買する者にとって有用なのである。

この微妙な論点をより強く感じるために、プラトンが社会からすべての詩人を追放したのと同じように、ワシントン（米政府）からの何らかの勅令によってウォール街から証券アナリストが追放されるといった状況を想像してみよう。どのようなことが起こるだろうか。株価はこの数年の値動きに比べてはるかに非合理的な水準となるだろうし、そのほかわれわれには想像しがたい事態が生じることだろう。それでも証券アナリストは非合法なトレードをひそかに行うことに精を出すだろう。豪勢な環境ではなく暗い地下室のようなところで情報交換のミーティングを行うといった闇市場における彼らのサービスはほどなく発生し、そのうえ彼らには現在の気前の良い給料よりもさらに高額の報酬が支払われるかもしれない。なぜならば、そうした業務は非合法であり、それまでのよく知られた不正行為以上に深刻なリスクを伴うものであるからだ。

総体としての証券アナリストの業務は合理的に正当化できる相対的な価格をもたらす傾向があるという事実は彼らの大きな功績であるが、それらは一般に認識されず適切な評価を受けることもない。逆に――そしてここが逆説的であるのだが――、アナリストは長年にわたって彼らの顧客の全体としての良好な成果に対して自らの功績を強調することができたが、この一九四九年以降に始まった長期の強気相場の最中においては、こうした功績は自らの優れた能力の成果というほどではないと（非公式にも）認めなければならない。かなりさかのぼるが、過去八〇年にわたって配当と株価上昇を合わせて複利でおよそ七・五％の利益を生みだしてきたこれまでの十分な投資の成果は、株式の全体としてのトレンドに属するものとみなせるかもしれない。アナリストから助言を受ける顧客は、アナリストの助言によってただ愚かなことをしないように努めるだけで、数年にわたり優れた年間収益を実現できることだろう。もしわれわれが株式は上昇トレンドを描きながら変動し続けると想定することができれば、この観点において長期的な将来について心配する理由はない。

投機的要素の希薄化

株価における投機的要素の高まりに関する私が長い間抱いている懸念について、今では別の角度からこの問題を考えている。過去一〇年にわたりウォール街では称賛に値する大規模なキャンペーン活動が行われ、そしてそれは「投資家の国」を創出することに向けられていた。しかしこれを実現するために、ウォール街はこぞって株式投資の特徴や株式市場に参加する者のすべてが投資活動に携わっているなどとする聞こえの良い考え方をより一層主張するようになっている。投機はけっしてSECに禁じられているわけではないが、ウォール街の新たな考え方によって事実上非合法的な扱いを受けるようになっていった。読者のなかには、私が昨年（一九六二年）六月のウォール・ストリート・ジャーナル紙一面の見出し――「多くの個人投資家がさらなる下落に賭ける――増加する（端株の）空売り」についての手紙のなかで提示した修辞を凝らした質問文を思い出す人もいるかもしれない。これは「投資家」という単語の適切な意味をゆがめているともとれる一例であろう。

私見であるが、金融業界はわれわれの言葉や思考から投機のアイデアを取り除こうとする誤った方針――業界にとっても公共の利益という観点からも――に従っているように思える。もし株式が投機と両立するのであれば――過去と同様に現在も、また現在と同様に未来も――、この事実は明確に認識されたうえで、アナリストやほかの投資家に十分に考慮され、国民に対しても明確に提示されることが必須であろう。過去において、NYSE（ニューヨーク証券取引所）は自分がやっていることを理解し、そのリスクを負うことができる者によって行われている場合、投機を行うことに何も問題はないと分別をもちながらも強く断言していた。そのうえ、NYSEは投機は本質的にギャンブルとは異なると指摘していたが、その理由は投機的リスク――例えば株式に伴うものなど――は元々存在するものであり、だれかが負わなければならないとする一方、ギャンブルの典型的なリスクはギャンブラーが賭ける対象であるルーレットや競走馬によって生み出されるとも指摘している。

証券会社に信用取引口座を持つ一〇人のうち九人が事実上投機家であるということについて私はほとんど異論はない。この考えに対する唯一の異論は彼らのすべてが投資家であると信じるように仕向けられていることであり、そしてそれは単純に真実ではないということである。ウォール街が「投機」という用語を恐れる理由はないが、それは少なくとも国民を引きつけると同時に不快にさせる言葉でもある。金融業界が恐れなくてはならないことは、自らが負うことができる以上に大きな損失を抱えた比較的少数の人たちによる政治的に影響力のある不平不満であり、ある種の正義感をもってその主な責任は彼らに「米国への投資」を促した「顧客担当者」にあるとされることである。この場合、ほとんどすべての有価証券購入にかかわっているという理由から、証券アナリストも非難を受けずにはいられないだろう。

証券分析の未来を考える

私が強調しようとしていることはこのテーマからそれる余談ではなく、証券アナリストの将来における役割や活動についての私なりの考え方と密接に結びついている。証券アナリストは基本的に投機的な状況を取引としてうまく活用することは困難であり、彼らは基礎がしっかりした投資基準によって正当化された責務に活動内容をできるだけ限定すべきであるという考え方をわれわれは一貫して維持しているが、この問題について最近熟慮した際にいくつかの改良点が浮かんだ。

一般に証券アナリストは株式投資に蔓延している投機的要素を無視することはできない。こうしたなかで投機的要素部分にほとんど対価を支払わずに、私が純粋な投資価値と呼ぶ部分の対価のみで優良銘柄を手に入れることができるのは、マーケットがほとんど起こらない弱気相場の水準にあるときに限られている。それ以外のマーケット環境では、そうした魅力的な条件で取得できるのは例外的な銘柄のみであろう。

八〇〇〇人またはそれ以上にも上る証券アナリストたちの活動範囲を、安全な債券の選択、主要銘柄で構成された機械的なポートフォリオ構築、割安銘柄の獲得などに限定できると考えるのは非現実的であり、それらの業務を網羅したとしても十分ではないだろう。そうではなく、未来のアナリストは数えきれないほど多くの企業について綿密な調査を続けながら、経営陣の能力を評価することに努め、技術革新の可能性やリスクそして全体としての見通しに気を配り、マーケット全体の水準に対して同業他社間の評価の比較を行わなければならない。そのうえでアナリストは投資判断を行い個別銘柄の推奨を示し、全体としての自らの業績を守り通し、願わくば適度な寛大さをもって、判断されなければならない。

しかし私が真剣に提言する変革は、アナリストが自分の担当する銘柄について投機的要素を正式かつ十分に認識することである。この認識によって個別銘柄の投資価値――ある種の「本質的価値の下限」――とは別に、株価のうちの追加的な投機部分が示されるようになるかもしれない。この論文はこうした価格の構成要素がいかに形成されるかを詳しく説明する場ではないが、そうした価格の構成は異なるアナリストであればこの問題について異なる手法を用いることは当然のことであり、その結果が異なることもまたしかりであろう。しかしいずれの場合でもアナリストは理解しやすくかつ現実的な方法でそうした手法を運用すべきである。

これに関連して提案したいのだが、アナリストは調査銘柄に対して数種類の比較評価を展開させる手法を検討し、そしてそれは過去の業績――当然ながら過去の成長率を含む――のみを基礎とし、そしてこのいわば「過去業績価値」をすべての新たな関連する要素を考慮する「現在価値」に向けた出発点として活用することである。この現在価値はその投資価値部分と投機部分とを可能なかぎり明確に区切って示されるべきであろう（ちなみに、もし過去の要素が将来にわたって変わらない状態が続くとの想定がなされるなら「過去業績価値」は株式の現実的価値とも言えよう）。

一九五七年一一月、『ザ・フィナンシャル・アナリスツ・ジャーナル』誌に「株式評価方法の二つの説例」という表題の私の論文が掲載されたが、その論文では株式の「過去業績価値」を算定する具体的な方法を紹介し、それをダウ平均採用三〇銘柄に対して実施した。当初この取り組みは沈黙をもって迎えられ、私は失望したが、この論文がＣＦＡ協会から出版された書籍『リーディングス・イン・フィナンシャル・アナリシィス・アンド・インベストメント・マネジメント』に掲載され、私は今またほかの証券アナリストたちが心を動かして同じように行動し、願わくば新たに一つ、またはそれ以上の方法が開発され広く活用されることを希望に抱いている。

さて、大まかに私が考えていることをＩＢＭとインターナショナル・ハーベスター社の比較をもって説明したい（偶然にも両社はＮＹＳＥの証券コードが連番である）。一九六一年末時点での株価は、ＩＢＭが五七九ドルに対して、ハーベスター社はおよそ五〇ドルであった。どちらも健全な大企業であるが、明らかにＩＢＭのほうがより優れた企業であろう。これによってＩＢＭは将来性および安全性の両面でハーベスター社よりも良い銘柄ということになるのだろうか。これは証券アナリストにとってよくある標準的な問題であろう。もしアナリストが私の提案した方法に似たやり方でこの問題に取り組んだなら、彼はＩＢＭ株式の投資価値に相当する部分を二〇〇ドル以下、時価総額では六〇億ドル程度の評価とするかもしれない。

そしてアナリスト独自の方法で計算される投機的要素に相当する部分は、将来の可能性についての詳細な調査と同じように彼の気質を反映する。その数値は株価と投資価値部分との差額であるおよそ三八〇ドル前後であるかもしれないが、ここで重要な点は株価または時価総額の投機的な部分に大きく内在するリスクとそれに対応する収益機会とのバランスについて自分自身および顧客に対して明らかにすることである。そしてそのアナリストはハーベスター社について平均収益、配当実績、資産価値（およそ五五ドル）、そして当然ながら同社の収益力は今後長期にわたって衰えることはないとする彼の確信に基づき、その投資価値相当部分をおよそ四〇ドルとするかもしれない。この場合、同社株の投機的な部分は一〇ドル、つまり株価の二〇％となり、彼はこの銘柄を妥当な価格水準にあると判断するかもしれない。

けっして推奨しているわけではないが、後知恵的な見方をもってしても、ハーベスター社の投機的な部分がかなり少ないことは、一九六一年末時点ではＩＢＭよりも投資妙味があることを示している。しかしリスクの構成要素――ゆえに実際のリスク――がこれに比例して相当少ないことは大いに注目すべきことであり、このため財務分析の業務においてこの要素を分離し、慎重に注意を払う価値があると強く推奨する。

別の表現をするならば、有能な証券アナリストはＡ社はＢ社よりも買いであるなどという露骨な結論を下すよりも、価格のなかで投資に相当する部分と投機の部分とをしっかりと区別するような分野においてより専門的で価値のある仕事が行えるという確信が私にはある。

証券分析をより信頼されるように確立するという控えめな見通しを持ったことで再び提案がある。それは上級アナリストが現行業務のポートフォリオの構築者としての役割と助言者としての役割とを融合するやり方であり、それは例えば以下のようになるだろう。アナリストは代表的な企業群――例えばダウ平均採用三〇銘柄――から着手し、その成果はその後さまざまなグループの平均値に近似するものとなるだろう。こうした企業群の一覧をまとめることは容易であるが、アナリストはその才能を生かすには値しないとして拒絶すべきではない。むしろアナリストはこうした基本的な企業群との比較として自分自身の「私的な」企業群を取り扱うべきであり、そうした選択銘柄については追加もしくは代替銘柄としてポートフォリオに含めることを正当化するうえで、より優れた選択肢であるという明確な説明（例えば、自らの評価額が現値より二〇％高い）が必要であろう。

この方法は比較的少数の企業を深く研究する、大企業に属する業種アナリストなどにも有用であろう。そうしたアナリストもまた、彼の推奨する銘柄が必要とされる二〇％程度のいわば「価値余裕度（margin of indicated value)」を持っている、あるいはそうした結論に至った説明を書面で示す責任のいずれかを受け入れることだろう。

さて本題である証券分析の未来における総括的な論点に戻り、三点ほど簡単に触れたいと思う。最初の二つは私にとっての改革運動とも呼べるかもしれないが、これまで数年にわたって取り組んできていまだ顕著な成果は得られておらず、私としては敗北を認める覚悟はまだできていない。しかし未来は私の味方だろう。私が望む最初の要求は証券アナリストによる包括的かつ客観的な記録の保持であり、それにより長期間の数多くの事例に照らして、実際の業務の観点からさまざまな投資手法の妥当性が、自分自身やほかのアナリストによって検証可能になることである。

私見であるが、そうした編集作業はわれわれ（アナリスト協会）の会員の自己の理解や専門家としての見地から真の向上を志すうえで不可欠なものである。投資会社は自社の標準の方式、手続き、および記録に基づき、こうした情報を収集し、慎重に評価するのに非常に適している。そうしたさまざまな分析的手法を用いた評価はまた、われわれアナリストや国民へのサービスとして、適度な間隔で『ザ・フィナンシャル・アナリスツ・ジャーナル誌』やそのほかで報告がなされることもできよう。

私の二つ目の改革運動はアナリストが自らの判断や影響力を経営管理の効率性の分野において活用するのを促進してきたが、これはお粗末な経営がなされている企業の株式を避けるということだけでなく（ウォール街では時に度を越してやりすぎるが）、より積極的に企業外部の株主の支援を受けながら不満足な業績の改善を目指すことである。これを実現する現在の方法は、株価を本質的に考えられない水準まで下落させて、いずれかの時点で新たな投資家によって支配権が獲得され、その後必要な変革が実行されるというものである。これは既存株主の持ち分を保護する意味においてけっして最善の方法ではない。将来どのように改善がもたらされるのかについては分かりかねるが、改善されることを願うばかりである。

この論文の読者にとっても関心があると思われるテーマについて、私は最近実際にひらめきというか悪夢を見た。何しろ、ほとんどすべての米国企業の筆頭株主が米政府であり利益の五二％を保有しているのである。われわれの若き大統領（ケネディ）がその誉れ高い活力をもって貧弱な経営を行っている企業の問題に影響を与えるべく、財務省の有する議決権を主張し、経営者たちにもっと収益を上げるかさもなければ、と迫る姿を想像してほしい。奇抜なアイデアではあるが多少は楽しめたのではないだろうか。

最後の論点は財務分析のさまざまな局面でのコンピューター活用の可能性に関することである。今年（一九六三年）の一月、二月の『ザ・フィナンシャル・アナリスツ・ジャーナル誌』に掲載されたロイド・S・コートリ氏の論文のなかで、ほかの分野よりも複雑な計算が向いているとされる公益事業の分野の将来の経営成績の予測について、どのようにコンピューターが活用できるかという内容が示されていた。またさらに意見が分かれそうなのは、コンピューターがポートフォリオ構築や個別銘柄の売買判断について大きな役割を担えるかという問題である。

そうした可能性は疑わしいといって、安易にそれを退けるのは賢明ではないだろう。マーコウィッツによる従前の「効率的ポートフォリオ」理論にも理論的な価値があるように私は考えている。これはコンピュータープログラムを使って、所与の許容可能なリスクと両立する最大の期待リターン、もしくは逆に所与の期待リターンに対して調和する最小のリスクとするポートフォリオを探し求めるものである。この方法では各銘柄の期待リターンと同様にリスクの度合いを見積もるのはアナリスト次第である。おそらく個別銘柄における投機的要素に相当する部分を識別する技術が向上することで、コンピューターが合理的に信頼に足る情報を提供し証券アナリストの助けとなるだろう。

それはそうとして、ともかく一つ確かなことがある。未来において証券アナリストは、過去においてと同様に、数えきれないほど多くの異なる成功への道筋を示すであろう。多くのものは一つまたはそれ以上の業界についての徹底的な知識を活用してそれを実現し、またある者は科学技術に精通することで、またある者は経営陣を評価する卓越した能力を持つことによって、またあるものは一般投資家の心理に対する天賦の才能によって、またあるものは割安株に対する嗅覚や各種の特別な状況の専門家となることで、それぞれ実現することだろう。このように多方面にわたって一つかそれ以上について真の実力を持つ男女にとって、証券分析（または證券分析）は極めて満足のいく恩恵をもたらし続けることだろう。

第20章　一九七四年　株式の未来

『ザ・フィナンシャル・アナリスツ・ジャーナル（The Financial Analysts Journal, vol.30, no.5)』（一九七四年九月、一〇月）、二〇～三〇ページより許可を得て転載（この論文は一九七四年六月に実施された企業年金幹部向けの講演において準備されたものをわずかに改訂したもの。論文の後半は講演に関連して寄せられた個別の質問への回答を意図している）

私が一九一四年にウォール街にやってくる前に、株式市場の未来はすでに予測されていた――それもきっぱりと。かの有名なJ・P・モルガン氏の「これからも変動（上がったり下がったり）すると思う」という言葉である。私が無難な予測をするならば、過去と同じように未来においても株式は高く上昇しすぎたり、低く下落しすぎたりして、投資家は投機家と同様に、そして機関投資家は個人投資家と同様に、株式の魔力に舞い上がり、そしてそれが打ち砕かれて幻滅することを周期的に繰り返すといったところだろう。

この予測を補足するために二つの「重大な転機となった出来事」を引用したい――私はそう呼んでいるのだが――それらは私の金融経験において実際に起きたことである。一つ目はちょうど五〇年前の一九二四年のことであるが、E・L・スミス氏の著作『コモンストックス・アズ・ロングターム・インベストメンツ』が出版された。彼はその研究のなかでそれまでの一般的な信念に反して、半世紀にわたって全体として株式は債券よりもはるかに良い投資であったことを明確に示したのである。このような研究成果が一九二〇年代の次の強気相場に向かう論理的かつ心理的な正当性をもたらしたと一般に認識されており、一九二四年半ばにダウ平均は九〇ドルであったが、一九二九年九月には三八一ドルまで上昇しその高値から――忘れたくても覚えているが――一九三二年に四一ドルという不名誉な安値を付けるまで暴落したのである。その日の株価水準は過去三〇年間の最安値であり、一方、ゼネラル・エレクトリック（GE）とダウの両方とも、一九二九年に付けた高値はその後二五年間更新されなかったのである。

これは一連の状況が変化したずっとあとに、過去の状況に当てはめて適切とした根拠に無分別に従った揚げ句に生じた災難の顕著な事例である。ダウ平均が九〇ドルであったころの株式投資の真の魅力は、ダウ平均が二〇〇ドルまで上昇したときには疑わしいものとなり、三〇〇ドルを超えたときには完全に真実ではなくなった。

二つ目の出来事――私の頭の中でのことであるが――は一九二九年から一九三二年の大暴落からのマーケットの長い回復の終わりに関して起きたものである。それは一九四八年にFRB（連邦準備制度理事会）から公表された株式に対する一般市民の態度に関するリポートであった。その年ダウ平均は一六五ドルを付けており、それは利益の七倍程度であったが、その一方でAAA（トリプルA）の債券の利回りはわずか二・八二％であった。それにもかかわらず、世論調査では九〇％以上の人々が株式を買うことに反対であった。その理由として、半分の人々は株式はリスクが高すぎるからと考え、もう半分の人々はよく知らないとするものであった。もっとも、これはダウ平均が一六五ドルから昨年（一九七三年）に一〇五〇ドルを付けた歴史上もっとも大きな上昇相場の一つが始まる少し前のことではある。投資手法への手引きとして金融のこととなるとまったく信用できないとする一般市民の態度が昔ながらの真実であるとうまく説明する方法はあるだろうか。このことは一九四八年もそうであったように、一九七四年においても事実であることを簡潔に示すことができるかもしれない。

株式の未来は、おおよそ過去と同じようなものであろうと私は考えている。特に妥当な価格水準で株式を取得すれば十分な成果が得られることが証明されるであろう。ただ、これはあまりに大雑把で表面的な結論であり、近年の経済状況に生じてきている新しい要素や問題——激しいインフレやこれまでにない金利上昇、エネルギー危機、環境・公害問題およびより少ない消費でゼロ成長を目指す活動——などを考慮していないとして、反論を受けるかもしれない。おそらくこれに、倫理、もろもろの金融業界の慣習やビジネス感覚の領域における近年の恥ずべき振る舞いの数々によって生じた全体としてのウォール街への不信が国民に広がっていることも付け加えるべきであろう。

確かにこれらの要素——株式の将来価値にとっては大抵の場合好ましくない——は今日の投資方針の設定において考慮されるべきであろう。しかしそうした要素をもって、どれだけ低く価格水準が下がろうと、これからもずっと株式は魅力のない投資であると結論づけることはあまりに不合理である。真の問題は過去のものと常に同じであり、つまり株式投資するのに今が望ましい時期あるいは価格水準なのか、ということである。われわれはこの問いを以下のように分けるべきであろう。①今はダウ平均やS&P五〇〇指数に示されるように全般的に株式を取得する望ましい水準にあるのか。②たとえ平均指数などが魅力的な水準にないとしても、少なくとも現状の株価程度には明らかに価値があると考えられる個別銘柄を選択することで、投資家は十分な成果を期待できるだろうか。この質問による区別は現在の状況と明確に関係している。つまり機関投資家が規模が大きく高成長の企業を求める過度な傾向に起因する、いわば「二重構造のマーケット」というものが近年出現してきていることである。同様にこのことは銘柄間のPERにおける格差――一〇対一もの相違――をもたらしたが、こうした状況はこれまでの私の経験のなかでも一九二九年の優良銘柄の狂気的な絶頂の最中を除いて、前例のないことである。

前に挙げた二つの問いに対する私の回答は以下のようになる。まず、平均指数の現在（一九七四年九月～一〇月）の水準――おおよそダウ平均が八五〇ドルでS&P五〇〇指数が九三――についてであるが、現在の有価証券の価値や価格にもっとも直接的に影響を与える要素は、社債や手形などの領域全体にわたって確実に定着している高い金利である。機関投資家の態度の明白な欠点の一つは、一九七三年初頭――彼らが史上最高値水準の平均指数を支持したとき――と同じように、彼らはトリプルAの債券利率が七・三％であり、ほどなくして八・五％になることを考慮していなかったことである（偶然にも、一九七四年には八・五％を超過する運命にあった)。一九六四年、トリプルAの債券利率は四・四%であった。概して株式のPER（株価収益率）と債券金利に相関関係があることは理にかなったことのように思える。例えば、ダウ平均の利益一ドルに一七ドルの価格が付く場合、債券利率は四・四%であるが、現在ダウ平均の利益一ドルは一七ドルの五二%、つまり八・八ドルの価格とされており、トリプルAの債券利率は八・五%である。このことは同様に、現在の妥当な乗数として、ダウ平均は利益のおよそ九倍で評価されていることを示している。もしこれを史上最高益を記録した昨年（一九七三年）の八六ドルに乗じると、現在のダウ平均の数値はたったの七七五ドルとなる。この数値についてはさまざまな見地から議論があるだろう。一つは債券の金利は将来において下落するという期待かもしれない。しかし、現在の金利が八・五%である事実に対して、この可能性は確実と言うにはほど遠い。また、もし債券の金利が下がれば、債券価格――特に表面利率が低く割引率の大きい銘柄――は株式と同様に上昇するだろう。したがってもし金利が減少するようなときには、そうした債券はそれでもなおダウ平均よりも良い成果が得られる可能性があるだろう。

この点を別の角度から考えてみると、投資妙味という観点からダウやS&P指数には少なくともトリプルA債券の一・三倍（三分の四）程度の利回りが欲しいところだろう。これは一一%程度の利回りを意味するが、これは今年（一九七四年）のはじめにダウ平均がおよそ七七五であったことを思い出させる。

さらに、過去二五年間にわたる成長率を計算したところダウの年間成長率はわずか四・五％であった。もしこの成長率が将来にわたって継続するのであれば、成長率と配当を合わせた期待収益率は一〇％以下（成長率は四・五％、配当利回りは複利年率五％程度）となろう。この計算結果からすると、ダウ平均が七七五ドルというのはいささか寛大すぎるように見える。ちなみに、同様の方法でS&P五〇〇指数について計算するとダウの数値よりもさらに好ましくない結果が得られる。S&P四二五および五〇〇指数は両方とも過去二五年間ほぼ五％程度の成長を遂げてきたが、この成長率はPERがダウ平均よりも高いことによって相殺されるように思われる。

個別銘柄の選択

われわれが個別銘柄を評価する際、例えばNYSE（ニューヨーク証券取引所）の上場銘柄から探す場合などでは、三種類に分類したいと考えている。グループ一は直近一二カ月利益の二〇倍以上の価格が付いている成長株であり、グループ二は比較的不人気で利益の七倍以下、つまり一五％以上の利回りで売られている銘柄であり、グループ三は利益の七倍から二〇倍の間の株価がついている銘柄である。

私が集計したところ、NYSE上場の一五三〇銘柄のうちの四％、六三の銘柄が利益の二〇倍以上の価格が付いており、そのうち二四銘柄は利益の三〇倍以上の価格が付いていた。一方、ほぼ三分の一の五〇〇以上の銘柄が利益の七倍以下の価格で売られており、このうちおよそ一五〇の銘柄が利益の五倍以下の価格で売られていた。

もしこのような評価の基礎となっている収益水準が、程度の差こそあれ将来においても信頼に足るものであるならば、NYSE銘柄の多くは八・五％の利回りの債券にもひけを取らないほど魅力があるということが明らかであろう。多くの銘柄は間違いなく割安であるとみなされ、こうした豊富な選択肢のなかには年金基金投資などに適した銘柄も多数存在するだろう。こうした割安株は、短期の投機的な取得とは区別した、より長期の投資に特に適している。株価が利益の七倍以下の銘柄のなかには、ファイアストーン社（売上高三〇億ドル）のような巨大企業やエムハート社のように七二年間配当を払い続けていながら純流動資産額よりも時価総額が少ない中堅企業も含まれている。

簿価アプローチ

このようにNYSE（そのほかの取引所でも）の銘柄の多くに異常なほど低い評価がなされている状況はわれわれにまた別の現象を示している。つまり、株式選別の出発点そして有効な手引きとしての簿価または正味資産の復権である。現在の株式市場の広大な領域のなかで、われわれは非常に古風であるが株式投資に有用な基準に立ち返ることができよう。つまり、個人経営のオーナーが自分の所有する企業を見るように、企業の価値を株式の時価とかかわりなく見るということである。もし事業自体が堅調であり、将来性についてもある程度有望であるならば、少なくともその企業はその正味資産以上の価値がある。このため、正味資産からかけ離れて割安となっているときに株式を買えるのは魅力的な機会といってよいだろう。

偶然にも、先月（一九七四年八月）にはＮＹＳＥのおよそ半数の銘柄が簿価以下の価格で売られており、およそ四分の一、つまり四〇〇ほどの銘柄が正味資産の三分の二以下の価格となっていた。同様に興味深いことに全銘柄のうちおよそ三分の一が直近一二カ月の正味資産額前後の価格で売られており、半分以上は過去五年間にわたって、その価格周辺での値動きに終始していた。このような簿価以下で売られている銘柄の大部分はまた、ＰＥＲが低いグループでもある。

かなり大胆かもしれないが、この状況は個人投資家から巨大年金のファンドマネジャーまでのほとんどすべての投資家が活用できる株式投資の極めて単純な手法を可能にすると提言したい。これは選別された株式を取得するアイデア――財務的健全性など追加条件を満たす必要はあるが――であり、簿価以下やその三分の二で入手し、簿価で売却するまで保有することで、目覚ましいというほどではないが、五〇％超の十分に満足できる利益を上げることができる。われわれはこの非常に単純な投資手法が将来にわたって機能するかについて確信をもって予測することはできないが、一九六一年から一九七四年までの期間を対象とした私の研究では、ほとんどの期間においてこの種の十分な機会が存在し、なおかつ運用を想定した場合に全体として素晴らしい成果が得られることを示している。

先ほどNYSE銘柄の三つのグループについて触れたが、ここでグループ一とグループ三についての私の考えを述べておきたい。まず中程度のPERで売られている銘柄（グループ二）は個別に見れば投資機会があるかもしれないが、私にとっては特別な興味がないグループである。しかし、グループ一の高成長銘柄群については、過去の経験に対する真の難題を提示しているように思える。もしそれらの銘柄が簿価程度またはその二倍ほどで取得することができるならば、どのような投資であれ、明らかに素晴らしい機会であろう。ただ問題は、当然であるが、それらの銘柄のほとんどは簿価の五倍、または一〇倍以上というのが多く、昨年（一九七三年）で言えば、一〇倍よりもずっと高かったこともある。このような価格水準では、企業自体の弱みではなく価格水準そのものによって、価格の大半の部分が投機的要素で満たされることになる（この点について一九五八年に証券アナリスト協会で講演を行っており、『**賢明なる投資家**』［パンローリング］の別添として記載している）。直近の一八カ月においても、高成長銘柄につきものの投機的リスクは多くの人気銘柄の価格下落によって強烈に痛感させられている（これは事例を挙げるまでもないだろう）。

一方、ここで株式市場に関する最近公表された学説の簡潔な説明に関連した事例を活用したいのだが、これが現実と一致するなら実務のうえでも非常に重要性を持ちうるだろう。それは「効率的市場」の仮説であり、極端な形式にて以下の二つの宣言を行っている。①ほぼすべてのときにおけるほぼすべての株式の価格は、企業について知り得るすべてのことを反映しており、このため「インサイダー（内部関係者）」によるものを含めた追加情報を追求し活用しても一貫して利益を上げることはできない、②マーケットは各銘柄について完全な、あるいは少なくとも十分な情報を持っているため、正式に値付けされた株価は「正確」で「合理的」、もしくは「適正」である。このことは證券アナリストが価格と価値の不一致を探すことは無駄であり、または少なくとも不十分な利益しか得られないということを意味しているのだろう。

一つ目の宣言については、アナリストの調査によって一般に知られておらず株価に反映されていないその銘柄に関する重要な情報が明らかになる場合もきっとあると思うが、その他は特に反論はない。しかしマーケットが正確な株価を形成するのに必要なすべての情報を持っていることで、実際に付けられる株価は正確であるということには断固として否定する。これについて、優良企業であるエイボンプロダクツ社を例に挙げよう。一九七三年に一四〇ドルであった同社の「適正」な株価が、翌一九七四年に三二ドルを付けたことについて、何をもって「適正」と言えるのだろうか。同社の価値を七七％、時価総額で六〇億ドルも減少させる一体何が――株式市場の心理を除いて――起こり得るのだろうか。マーケットはエイボン社に関する必要なすべての情報を持っていたかもしれないが、その知識を評価する適切な判断力が欠如していたのである。
フランスの哲学者デカルトは、この問題について三世紀以上も前に彼の著作『方法序説』のなかで以下のように要約している。「優れた知性を持つだけでは十分ではない」と。そして私は以下の文言を付け加えたい。「十分な情報、そして重要なことはそれを上手に活用することである」

読者はNYSEに上場していて利益の七倍以下で売られている五〇〇余りの銘柄のなかから、本質的な意味においてその価格が「適正」ではない銘柄を多数発見することだろう。それらの銘柄は明らかに現値以上の価値があり、有能な證券アナリストであればその銘柄群のなかから魅力的なポートフォリオを構築できるだろう。

インフレーションと投資方針

さて、インフレについて検討してみよう。インフレが継続する可能性がある以上、現在の株価、あるいは現実的に考えられる水準で株式を取得するのは望ましいことではないのだろうか。この質問自体が提案しているようでさえあり、かなり奇異に感じるだろう。たとえ株価が高くとも、株式は将来のインフレに対する主要な保護手段であるため、債券よりも明らかに優れた選択であるとだれもが言っていたのはつい昨日のことのようでもある。

しかし最近だけでなく数年からもしかすると数十年にわたって、全体として株式に期待されていたインフレに対する保護が得られなかったことがあることは認められるべきであろう。物価全般の水準が上がれば事業資産の価値を高め、同様に取得原価に対して利益率が高まるという当たり前の考え方に私は注目したい。このことは統計データなどで実証されたものではないが、全体としての株式の資本収益率は——再生産原価の観点からはかなり控えめになっているに違いないが——ほぼ一定して一〇から一二％程度の水準であろう。しかし、ダウ平均が利益のわずか七倍とされていた一九四八年から一九五三年の期間においては、どちらかといえば減少していたのである。

一九四七年から一九五一年までの期間に対して一九六九年から一九七三年までの期間では、ダウ平均やＳ＆Ｐ四二五工業株の利益が三倍になったことは事実であるが、同じ期間に同指数の簿価は四倍になっているのである。したがって、戦後増加した利益のすべては利益の再投資による純資産の単純な増加によるものとみなされ、二八年間に物価水準全般が二倍以上になったこととはなんら関係がなかったと言えるかもしれない。言い換えれば、そうしたインフレ自体が企業利益を押し上げたわけではなかったということだろう。

このことは、ほかにも理由はあるが、株価水準を度外視して株式に夢中にならないでいる良い理由であろう。こうした警戒は私のかねてからの投資哲学の一部でもある。しかし現在の状況はどうだろうか。インフレ見込みは投資家に一五％の年率リターンを上げる銘柄を買うことを思いとどまらせているだろうか。私の回答は「ノー」である。

機関投資家であれ個人投資家であれ、投資家の真に選択すべきは一体何なのだろうか。投資家が将来のインフレが結果としてすべてのセクターにおいて株価を下落させると想定するならば、良い利率で短期貸付金として資金を維持することを選ぶことができる。この選択は投資家が株式はその真の価値よりも高い価格で売られているという確信がある場合に正当化されるが、もしそうでなければそれは将来の市場動向に対して一種の賭けをしているにすぎない。もしくはその投資家はまったく新しい投資方針、つまり株式や債券から実物資産――不動産、金（ゴールド）、商品、高価な絵画など――へのシフトをもしかしたら決めるかもしれない。これに関して三点ほど述べたいと思う。

まず一つ目は相当の金額の資金――数十億ドルくらいだろうか――を価格を大幅に上げることなくそうした有形資産に投資することは、不動産を除いて不可能であり、こうしたことから典型的な投機的な周期が生みだされ最終的に暴落して終わるのである。

二つ目に、こうした危険を引き起こす要因は不動産の領域ではすでに明らかとなっているが、そのほかにも借り入れと株式発行の組み合わせによって資金を調達した数えきれないほどの新たなベンチャービジネスが、その投資家が株式市場で被った損失も含めてさまざまな問題に直面している。

三つ目は肯定的な側面を指摘したい。すべての投資家は最近の一一％もしくはそれ以上の将来のインフレ到来の可能性――必ずしも高い確率ではなくとも――を認識すべきであり、私が呼ぶところの「具体的な数値目標」をその金融手法の全般において導入すべきであると私は考えている。これはつまり、投資家はその資産のうちのほとんどの比率が現金および預金、債券、貸付金などの現金同等物に占められていることに満足すべきではないと私は言いたいのである。短期的または長期的にも――実のところだれも断言できないだろうが――少なくとも間接的な所有権としての株式のポートフォリオを用いて、土地、建物、機械、在庫などの有形資産を保有することはより賢明であることが判明するかもしれない。こうしたことは一般的な株式の投資方針を実行することで比較的容易に実現できる。つまり、自らの保有する資産を分析する具体的かつ定量的な基準としての考え方を取り入れることは一考に値する。そうしたアイデアは年金基金やそのほかのポートフォリオでも容易に適用できよう。

株式の未来についての私の全体としての取り組み方から、エネルギー危機、環境問題、外国為替の不安定さおよび政府の財政政策の決定などの広く公表された問題については考慮していないことは明らかであろう。そうした問題はほかのマイナス要因、例えば、①より低い利益率へと向かう傾向や、②より高い負債依存度およびそれに伴うより高い金利負担と同じように価値と価格の等式に反映される。将来におけるそれらの重要性はエコノミストや證券アナリストによって評価されるかもしれないが、おそらくその正確性はこれまでの過去における予言的な仕事の域を出るものではないだろう。

機関投資家の優位性、効率的市場、そして證券分析の展望

ファンドマネジャーたちの間には、いわゆる株式バイアスはあるのだろうか。私の回答としては、数十年前にはそうしたバイアスは間違いなく存在しており、債券利回りと見合っていない価格水準へ株式市場全体を押し上げる巨大な力であった。そうしたバイアスは数十億ドルもの資金を債券市場から引き上げ、代わりにそれまでの株主からさらに高い株価で株を買うことでPERを上昇させた。このように債券利回り自体が高くなったことにも寄与していたのである。機関投資家の株式に対して興ざめしているという懸念が表明されたことから、近年においてバイアスが急速に霧散するだけでなくむしろ反転し、今では私のような生粋の古参が低位株に対して不当なバイアスがかけられていることについて警告しているような事態となっている。

例えば、機関投資家の資金およそ二〇〇〇億ドルを株式として運用し、加えておよそ一万一〇〇〇人もの證券アナリストが同時に「平均指数（マーケット）に打ち勝つ」ことを試みたら、どのような影響があるだろうか。ここでまた引用することをお許しいただきたい。一五〇年前のドイツの詩人ハインリッヒ・ハイネによる、四五人の教授がある調査委員会に任命される際についての対句である。

四五人もの教授たち――祖国よ、もうこれで破滅だ！

もしわずか四五人の教授がそうした脅威を示せるのならば、一万一〇〇〇人のアナリストではどうなるのだろうか。

本当のところ、株式市場における機関投資家の大規模な参入の影響、そしてさまざまな銘柄について適切な評価を行おうと奮闘する無数の証券アナリストの労力は、株式市場の動向を安定化――つまり少なくとも理論上は株価の不当な変動を緩和――させるものであるべきであろう。しかし、マーケットにおいて機関投資家が優越的な地位を占めているなか、そうした成果は何ら見られないと認めなければならない。価格変動の振れ幅は、どちらかと言えば機関投資家が大掛かりに参入する前よりも、大きくなってきている。何がその理由なのだろうか。唯一私が挙げられるものとしては、機関投資家やその所属するアナリストたちが一般大衆以上の分別や洞察力を示していないことであろう。彼らは同じ誘惑の言葉に服従しているのだ。主として、熱狂とともに表現される「パフォーマンス」という言葉である。また彼らは、概してかつては明確であった投資と投機の区別をないがしろにしてしまっている。

機関投資家による参入が株価の安定性や合理性の両面からみても寄与しているように思えないとする私の意見を示す具体的な事例を述べよう。アメリカン航空である。スタンダード・アンド・プアーズの『マンスリー・ストック・ガイド』は、銀行およびその信託部門の保有については記載がないが、同社やほかの企業を保有するおよそ二〇〇〇の保険会社及び投資ファンドを記載している。同誌によれば、一九七〇年に機関投資家はアメリカン航空の四三〇万株、全体の二二％を保有していた。同社の一九七〇年決算は一・三〇ドルの一株当たり損失であったが、一九七一年には一三セントの一株当たり利益を計上し、さらに一九七二年には二〇セントの一株当たり利益を上げた。それに応じて、いわゆる「効率的市場」は同社株を一九七〇年の安値一三ドルから一九七二年には史上最高値四九・八七ドルまで上昇させたのである。これはその年の利益のほぼ二五〇倍に該当する。その後機関投資家はこの常軌を逸した同社株の投機騒ぎを抑制するために何を行ったか。彼らはいずれかの時点で保有株を売却し、明らかに過大評価された銘柄をポートフォリオから取り除いて含み益を現金化したのだろうか。実際はその反対であった。『マンスリー・ストック・ガイド』によれば、この期間中に機関投資家らは保有を六七〇万株まで増やしており、保有する企業は一四三社に達していた。その後の直近では、一九七四年でも一一七社がまだ五七〇万株、全体の二〇％を保有していた（その間、アメリカン航空は一九七三年に過去最大の四八〇〇万ドルの赤字を計上し、株価は一九七二年の高値五〇ドルから一九七四年には七・五ドルに暴落した）。

この事例からは、機関投資家が「効率的市場」および適正な株価について価値ある貢献をしているとはほとんど思えないだろう。

機関投資家は平均以上に優秀なアナリストを雇い入れないかぎり、株式ポートフォリオにおいて市場平均を上回る成果を期待することはできないとますます認識するようになってきている。この流れを受けて必然的に機関投資家のなかにS&P五〇〇指数を期待しうるパフォーマンスとして容認する向きが現れてきている。同様に実際のポートフォリオとしてS&P五〇〇やS&P四二五の組み入れ銘柄を取り入れようとすることになっていくかもしれない。もしこうしたことが判明すれば、顧客は機関投資家に支払っている管理報酬について問いただすようになるだろう（ちなみに、この半分本気のS&P銘柄のポートフォリオへの活用の動きが実現したなら、われわれは皮肉にも五〇年前に存在した株式ポートフォリオの構築に逆戻りすることになる。当初の投資ファンドはまさに「信用」であり、それに対する「固定した委託」であった。ポートフォリオが設定されるとそれは最初から一回かぎりの「最終的」なものであり、変更は強制的な状況下においてのみ行われたのである）。

私の「固定ファンド」の修正提案は証券アナリストの業務領域を広げるだろう。この修正案では当初の株式ポートフォリオを実際のまたは想定するS&P指数または、より単純にダウ平均指数を基礎として用いる。ファンドマネジャーまたは投資責任者はこの指数の採用銘柄群のなかから代替を行うことが認められるが、その場合はその代替銘柄と引き換えにポートフォリオから外そうとする銘柄よりも明確に本質的価値が株価と乖離していることを示す説得力のある説明がなされなければならない。そうした当初の銘柄群からの変更の成果について相当に厳格な説明責任を合わせて用いることで、実際の運用業績も改善されるだろうし、いずれにしてもアナリストの業務に広がりを与えることだろう。

この論文では多くの銘柄が低いPERで取得可能である現在において、ダウ平均やS&P指数は高すぎるということをかなり頻繁に示してきた。もしこの見方が正しければ、有能なアナリストであればだれでもこれらの平均指数のなかから魅力的な代替銘柄を選び出すことによって、報酬を稼ぐ極めて良い機会を見いだすだろう。

機関投資家への幻滅にもかかわらず、というよりむしろそうした背景をもって株式投資について事例を挙げて論じてきたが、どのような投資家に対しても一〇〇％株式のポジションを持つことを提案しているわけではないことにご留意いただきたい。反対に資産全体のポートフォリオは常に最低でも二五％を債券で運用し、同様に最低でも二五％は株式のポジションを保有しておくべきだと私は考えている。残りの五〇％はこの二つの資産クラス各々を標準的に五〇対五〇で分割しても良いかもしれないし（顕著な価格変動があればそうした変動に応じて調整する）、もしくは債券が株式よりも魅力的に思えるときには保守的かつある程度の一貫性のある方針に従って、債券比率を五〇％超に増やしても良いだろうし、逆に株式のほうが魅力があるときには比率を逆にするのも良いだろう。

ほかの代替資産に同程度の流動性がないという理由で、株式を選択するのは妥当なことだろうか。この問いにはさまざまな答えがあるだろう。第一に当然だが、代替投資として資金を短期または長期の貸付債権に投入しても流動性の要素が軽減されることはない。第二に流動性自体は投資方針においては真に重要な要素ではなく、むしろそうした即座の市場性を満たそうとすることで、そのほかの多くの価値要素を考慮すべき事柄を犠牲にしてしまっていることも指摘できよう。しかし第三として、収益を生まない資産対象――絵画や商品など――の場合、株式の代替資産として流動性要素をどの程度考慮すべきかの判断は困難であることだ。ただ感覚的には、そのような収益を生まない資産の場合には――債券では年率八・五％の金利が生じることに照らせば――投資判断に際して流動性要素をより重視すべきだろう。

指数化された経済と管理経済

「指数化された経済」の意味することは何だろうか。株式に対するインフレの影響についての見方はすでに述べたが、指数化された経済――ミルトン・フリードマンの最近の提唱における真の意味において――はあまりに非現実的でほとんどありそうになく、ここでの真剣な議論を要しないように感じているが、われわれはそれを一部の年金計画を含めた組合契約における生活費調整のなかに垣間見ることができる。かつてレミントン・ランド社が当時のアービング・フィッシャー取締役の発起によって、物価連動債を振り出したことがあったが、それは物価指数に連動して利払いが変動する債券であった。もしかすると――可能性は低いと思うが――そのアイデアが復活するかもしれない。しかし、直近の債券金利や銀行貸し出しレートに応じて利率が変動する債券の数はますます増加しており、シティコープによる一九八九年満期の六億五〇〇〇万ドルもの変動利付債の発行によって水門は開かれた感がある。

四〇年前にルーズベルト政権の時代が始まって以降、われわれはおおよそ管理経済というものには相当熟知しており、株式も含めたさまざまな物事に対するその影響にもかなり慣れているように思われる。基本的に経済における政府の介入は、株式価値に対して二つの正反対の効果を持っている。まずそれは金融恐慌や一九三五年以前の一〇年間の大規模な不況に対する事実上の保証を通して、大いに利益をもたらしている。しかし逆に、事業活動に対して政府が課す規制や数えきれないほどの負担などから利益を圧迫していることも事実である。今までのそうしたプラス面とマイナス面を総合した影響は株式価値にとってはプラス――少なくとも価格面では――であったようだ。このことは一九四九年前後のダウ平均とS&P指数のチャートを確認すれば、一目瞭然である。そうした比較でみると一九六九年から一九七〇年にかけての期間や一九七三年から一九七四年にかけての期間に生じていた価格下落は、いずれも大幅な上昇トレンドのなかでの小さな調整程度のように見える。

この冒頭の質問のなかで示唆されている株式に対してのさまざまな脅威は、過去において株式が直面し克服してきたほかの障害と、経験上それほど変わらないように思われる。そして、株式はそうした脅威も将来において克服していくだろうと私は予測する。

しかし、株式価値に対する別の脅威に触れずにこのテーマを終えることはできない。つまり金融業界において近年の自らの行いによって生じている国民の信頼の喪失である。私はこれまで株式価値により大きな損失を与えてきたのは、ウォール街の外側の要因というよりも内側からの要因であると思うし、将来においてもそうであるような気がしてならない。エドワード・ギボンとオリバー・ゴールドスミスの表現を借りれば、「歴史とは人類の犯罪、愚行、および災難の記録にすぎない」とのことだが、この表現は一九六八年から一九七三年までの期間のウォール街の歴史にも当てはまる。ただウォール街の場合は災難というよりも犯罪や愚行を強調すべきであろうが、金融機関や個人によってしでかされた無分別で非効率なビジネス慣行、粗末でいい加減な倫理観のすべてを挙げる余裕はない。そこで一つ信じられない例を挙げよう。対応ができる以上に多くの仕事を引き受けたことで、業界全体がほとんど破綻状態になったということを聞いたことがあるだろうか。これが一九六九年にわれらがＮＹＳＥで起きたことであり、事務管理部門は混乱し、有価証券処理が不明になり、また同じ時期に多くの企業で行われた金融業務の乱用によって、同様に物憂げな状況が繰り広げられたのである。

ウォール街に対する国民の信頼が回復するには長い年月――そして新たな法律――が必要だろうし、その間の株価は勢いを失うかもしれない。しかし真の投資家であれば新たな資金を非常に魅力的な条件で投資できる機会として、その状況に落胆するよりもむしろ喜ぶように思われる。特に巨額の資金を抱えた年金ファンドマネジャーなどにはとりわけ魅力的に映るだろう。五年前に八％から九％の金利の付いたトリプルＡの債券や一五％超の利回りで堅実な企業の株式を取得できるなどと彼らは想像できただろうか。今日活用できる機会は、機関投資家の間でしきりにより高い価格で株式を移すことでおよそ二五％の値上がりを狙うといった最近のバカげたアイデアよりも、成功の見込みが高い投資方法をもたらすだろう。

さて、私のお気に入りの古代ローマの詩人ウェルギリウスの引用をもって本稿を結びたい。それはワシントンにある農務省のビルの大階段のてっぺんにある大きな額縁の真下に刻み込まれている言葉である。

「おお、本当に幸運な……………農民たちよ！」

ウェルギリウスは彼の時代のローマの農民たちにこの言葉を投げかけたが、私は今の時代と未来の株式投資家に言葉を送りたいと思う。

「おお、うらやましいほど幸運な投資家たちよ。ただ、あなたが自身の強みや長所を自覚してさえいれば良いのだが！」

第21章　一九七六年　ベンジャミン・グレアムとの対談

『ザ・フィナンシャル・アナリスツ・ジャーナル（The Financial Analysts Journal, vol.32, no.5）』（一九七六年九月、一〇月）、二〇〜二三ページより許可を得て転載

ウォール街での六〇年余りに及ぶご経験を踏まえて、株式について総論としてのご意見をお聞かせいただけますか。

株式は投資としての特性と投機としての特性をそれぞれ強く持っています。株式の投資価値と平均株価は、企業の純資産が留保利益の再投資を通して増加していくように、不規則にしかし数十年にもわたって長期的に増加する傾向があります。ちなみに、インフレに対する反応はプラス、マイナスいずれも明確ではありません。しかし、多くの人々が投機や賭け事をする――希望が恐怖や欲望に取って代わられる――ときの根深い傾向の当然の結果であるように、株式はほとんど常に上げ下げどちらの方向においても不合理で過度な価格変動にさらされています。

金融機関としてのウォール街についてあなたの見解をお聞かせいただけますか。

極めて好ましくなく、ひねくれているとさえ言えます。まず、証券取引所はジョン・バニヤン（英国の作家）の「虚栄の市」、または頻繁に暗転して混乱するジョークのような場所でもあり、「音楽と感情で満たされているが、何の意味もない物語」のようでもあります。株式市場はまるで機関投資家が彼らの大きな洗濯物のかたまりを持ち込む巨大な洗濯場のようでもあり、最近（一九七六年九月）では一日当たり売買高は三〇〇〇万株にも及んでいます。しかしテクノロジーの面では非常に整備されてきています。

金融業界全体についてのあなたの見解をお聞かせいただけますか。

ほとんどの株式ブローカー、アナリスト、投資顧問業者などは知性、商売における誠実さ、誠意などの面で標準以上にありますが、彼らはさまざまな種類の証券市場での十分な経験や株式の全体的な理解――私が呼ぶところの「動物的な気質」など――が不足しています。彼らはマーケットや自分自身を深刻に受け止めすぎる傾向があり、自分の時間の大部分を無駄に費やして、けっしてうまくできないようなことに果敢にも挑んでいるのです。

例えば、どのようなことですか。

短期または長期の経済予測や株価水準の予測、また一般に極めて近視眼的に最も有望な業界や個別銘柄を選択することなどです。

機関投資家の平均的な運用者は数年にわたってダウ平均やS&P指数よりも良い成果を得ることは可能でしょうか。

いいえ、事実上それは株式市場の参加者が総じて自分自身に打ち勝つといったことを意味し、論理的に矛盾しています。

それでは機関投資家の顧客はダウ平均などの指数の結果に甘んじて満足すべきであると。

ええ、ただ満足するだけでなくおおむねそのような成果を五年程度にわたって得られることを、運用者に標準的な管理報酬を支払う条件として要求するべきでしょう。

いわゆるインデックスファンドと呼ばれるものについては、投資家のニーズは投資家ごとに異なり画一的ではないなどの異論があるようですが、いかがでしょうか。

基本的にそれらは過去の可もなく不可もない運用成績を正当化する都合の良いありふれた内容にすぎないでしょう。どのような投資家でも自らの投資から優れた成果が得られることを望みますし、実際に可能な範囲においてそれを受け取る資格もあるでしょう。なぜインデックスファンドよりも劣る成果に満足し、そうした成果に対して標準的な報酬を支払う人がいるのか、私には理由が分かりません。

個人投資家についてお聞きしますが、彼らは資金量や設備、情報の面からいっても機関投資家と比較して不利であるとお考えですか。

いいえ、反対に典型的な個人投資家は大手機関投資家に対して大きな優位性があります。

それはなぜですか。

主として、このような機関投資家は相対的に狭い領域――およそ三〇〇から四〇〇の一流大企業――から銘柄を選択し、このような過度に分析されている銘柄群に対して調査や判断を集中して行うことを多かれ少なかれ強いられている側面があることです。対照的に、ほとんどの個人投資家はいつでも上場銘柄三〇〇〇余りから選択できます。幅広い手法および選択によって、個人投資家はいつでも全銘柄のなかから少なくとも一％、およそ三〇銘柄以上の魅力的な投資機会を提供する銘柄を見つけることができるでしょう。

個人投資家向けの長期の投資方針については、どのような原則を提案されますか。

提案が三つあります。一つ目は、個人投資家は一貫して投機家としてではなく、投資家として行動するべきでしょう。つまりこれは投資家がすべての株式取得や支払った対価について個人の感情ではなく客観的な根拠をもって、自らの投資からそれ以上のリターンを得ることを納得できてはじめて正当化されることを意味しており、言い換えれば、投資を保護するいわゆる、安全域（margin of safety）を持っているということになります。二つ目は、投資家はすべての株式投資について、買い付け方法に対応する明確な売却方針を持つべきです。一般的には、各銘柄ごとに合理的な利益目標――おおむね五〇％から一〇〇％――とこの目標が実現するまでの最大保有期間、おおむね二年から三年程度の期間を設定すべきであり、保有期間終了までに利益目標が実現しない銘柄はそのときの時価で売却すべきでしょう。三つ目は、投資家は常にポートフォリオ全体に占める株式や債券の最低限の割合を持っておくべきでしょう。私はどのようなときでも少なくとも全体のうちの二五％はどちらの資産も保有しておくことを推奨しています。市場の価格水準の変動に合わせて調整しながら、一貫して五〇対五〇の比率を維持するのも優れた方法だと思います。これは保有株の価格が大きく上昇した際に、投資家がその一部を債券に切り換えたり、反対に株価が下落した際にはその反対のことを行うことを意味しています。一般的ですが、保有する債券としては平均して七年から八年満期のものを推奨します。

株式ポートフォリオの選択について、あなたは個別銘柄について慎重に厳選することを推奨しますか。

一般的にはお勧めしません。私はもはや優れたバリュー投資の機会を見つける精緻な證券分析テクニックの提唱者ではないのです。この手法はおよそ四〇年前、われわれの著作である**『証券分析』**（パンローリング）が初めて出版されたときにはやりがいのある手法でした。しかしそれ以来、状況は大きく変わったのです。かつてはよく訓練されたアナリストであれば、だれでも詳細な調査を通じて割安な銘柄を選び出すという仕事を立派に行うことができました。しかし膨大な量の株式調査が行われている今では、ほとんどの場合そうした大がかりな努力に十分見合う優れた選択に結びつくかどうかは疑わしいものです。この極めて限定的な意味においては、現在一般に学者の間で受け入れられている「効率的市場」の学説を支持しています。

ポートフォリオ構築にあたってはどのような方法を推奨されますか。

基本的には非常に単純な方法で、直近の価値を示していると考えられる価格についての一つか二つ程度の基準を適用して、成果については、個別銘柄への期待より、むしろポートフォリオ全体としてのパフォーマンスに期待するような方法です。

個人投資家がいかにして株式ポートフォリオを構築し維持すべきなのか、具体的にご教示いただけますか。

この問いについては私のお勧めする方法の二つの例をお話しできます。一つ目はその活用はかなり限定されますが、三〇年余りにわたる中規模の投資ファンドの運用においてほぼ間違いなく信頼できて、かつ十分な成果を上げることができました。二つ目は近年でのわれわれの新たな考え方や調査などを多分に示しているもので、最初の方法に比べて、はるかに幅広く適用できます。さらにそれが――事実に反しますが――、この直近の五〇年、一九二五年から一九七五年にわたって系統立てて定式化されてきたと仮定するなら、論理的な正当性、簡単な活用、そして非常に優れた実績という三つの長所を兼ね備えた方法となっていたことでしょう。

二つの推奨される方法について詳細をご教示いただけますか。

最初のより限定的な方法は、株価が運転資本価値または純流動資産額以下、つまり工場設備やほかの有形資産を考慮せずに、流動資産額からすべての負債を差し引いた額以下の株式に限定して取得する手法です。われわれは投資ファンドを運用していた際にこの方法を広く活用し、三〇年あまりにわたって年平均二〇％超の利益を生みだしました。しかししばらくたって、一九五〇年代のなかば強気相場の到来によってこの種の銘柄の取得機会は非常に少なくなりましたが、一九七三年から一九七四年にかけての下落以降再びその機会は戻りつつあります。今年（一九七六年）の一月に確認したところ、われわれは三〇〇以上、ほぼ上場銘柄全体の一〇％の銘柄にそうした機会を見いだしました。この方法は、個別銘柄の成果ではなくポートフォリオ全体としての期待する成果に基づく、だれにでも扱える体系的な投資方法であると考えています。

最後になりますが、もう一つの方法はどのようなものでしょうか。

これも本質的な考え方としては最初の方法と似ていますが、一つか二つ程度の単純な基準により示された現在価値または本質的価値以下の銘柄を取得して構成する方法です。私のお気に入りの基準は直近一二カ月利益の七倍です。ほかには例えば、配当利回り七％以上、または簿価純資産が株価の一二〇％となっている銘柄などです。われわれはこれらの基準を用いて過去半世紀——一九二五年から一九七五年——にわたるパフォーマンスの記録をとってきましたが、それらは一貫して年間一五％以上、またはダウ平均の実績の二倍のリターンをこの長期間にわたって示してきました。私は三つの長所、①論理的な妥当性、②簡単な活用、③非常に優れた実績——に裏打ちされたこの手法の有効性を確信しています。根本的にこの手法は、投機的な行動をとる人たちによって繰り返される過度な楽観と不安を活用する真の投資家による技術なのです。

第22章　一九七二年　ベンジャミン・グレアム――証券分析についての見解

米国金融博物館（Museum of American Finance）『フィナンシャル・ヒストリー（Financial History, no.42）』（一九九一年三月）、八～一〇、二八、二九ページより許可を得て転載（この記事は一九七二年三月に行われたグレアムとノースイースト・ミズーリ州立大学ビジネススクールのパット・エレブラクト教授による講義を基礎にしている）

教授　われわれの通信講座にようこそお越しくださいました。お時間を割いていただき大変感謝しております。

グレアム　私にとりましても初めての体験ですが、皆さんにとっても良い機会となればと思っています。

教授　まず、成功する長期投資家になるために、個人として不可欠な資質はどのようなものですか。

グレアム　投資は何よりもビジネスと同じように行われるときに、最も理にかなったものとなります。つまり、そうしたときに最も投資としても成功します。その意味でこの質問への簡潔な回答としては、ビジネスにおいて長期的な成功を収めることに役立つ優れたビジネスマンとしての資質ということになります。例えば、自分が何を行っているのかを理解していることや、思慮分別をわきまえて行動するのに十分な判断力などです。そのほかに特別な資質が必要であるようには思いません。特別な才能や直感を持った人がそのほかの人よりもおそらく良い仕事をするでしょうが、それでもウォール街では疑わしいものです。なぜならば、自信があり、その上に並外れた才能や直感力も持っている人でも結局失敗してしまうからです。ですから、投資家は何よりも賢明なビジネスマンでなければならないとする信念に私は忠実でありたいと考えています。

学生　一般に成功する長期投資家になるのに不足しがちなのはどのような資質ですか。

グレアム　失敗する主な理由は株式市場のそのときの動向に過度の注意を払ってしまうことです。そうした人たちは現在起きていることが漠然と、もしくは十分利益を上げられる程度に長く続くと感じます。彼らは自らが実際に利益を上げられる以上に望んでいて、この理由によって頻繁に失敗します。彼らの期待と見識および能力が合致していないのです。

教授　あなたの著書では古典文学からの引用が多く見られますが、そうした古典があなたの人間性に対する見方や投資哲学にどのように影響を与えたのかをうかがってもよろしいですか。

グレアム　古典自体は私の職業の経歴にさほど大きな影響を与えたわけではありません。私が古典を引用したのは古典についての知識を披露するという純粋な虚栄心によるものです。ただ、かつてオランダの哲学者スピノザが言ったように、古典は日常的な視点ではなく長期的な観点から物事を見るのに役立ちますし、これは非常に価値があることと考えています。

学生　あなたのなかで投資の定義とはどのようなもので、そして投機とはどのように異なるのでしょうか。

グレアム　そのことはわれわれの證券分析に関する著書のごく初めの部分にも記載がありますが、非常に秩序立っているべきものです。つまり、「投資とは、慎重な分析に基づき元本の安全性を確保しながら、適正な収益を得るような行動」です。それを満たさない行動が投機です。

教授　投資家の全般的な投資哲学は、マーケットについての一般的で現実的な手法よりも、自分の身に起きた一つの個別銘柄の出来事に大きく影響を受けてしまうと思われますか。

グレアム　たった一つの銘柄から受ける影響よりも普遍的なマーケットへの取り組み方があるだろうと思いますが、フォーブス誌の取材において、ＩＢＭ株を極めて安く買うことができた人はその一度成功した投資体験によって、ダメになってしまうかもしれないと私は言いました。そのような人は次のＩＢＭ銘柄を見つけることなど簡単だと思いこんでしまうかもしれないのです。そのため彼らは第二のＩＢＭを探して無為に投資人生を過ごしてしまうかもしれません。それほどまでに人間の物の見方は自分の少しばかりの経験に影響を受けてしまう恐れがあります。

学生　あなたの著書『**賢明なる投資家**』（パンローリング）に書かれている「もしあなたがただ単に投資計画について少しばかり余分な知識や知恵を取り入れようとするならば、実際には以前よりもっと悪くなるかもしれない」という内容についてご説明をいただけますか。

グレアム　有価証券について一般の人よりもよく知っていると思う人は一般の人たちよりもうまく運用できると考えるようです。一般の人たちが余計なことに惑わされていないと仮定するなら、彼らは株式市場において平均的な成果を上げることでしょう。もし平均的な成果以上にうまくやろうとするならば、その人は自分の考えることはうまく実行するのに十分な知恵があるとの考えに依存する傾向が強くありますが、実際には十分な知恵はなく失敗してしまいます。賢明であろうとしますが、十分に賢明ではないのです。これがマーケットに参加している大多数の人、ウォール街における証券会社などで多くの時間を過ごし同業者や一般の人たちを出し抜けると考えている人たちに起きていることです。株式市場を構成する専門家よりも賢明であること、これが一般の人たちをしのぐのに十分な賢明さなのでしょう。

学生　もしあなたがこの一九七〇年代において、優良株か高格付け債のいずれかを選択しなければならないとした場合、どちらを選びますか。

グレアム　これは不自然な質問ですね。といいますのも、私の基本哲学はそのどちらか一方のみを独占的には選択しないというものです。もし現時点（一九七二年三月）の水準でどちらを選ぶかと聞かれれば、利回りが優良株の二倍以上であることから確実に高格付け債を選びます。

学生　もし投資に関して最も関心があるのがインフレからの資産保護である場合は、どのようにすべきでしょうか。

グレアム　そうですね、まず期待インフレ率について最善の判断をするべきですが、そのうえでその期待について対処しうる最善策を講じるべきでしょう。今後一〇年間のインフレ率については三％を若干下回る程度と私は考えていますが、最近での経験に照らして未来についての判断をしようとは考えておりません。そうしたことは金融業界のいたるところで見られる誤った判断につながる間違いなのです。期せずしてコンファレンスボード（全国産業審議会）の一九七二年の物価上昇予測が三％でしたが、今後七年程度について私も同じ水準の予測をしておりました。

教授　フォーブス誌のなかであなたは株式市場はここ何年かのうちに大きく揺れ動きそうであるように示唆されていたようですが、この理由は政府による景気循環統制の試みによるものでしょうか。または一九六〇年代後期のような株式市場で手っ取り早く利益は上げられるとする大衆信仰ですか。

グレアム　まず、私は政府が景気循環を統制しようとしているとは思いませんし、またそれが必ずしも大きな株価変動につながるとも思っていません。株式市場での長年の経験を振り返りますと、一般大衆は常に何かにつけ、手っ取り早く利益を上げようと考えていますし、そのような人間の本性が度を越した株価変動を引き起こすのでしょう。度を越した変動といいますのは、反対の方向への同じ程度の変動がそれに伴って起こり得るということを意味しています。ですから、私が想定する将来起こり得ることとしては、われわれが過去に経験したことに非常によく似た、つまりこの二年の間に目にしたように、ダウ平均が九九五ドルから六三〇ドルに下落し、そして九四〇ドルに上昇するといったような変動が今後も断続的に発生するということです。

学生　一九六九年から一九七〇年にかけての弱気相場は終わったとお考えですか。

グレアム　そうですね、形の上ではそう言ってよいと思います。ダウ平均は安値六八〇ドルから九〇〇ドル以上へと十分に回復しています。われわれが今現在目の当たりにしているのは単なる小規模または一時的な回復ではないでしょう。もし強気か弱気かで頭を悩ませたいのでしたら、一九七〇年五月以降また強気相場が到来していると考えたらよいでしょう。

学生　収益力と直近の収益とは区別しますか。つまり、どのように収益の質（quality of earnings）を測定しますか。

グレアム　収益の質は収益力と直近の収益といった区別とはそれほど関連性はありません。歴史的に見て、それは収益の安定性についての二つの点、著しい収益の減少がないことおよび明白かつ健全に維持された利益の増加傾向が数年にわたって見られることに基づいています。安定性が優れていれば、増益傾向も維持されて収益の質も良くなるものです。

学生　株式について安全域（margin of safety）が何を意味するのか説明をお願いします。

グレアム　それは**『賢明なる投資家』**（パンローリング）でもかなり詳しく論じましたが、安全域とはあなたが株式を取得した価格における収益率と債券利率との相違であり、不満足な状況が生じてもそれを吸収して和らげる緩衝材のようなものです。一九六五年版の『賢明なる投資家』を執筆したときには、株式は平均で利益の一一倍で売られていて、債券利率がおよそ四％であるのに対しておよそ九％の収益率を上げていました。この場合、安全域は一〇〇％を超えています。しかし今（一九七二年）ではこうした差異が株式の収益率と債券利率との間になく安全域がない状況です。むしろ一九六五年には得られた有効な安全域の代わりに、負の安全域とでも呼ぶべき状況にあり、これは現在（一九七二年）の水準で株式を取得するには極めて大きな負の要素であると私は考えています。

学生　『賢明なる投資家』のなかで、あなたは異なる種類の「水増し」が投資家や投機家自身によって株式市場に再び呼び戻されたと論じられましたが、この新たな種類の「水増し」について解説いただけますか。

グレアム　かつては水増しと言えば、企業の保有資産の価値を秘密裏にかさ上げすることを意味していて、主に有形固定資産について取得価額および再調達価額を上回る評価を行い、実際には一株当たり二〇ドルの価値しかないものを一〇〇ドルの価値があるようにバランスシート上で装っていたのです。現在ではそのようなバランスシート上の不正行為は是正されていますが、その代わりに株式市場自体が投資家の支払う対価についていじくり回すようになってきたのです。例えば、有形資産などを含めた帳簿上の価値が二〇ドルしかない株式に対してマーケットで一〇〇ドルの価格が付くようになり、この株式市場での評価と帳簿上の価値との差額について、それまでのバランスシート上の水増しとは異なる株価の水増し現象として認識されるようになりました。しかし、そもそも二〇ドルの価値の株式に一〇〇ドルを支払うという意味では同じことです。

学生　新しい版の『賢明なる投資家』は以前のものと比べてどのように変わったのですか。

グレアム　投資手法に関する基本的な助言や結論はおおむね変わっておりません。『賢明なる投資家』初版にも載せていますが、一九四九年以降公表している原則が直近四年間のインフレの最中での経験によってその基礎が強化され、より正当化されたように思います。これらの原則は一九三九年から一九六八年までの株式市場のほぼ断続的な上昇によって脇に追いやられていたようでしたが、一九六八年以降の経験によって当初の著書で記載した論拠を確認できたように思います。当然ながら、前回の版以降に顕著なインフレが発生したことからも、新しい版では以前よりもインフレの問題についてより注意を払っています。しかしご存じのように、私はインフレをわれわれの未来がどうなるかを示すものとは考えておりませんし、長期にわたって、五％、六％のインフレが定着するとも考えておりません。また同様にとても重要ですが、金利の変動にも注意を払っています。株式投資をする者の観点からみれば、金利の上昇によって現在（一九七二年三月）のダウ平均の水準は五、六年前ほど高くはありません。価値を増加させるほかの要因は金利の上昇によって相殺されてしまっているのです。

学生　もし景気循環をうまく管理できたとすれば、あなたの安く買って高く売るという投資哲学はいわゆるバイ・アンド・ホールドに変更されますか。

グレアム　ええと、これも少し不自然な質問ですね。われわれは第二次世界大戦以降、それ以前よりはうまく景気循環を管理していると思いますが、景気循環自体は株価の変動を生み出すものだと考えています。しかし一般の人たちは景気循環がひとたびある程度うまく管理されようものなら、株を買うのに金に糸目はつけないといった正気ではない考えによって、そうした管理向上の恩恵を相殺してしまいますが、それは多かれ少なかれ株価水準の変動についての傾向と同じような一般の人たちの根拠のない自信のせいでもあるのです。私は将来においても価格変動はあると思いますが、どこで安く買えるか、そしてどこで売るべきかを見つけることは簡単なことではないでしょう。しかし、私が推奨する二五％ずつを株式と債券に配分し、残りの五〇％をマーケット状況に応じて配分する方法は、景気循環がうまく管理されているかどうかにかかわらず、将来にわたってうまく機能するでしょうし、必要な時間と注意を怠らない人であれば、なお実行可能な計画となるでしょう。

学生　フォーブス誌の論説のなかであなたは公益事業株が簿価程度で売られているので、取得するかもしれないとおっしゃいましたが、その場合の収益は規制環境や高金利などによって制限されないのでしょうか。

グレアム　これは良い質問ですね、よくぞ聞いてくれました。収益は規制により制約を受けますが、有利な面が二つあります。一つは損失リスクが極めて限られていることで、二つ目には簿価程度で取得した場合に一般的に工業株に比較して値上がりする見込みがずっと大きいことです。公益事業株は今のマーケットで認識されていない非常に強力な優位性を持っています。それは収益が法的に保護されているということですが、公的機関は公益事業の投資を支援し、価値を高め、何より新規投資を促進するために十分な収益を与えなければならないのです。それによって簿価よりもおよそ五〇％高い株価をもたらす料金体系を有することになっています。取得する株式に少なくとも支払う価格の価値があると一般の人たちが信じる理由がないかぎり、そうした人たちへの株式の売り出しを通して多額の資金を調達することができないことはご存じのとおりです。こうした状況下において、規制業界全体としての歴史や価値観といったものが、事実上株式簿価に割り増し部分（プレミアム）を保証しており、かつ簿価を下回るリスクが極めて小さいという、優れた組み合わせを形成しているのです。このように極めて損失可能性が少なく早期に五〇％の収益を見込める良好な投資機会に投資家は十分に満足するだろうと私は考えています。

学生　なぜあなたは簿価程度で売られている銅、原油、土地などの資源株よりも公益事業株を選ぶのでしょうか。

グレアム　まず、実態として収益に何らかの問題を抱えている企業でなければ、簿価程度で売られている資源株をそれほど多くは見つけられないということがあります。また、そうした収益上の問題は公益事業ではほとんど発生しません。公益事業の場合は、不況でも前年収益と比較して一株当たり利益が数セント少ないといった程度です。しかし資源株の場合、その収益はさまざまな種類の変動要素や状況にさらされています。例えば、アナコンダ社はその資産の一部が没収対象となり、直近二年間において株価の四分の三および同程度の利益を失いました。またガルフ・ステーツ・ランド社は事実上利益を計上しておらず、最近の株価は三〇ドルから二ドルの間を乱高下しています。このように資源株はこれまでにお話しした利益の質（quality of earnings）といったものを備えておらず、公益事業株への投資とはまったく異なるものなのです。

学生　資源株の本質的価値を測定するにはどのように取り組んでいますか。

グレアム　それは非常に難しいですね。われわれが石油会社を評価する場合などには、石油資源についての何らかの価値基準を用います。例えば開発済みの原油資源はバレル当たり一ドル、未開発だがほぼ確実性が高い資源はバレル当たり四〇セント、確実性が劣る資源についてはバレル当たり一〇から二〇セントなどと評価します。ただこのように計算は可能ですが、その結果が特別に役に立つわけではありません。もしだれかに天然資源関連企業の評価を依頼されても、私はうまくできると思いませんし、自分でやりたいとは少しも思いません。

学生　企業が長期的成長のためにより容易に資金確保するために現金配当の代わりに、株式配当を実施すべきと思いますか。

グレアム　ええ、もちろん。私見ですが、配当政策はこれまであまりに無策であり、公益事業会社についてはは利益の三分の二を現金配当を行うのが典型的であり、そして時には配当支払額以上の資金を新株発行で調達したりしていました。そうした企業は現金の代わりに株式配当を行うことができたはずであり、そうしていれば株主は現金配当にかかる所得税を回避できたのです。さらに株主は株式配当を受けることで税金を支払うことなく、自らの株式持ち分を増やすことができたことになります。例えば、AT&T社は現金配当に代わるものとして株式配当の方針を適用できていたならば、株主のために数億ドルもの現金を確保することができたと思います。

教授　グレアムさん、あなたたちが話されている間に質問が浮かびました。これまでによく言われてきたことですが、株式はインフレの防衛策であるとする包括的な意見について、一九六九年から一九七〇年にかけての局面においてはそれが誤りであったことをマーケットが証明したように思えますが、これについてはどのようにお考えですか。

グレアム　ええ、確かに株式は債券よりもインフレに対して優れた防衛策でありますが、それでも完璧ではありません。株式がインフレを反映して収益力が増加すると思い込むのは誤りですが、歴史的に株式はインフレの最中にあってもその投下資本に報いる利益をもたらしてきたとは言えるかもしれません。一方、債券はインフレによってその元本価値の大部分を失いましたが、株式がずっと現状にとどまっていたのに対して、債券は直近一〇年または二〇年にわたって下落してきたという点では、株式ははるかに良い成果をもたらしてきたと言えます。つまり企業の真の収益力は株主資本に対する収益性で測定されるということです。資本が二倍になれば、収益も二倍になるものと推測するでしょう。長年にわたって起きてきたことは普通株の増資によって株主資本が大きく増強されましたが、一方で収益の伸びは株主資本の増加に比べて穏やかなものでした。そうです、実質的には以前よりも収益性は低くなっており、ダウ平均採用銘柄の収益率は二〇年前に一二％だったものがおよそ九・五％となっていました。直近二〇年間のインフレにもかかわらず、収益性は減少しており、この点についてはインフレが株式に恩恵をもたらすとは言えないでしょう。つまり、株主は収益との関連で企業価値が向上することを期待していたのですが、企業は利益の範囲内で配当を行うことで大幅な資本増強を実現したのです。一方で、株価についてはかなり異なる話があります。株価は単にＰＥＲ（株価収益率）が増加したことによって大きく上昇したのです。一九四九年では、株式は利益の七倍程度で売られていましたが、現在（一九七二年）ではＰＥＲは利益の一七倍です。一九四九年から一九七二年までのＰＥＲ増加の大部分は投資家が利益に対して、より多くを支払うようになったことによるものです。その結果、特に意味のある発展があったわけでもなく株価は上昇したのです。

教授　これまでのご経験のなかで印象深いものやもっとも記憶に残っているような企業について、お話をお聞かせいただけますか。

グレアム　一九二八年にさかのぼりますが、私はバーナード・バルーク氏のパートナーシップに参加し、われわれは割安に思えたある企業を買収しました。価格は確か一株当たり九ドルでしたが、一株当たり利益は一・五ドル程度だったと思います。私はその企業の財務担当副社長に就任し、その職務に対する報酬は年間三〇〇〇ドルでした。その企業は花火を販売する事業を営んで潤沢な現金を保有していましたが、そのとき以降一九二九年の大恐慌もあり何もかもが悪化していきました。しかし一九三六年から一九三七年にかけての期間まで何とか持ちこたえることで、われわれは幸運にもそれほど多くの現金を失うことなく苦境を脱することができました。その後、新たな投資家が現れて、一株三・七五ドルでその企業（アンエクセルド・マニュファクチャリング社）を買収したのでした。同社は欧州で社債を発行するなど考えられないようなことを始め、その後株価は六三ドルまで上昇しました。それから株価はあっという間に三八セントまで暴落したあとに再び六八ドルまで上昇し、また三・七五ドルに下落し、現在ではおよそ一四ドルになっています。私はこの企業に個人的なつながりがあったので、折に触れて気にかけていました。この銘柄への投資はもう相当長い期間しておりませんが、私の考えでは三〇年という期間にわたる典型的な企業の浮き沈みを表すかなり良い実例だと思っています。

皆さんへの私の提案としては、二〇ほどの企業を選んでその企業の三〇年間に何が起きたかを確認し、その栄枯盛衰をよく研究することをお勧めします。その過程で聡明な投資家になることを志すうえで極めて重要な教訓が学べることでしょう。個別企業自体の変遷について多く知るというよりも、過去におけるさまざまな投資に関しての全体としての変遷を理解することが、将来について判断を下す際の何らかの根拠を得るのに非常に大事であると考えています。そして一般の人々はよく「過去はもはや現在とは関係がない」などと口にしますが、それこそ彼らが忘れてしまっていることなのです。われわれは一体何を知っているというのでしょうか。もし皆さんが過去について投資方針の基準として用いることができなければ、その方針は何ら根拠を持たないものとなるように私は思います。

学生　企業による情報開示は十分だと思われますか。

グレアム　これも非常に重要な質問ですね。ある面では情報開示は過剰であると言えます。SEC（証券取引委員会）に申請されている新規上場企業の目論見書を見ると、それらは一〇〇ページもあって重要な情報とそうでないものが混在しており、イライラさせられます。そして最初の一〇ページを読み終えるころにはその銘柄を買い逃してしまうことでしょう。だれも目論見書のすべてを読むことはなく、重要な情報は埋没していて、それを探し出すのに専門家の助けが必要になる始末です。證券アナリストもその業務を担う専門家の一人ですが、ほかの業務の忙しさから四半期および年次報告書などの開示情報に多くの時間を取れていないのが現状です。SECは四半期および年次報告書などの開示資料の要件についてしっかりとした仕事を行っているように思えますが、難点はアナリストがそれについて詳しく調べたりせず、それほど注意を払っていないように思えることです。しかし結局のところ、問題は開示そのものではなく、大した価値のない二流、三流の企業の株価が不当に上昇した場合に、その不合理な価格水準に対して一般の人たちが保護されうるかどうかでしょう。私には解決策は分かりません。また、自分自身を投資家と呼んでいますが、実態としては投機家であるようなギャンブル好きな人たちが強欲と愚行から保護されるすべも分かりません。ＳＥＣは新規株式公開の申請方法を多少変更するための意見聴取を始めているようですが、「この銘柄は売り出し価格ほどの価値はありません」と大きく赤字で記載するというのはどうでしょうか。それでもあまり変わらないかもしれません。それでもその株は売り出されて、だれかがこう言うでしょう。「何てこった、やっぱり上がってるよ」

教授　グレアムさん、本日はお時間を割いていただき大変感謝しております。大変興味深い講義となりました。

グレアム　私も刺激を頂きました。参加できまして光栄です。学生の皆さん、頑張ってください。

第23章　一九七四年　一九六五年から一九七四年までの一〇年——証券アナリストにとっての重要な意義

『ザ・ルネッサンス・オブ・バリュー（The Renaissance of Value）』——経済、金利、ポートフォリオ管理、および債券と株式の対比に関するセミナーの講義録（一九七四年）、一～一二ページ

このセミナーの題目——「価値の復興」——はこれまでウォール街では価値（Value）という事柄についての考え方や概念が失墜していたことを示唆している。この価値の失墜はかつて確立していた投資と投機の区別が事実上、失われていることとみなせるかもしれない。この一〇年の間に、ストックオプションの保有や端株の空売りなどを含め、だれもが投資家になったが、私の考えでは価値の考え方は安全域（Margin of safety）の概念とともに、常に真の投資の中心に位置してきたのであって、一方で投機の中心に位置してきたのが価格の予測である。

それでは一九六五年から一九七四年までの期間での経験を踏まえて、証券アナリストが直面しているバリューアプローチ（本質的価値に基づく方法）についてのいくつかの課題を挙げてみよう。

一．バリューアプローチは以下の観点から有効であるか
●そもそも何を達成できるのか
●ほかの分析的手法や実務との成果の比較
二．理論的な考えなども含めた最近の動向に対して評価手法はどの程度修正されるべきか
三．証券アナリストの評価業務や判断手続きに対して、機関投資家が株式市場において支配的であることはどのような影響があるのか
四．実務に携わるアナリスト――三八〇〇人のＣＦＡ協会認定アナリスト及び二〇〇〇〇人超のアナリスト候補者を含む一四〇〇〇人あまりの証券アナリスト協会会員――の人数は、平均的な資産運用者が価値ある成果を上げることに対してどの程度妨げとなるのか。これは実に微妙な問題である。

以降の内容は右記の問題を個別に分けることなく論じていくが、それらの回答となるよう最善を尽くすつもりである。

バリューアプローチは、けっしてすべてではないが多くの場合、分析的手法を用いて株価評価を一定の範囲として示すことを前提として確立している。そしてこの価格範囲はしばしば現値から大きく乖離するが、そうした乖離が実りのある投資機会を提供するのである。「実りのある投資機会」という表現は、おおむね三年またはそれよりも短期間で株式市場の動きそのも

のによってバリューアプローチの正当性が示されることを意味している。

一般に将来の利益見込みに適切な乗数を適用することでバリューアプローチによる価格範囲の中間点が得られるが、私はこれが最善の手法とは考えていない。それよりも計算に使用する利益数値はいわゆる「直近の正常利益水準」であるべきで、そのうえで将来のさまざまな可能性――楽観的または悲観的要素、特別または一般的要素など――を乗数に反映させるべきである。この手続きの変更によって、将来価値を算定してから現在価値に割引くといった手間を省ける。

こうした手法は一九三八年にジョン・バー・ウィリアムズ博士の独創的な著書『**投資価値理論――株式と債券を正しく評価する方法**』（パンローリング）において初めて提唱された方法からわれわれをかなり遠ざけてしまうように思える。彼の提唱する方法はかなり長期にわたる配当予測を必要とし、配当の割引価値を合計し現在価値を算出する。その後、ウィリアムズ氏の手法と私の提案する手法との間の妥協策のような成長株の評価方法が多くの数学的手法をもって考案されてきた。多くの人たちは配当予測を一定期間――およそ一〇年程度――に限定して計算することとし、その最終年度における株式価値を通常は保守的な基準をもって評価したのである。その結果得られた配当予測とそのターミナルバリュー（最終年度における株式価値）に対して選択した一定の利率で割引計算を行い現在価値を算出した。

『**証券分析**』（パンローリング）を読まれた方は七年から一〇年程度の見込み成長率を示すG

という一つの変数を用いる公式を提案することで、われわれが数人の著者の数学的手法の単純化を試みていたことを思い出すかもしれないが、その公式を以下に示そう。

価値＝正常利益水準×（八・五＋二G）

この評価公式には、概算を示すそのほかの公式と同様に、基本となる金利の変動を考慮していないという大きな欠陥があった。しかし直近一〇年間において株式価値に対して——そして多少時間差があるが株価についても——、もっとも大きな影響を与えた変化こそ、目を見張るほどの金利の上昇なのである。われわれの著書を出版する三年前では、トリプルAの債券利率は平均四・四％であったが、ちょうど一〇年前もその水準であった。しかし一九七一年から一九七三年の三年間では平均七・五％であり、現在（一九七四年）では実に九・五％である。

直近金利の変動と反比例して株価評価が増減することは私にはもっともなことのように思える。例えばこの目的の下に公式を改めるとすれば、直近のトリプルA債券利率四・四％をそれに反映し、以下のように表現できよう。

価値＝利益×（三七・五＋八・八G）÷トリプルA債券利率

この修正した公式にそった事例を二つほど示そう。まずダウ平均指数について、Gを四・五％、トリプルA利率を三年平均の七・五％とすると利益に乗じる数値である一〇・二が得られる。これを一九七一年から一九七三年までのダウ平均採用銘柄の平均利益に乗じるとその中央値およそ七五〇が算出される。ここでトリプルA債券利率を三年平均の代わりに直近債券利率である九・五％を使い、さらにダウ平均採用銘柄の利益にインフレの影響が加味された直近利益およそ九三ドルを使って計算してもその結果は同じ七五〇となる（より高い利益がより高い金利によって相殺される）。

この計算は最近のダウ平均六二七ドルという水準はおよそ一五％過小評価されていることを示しているが、このことが近いうちに現在の弱気市場が終わることを予兆しているかどうかについては、もっと賢くて大胆な人たちにその判断を委ねたいと思う。しかし、この同様の方法を個別銘柄に適用すると、現在のマーケットのなかに大幅に割安な銘柄が多数見つかるのではないかと思う。ファイアストン社を例に取ってみよう。同社はこの一〇年間ダウ平均を上回る成長率で利益を伸ばしてきている。同社の一九七一年から一九七三年までの平均利益は一九六一年から一九六三年までの期間と比べて一一六％伸びているのに対し、同期間のダウ平均の利益成長率は六六％である。先程のダウ平均の計算と同じ成長率Gとして四・五％、一九七一年から一九七三年までの利益乗数も同じ一〇・二を使って計算すると同社の評価額は二四ドルとなり、一九七四年安値を九〇％超上回る。偶然にもこれは同社の簿価――以前は投資概念のなかのささいな項目としていたが今日の新しい環境では私は主要な要素とみなしている――とほぼ同水準である。当然だが、ファイアストン社は一定規模以上の企業のなかで株価水準がダウ平均の直近の水準と大きく乖離している事例の一つにすぎない。

期待成長率と金利のみに基づいた評価は、企業の財務構造や負債依存度を評価の過程に考慮していないことを示している。このことは当初想定のように、この公式が将来見通しが極めて良く、財務的な懸念がほとんど生じないだろうとみなされる高成長企業にのみ適用される場合はそれで良いかもしれない。しかしわれわれがこの公式を平均的な成長性の企業にも適用できるよう一般化しようとするならば、まず多くの企業はインフレ圧力や、これまでの一〇年間で債務残高を過剰に拡大させてきたことなどによって財政状態が十分に健全ではないかもしれないということを認識しなければならない（一九六八年以降の企業債務の合計残高は、一九七四年六月に発行された『ザ・サーベイ・オブ・カレント・ビジネス（the Survey of Current Business）』によれば、わずか五年間で七四％増加しており、一九七四年にはさらに増加が見込まれている）。

しかし、評価上の乗数を減じることでは標準以下の財務健全性について考慮する方法にはならないであろう。アナリストへの私の助言としては、むしろそうした企業に対しては型どおりの評価方法の適用を避けるということである。言い換えれば、財務健全性についての特定の基準を満たさないような企業群は評価対象から除外し、投資に値する企業にのみ評価を行うよう制限することである。私のこの意見は、いわゆる投機的な銘柄は全体として満足できる成果を上げているアナリストにとっても、まったく扱うことができないとするかつての立場に私を引き戻すものである。私自身の厳格な定量基準に照らしても、ファイアストン社はその適度な財務健全性から基準を満たすであろう。そうした財務健全性についての検証によって現在のNYSE（ニューヨーク証券取引所）上場銘柄の半分程度は投資の検討対象から除外されるかもしれないが、それでも基準を満たしてアナリストや投資家に豊富な選択肢を与えてくれるには十分な銘柄数が残るように思う。投資の選択についての手引きとして評価の過程に信念を持ちながら、その手法については財務健全性の基準を満たす企業にのみ適用するようかなり厳格に制限するということを明確にすべきであろう。また、この手法に基づいた「買い」の判断は安全域（margin of safety）の要素も必要とすべきである。これによって買い付け価格は評価額中央値の三分の二以下となるだろう。

この一〇年間、どうすればそうした手法が機能しただろうか。ファイアストン社の株価は数回われわれの計算した評価額以下に下落したが、安全域を超えて評価額の三分の二以下に下落することはなかった（一九七〇年の買値一六ドルに対し安値一七・五ドルを付け、その翌年に高値二八・五ドルを付けた）。ほかの研究報告にも目を通したが、この種の業務にコンピューターを活用することで公式で算出した評価額の三分の二以下で取得可能かつ健全な企業がかなり多く見いだせただろう。全体的に見ると、この基準どおりに株を買い、五〇％上昇したところで売却すればこの一〇年間においても相当に機能したように思われる。同様の手法が将来においても十分な成果を上げられるかは保証できないが、それが不可能であると考える理由も見当たらない。

当然ながら、ほかにも多くの評価手法があるし、別のアナリストであれば私が示した手法とは異なる変数を用いた別の公式を好んで使うこともあるだろう。私自身も例えば、バリューアプローチの基準を満たしているうえで、さらに直近の高値の半値を超えない価格で取得可能な銘柄のなかから投資対象を選択するというアイデアに興味をそそられたものである。私の研究ではこの種のテクニックは一九七〇年以降の市場の回復期に至るまで機能したように思う。最近の環境においては、評価手法に基づいて株式の買い付け価格を決定する価格基準を多少追加した。実務的には、例えばファイアストン社のようなタイプの銘柄であれば、買い付け価格は評価額の三分の二としていたが、さらに直近の高値の半値以下という基準を追加したのである。

さて、現在の状況において評価の過程のなかで大変重要と私が考える要素に移ろう。それは簿価の数値であるが、より洗練された計算に向けた出発点として、あるいは実務的に便利な株式価値の測定基準としてみなせるものである。金融機関や特別な案件などを除き、もう長いことわれわれは資産価値についてかなり軽視してきたように思える。しかし最近のマーケットではかなり多くの、おそらく過半数のＮＹＳＥ上場銘柄が実際に資産価値の上下をはさんでの値動きがなされている。例えば、ポラロイド社などは最近では簿価以下で取得可能な状況である。

こうした事実から多くの場合、純資産価値と本質的価値またはアナリストの評価額との間に実際的な関係が築かれつつあるように思えるのだ。だれかが「簿価の復権」と表現するのも不思議ではない。

ご承知のとおり、私は単にエイボン・プロダクツ社は簿価である七・七ドル相当の価値しかないとか、シカゴ・ミルウォーキー社が簿価の一四九ドルで評価されるべきであるといったことを申し上げているわけではない。かなり多くの銘柄では、簿価数値が株式の投資価値とは意味のある関係性を持っていないが、資産価値が減少し、アナリストが計算した評価額の範囲内にまで下がり、アナリストの選択対象となっている銘柄がおそらく一〇〇〇またはそれ以上あるだろう。こうした銘柄の多くの場合でアナリストは純資産額を具体的で望ましい基準、そして買いや売りの際の便利な基準として決めることができよう。

この手法は上場銘柄と同様の基準で非上場の私有企業にも活用できる。例えば、普通にベンチャービジネスとして魅力的な出資案件であれば、それが上場企業の一部であることで業容拡大の優位性や市場性などが加わり、より魅力的でさえあるだろう。

しかし、私の経験から市場性というのは、総合的な優位性という面では疑わしいということが分かっている。それは投資家の役に立ってきたのと同じくらい迷わせてきたものでもあり、投資家を価値志向よりも株式市場志向へと向かわせるものでもある。私は投資家の都合に合う二つの特別な状況を除いて、株式市場がどのように動こうがまったく興味を持たないような人物こそが真の投資家であるという厳格な考えを持っている。その二つの状況とは、一つ目は投資家が自らの評価額よりも割安でまとまった量の株式を取得できるようなマーケット状況の場合であり、二つ目は投資家にとってそれ自体は重要ではない直近高値の半値以上で株を売ることができるときである。時には、投資家が損切りすることがあるのも事実であろう。しかし、それは株価が下落したからという理由であるべきではなく、企業そのものの状況が悪化し、株式の真の価値が買値よりも下回ったという理由であるべきだ。当然ながら保有銘柄よりも有利な価格で取得可能な銘柄がある場合にも株式市場を活用することになるだろう（読者は何か「昔の宗教観」のようなものを聞かされているように感じているかもしれない。それらを聞かされて、あなたの心は変わらないかもしれないが、何ら損することもない）。

この点については、グレアム・ニューマン・ファンドを運用していたときに、われわれがかなり一体感を持って活用していた手法を簡潔に考察したい。それは運転資本価値よりも安い価格で株式を取得するという手法である。その手法は四〇年間にわたって優れた成果を生みだし、結果的に通常の評価方法に基づくほかのすべての銘柄選択方法を放棄し、そうした「低位資産銘柄」に集中するよう決心するに至った。この論文のテーマである「価値の復興」はこの種の投資機会の再現も含んでいる。バリューライン社が先月公表した情報によれば、非金融業でそうした銘柄が一〇〇社ほどリストアップされていた。この特集からもS＆Pの『マンスリー・ストック・ガイド』の運転資本を基準に選択した銘柄の少なくとも二倍は該当する銘柄がありそうだと思われる（しかし「運転資本以下で売られている一〇〇〇銘柄」と表紙に宣伝を載せているこの雑誌に二五ドルを浪費してはならない。運転資本から負債および優先株を控除することを省略するという許し難い内容である）。

つまり、例えば運転資本以下で取得可能な三〇程度の銘柄のポートフォリオを構築するという判断はまったくもって常識的な感覚のように思えるし、そしてもしその企業が合理的で優れた長期的見通しを有しているとアナリストが信じていることなどを含むほかの価値基準を満たすのであれば、なぜそうした銘柄のみを選択することに制限して、これまでに議論してきたより標準的な評価手法や選択をやめないのか。この問題は理にかなっているがさまざまな実務上の問題点が引き起こされよう。例えば、そうした「激安銘柄」――バリューライン社の表現だが――の投げ売りはいつまで続くのだろうか。多くの運用者が本日この時点からそうした銘柄群に専念し集中したら、どのような結果が生じるのか。そうした状況が利用できなくなったらアナリストは何をすべきだろうか。

投資家やそのアドバイザーがこの手法を実行する場合、このような問いは魅力的な投資機会の利用可能性も含めてバリューアプローチの幅広い側面に関係している。この点については後ほどまた触れたいと思う。

さて今や金融業界での日々の出来事の一つとなった株式公開買い付けによって、株価と本質的価値との関係について興味深い論点が引き起こされている。この種の出来事で極めて注目に値する出来事が数週間前に起きたが、それは二つの大企業が対象企業の買収に関して激しく争っており、その対象企業ＥＳＢ社の株価はわずか一カ月の間に一七・五ドルから四一ドル以上に急騰したのである。われわれは常に事業価値を個人事業のオーナーのように株式評価の重要な要素として検討するが、今やアナリストが検討するべき類似した数値がある。それは買収対象企業に対して買い手候補から申し出される価格である。その点に関して、ＥＳＢ社案件における一方の買い手候補であるマルコー社の申し出た価格は、同社の真の価値は現在の株価水準よりもはるかに高いと信じる株主を勇気づけるものであった。

少し個人的かもしれないが、ここで取り上げたい買収の別の側面がある。それは、かつて私が経営陣に対して従順すぎる株主を変えようと長いこと挑んだが、かなわなかった苦い経験に関係している。ＩＮＣＯ社による最初の買収の申し入れはＥＳＢ社経営陣にとって「敵対的行為」ととられて、同社経営陣は徹底抗戦を明言した。最近、経営陣の数人は彼らの反対を押し切って買収を実現することをより困難とする定款変更を株主に投票するよう依頼している――言い換えれば、現任の経営陣から仕事を取り上げることがより困難になり、さらには株主が同社株式を魅力的な価格で取得することもより困難になることを依頼したのである。今なお従順な株主はそうした提案をほとんどの場合は受け入れる。もしこうした動きが広がれば、現実に株主の利益を損なうことになろう。アナリストがここで何が行われているかについての適切な判断を行い、株主が自分の首を絞めるようなことがないようできるかぎりのことをして思いとどまらせるように願いたい。これはFAF（フィナンシャル・アナリスツ・リサーチ・ファンデーション）が議論のうえで正式に立場を明確にすべきテーマであろう。

買収案件で申し出される価格といわゆる「主要五〇銘柄」などと評される最上位銘柄の株価とは、少なくとも表面的には似ている点がある。そうした大企業は派手な買収を行い、その勢力を拡大させるべくコングロマリットとしての行動をとってきた。エイボン・プロダクツ社の一九七二年の平均ＰＥＲ（株価収益率）は五五倍であり、最高値一四〇ドルでは六五倍に達したが、このバリュエーションはわれわれがこれまで論じてきたような保守的な評価公式ではまったく正当化することができない。ただこれは、上昇が続く強気相場における投機家の仕業ではなく、エイボン社の株を大量に保有する機関投資家の間接、または直接的な支援の結果なのである。

このように機関投資家がエイボン社の株式にとっぴともいえるＰＥＲの価格を支払うように納得させられるには、三つの要因の影響があるように思う。第一に彼らに巨額の運用資金があって、その大部分を株式に投資することを決めていることであり、第二にある程度まとまった金額の取引を行う必要があることや高成長の見通しを主張していることなどから、一定規模以上の企業を選択せざるを得ないためにかなり少数に絞られた銘柄群のなかでの運用を強いられていること、そして第三としては特に年金基金の運用ではそうだが、「パフォーマンス」への崇拝といった影響が挙げられる。パフォーマンスの計算は一見やさしそうに見える。もし企業利益が前期比一五％増加し、ＰＥＲが変わらなければ、この「投資」の今のパフォーマンスは一五％および多少の配当であろう。もしＰＥＲが上昇——エイボン社が毎年そうであるように——すればパフォーマンスはずっと良くなる。こうした結果は、その銘柄を取得したときの価格水準とはまったく関係がない。しかし、機関投資家が自助努力によってこうしたことをやり遂げるのは、ウォール街では必ずしも難しいことではないが、永久に維持することは不可能である。

このような機関投資家の方針は証券アナリストにとって重要な二つの示唆を提示している。一つはこの性急で激しい領域における高成長時代の高ＰＥＲ銘柄に対して、保守的なアナリストは何をなすべきかということであるが、悲しいかなほとんど不可能なことをしなければならないと言わざるを得ない——つまり、そうしたものにきっぱりと背を向けて放っておくことである。機関投資家自身は投資対象としての「企業」を投機的な「株式」というように徐々に変えてきた。繰り返すが平均的なアナリストは投機的な銘柄の分野では、投機的である要因が企業自体の状況によるものであろうと高い株価水準であろうと、長期的に十分な業績を上げることはできない。

二つ目の示唆は、一般の投資家やそうした顧客に助言するアナリストにとって肯定的なものである。機関投資家が巨額の運用資金を背景に株式市場を支配し、小規模な投資家は不利な状況に置かれているとの不平を多く聞くが、事実はまったくの反対である。確かに機関投資家はマーケットで投機を行う個人に比べて設備などの体制が整っており、この点については反論の余地はない。しかし、適切な原則や助言を受けている個人の「投資家」は長期間にわたって大手の機関投資家よりもはっきりと優れた成果を得ることができると、私は確信している。機関投資家は投資対象を三〇〇以下の銘柄に限定しなければならないが、個人は三〇〇〇銘柄について自由に調査・選択を行うことができる。ほとんどの場合、真に割安といえる銘柄でまとまった量での投資を行うことは困難であり、まさにこの事実によって割安株を取得する競争から機関投資家はほとんど除外されてしまっているのである。

こうしたことのすべてが事実であるならば、われわれは冒頭に提起した問いを思い起こさなければならない。どのくらい多くの証券アナリストが過小評価された銘柄を探し、それを個人投資家に推奨することで満足に生計を立てることができるだろうか。正直なところ、この領域の活動において一万四〇〇〇人のアナリスト、またはその大部分にとってそうした余地があるとは言い難い。しかしこれまでのところ、割安株の分野へ参入するアナリストの増加は、この分野が過剰に開拓され過当競争となり、利益を上げる機会が減少してしまうほど多くはなかったと言うことはできる（バリュー系のアナリストは孤独にさいなまれることが多い）。事実、強気相場で割安な銘柄が再三にわたり見当たらなくなるのは、アナリストのすべてが割安株に意識を向けているからではなく、全般的な価格の上昇によるものである（おそらく運転資本価値以下で売られている銘柄の数を数えることで相場の水準が高すぎるか低すぎるかどうかを測定できるかもしれない。そうした機会が現実としてなくなったときには、これまでの経験上、投資家は株式市場から逃げ出し米国債へすっかり鞍替えすべきである）。

これまでは「ランダムウォーク」「効率的市場」「効率的ポートフォリオ」、およびベータ係数などの新しい概念について、私があたかも聞いたこともないかのようにバリューアプローチの優れた特性について論じてきた。実際にはそうした概念について聞き及んでいるが、まずベータというものについて少し触れたいと思う。これは株式の過去の価格変動についておおむね有用な測定基準である。ただ私が気になるのは、今や当局がベータのアイデアを「リスク」の概念と同一視していることである。価格変動の基準としては良いが、リスクを意味しているとは言えない。真の投資リスクは一定期間におけるマーケット全般と関連する株価の変動率ではなく、経済情勢の変化や経営の悪化に伴う収益力や品質を喪失する危険性によって測定される。『賢明なる投資家』第五版のなかで、価格変動と価値の変化との基本的な違いを説明するのに一九三六年から一九三九年までのＡ＆Ｐ社株の事例を活用したが、それに反して直近の一〇年間における同社株価の四三ドルから八ドルへの下落は、業界における収益率順位の低下などの本質的な価値の減少と相当程度一致している。こうした株式市場での動向と実際の事業において起きていることとの区別が困難であるという理由から、価格変動によって投資リスクを測定するという考え方は私にとっては違和感を禁じえないのである。

さて、ここで効率的市場理論に議論を移りたい。この理論は證券アナリストの業務について総じて否定的であることを示唆していることもあり、私にとっては特に興味深い。このテーマについては『フィナンシャル・アナリスツ・ジャーナル』誌での最近の論文でも手短に扱ったが、この論文の読者にとっても潜在的に重要であろうと思われるので、再度ここで扱いたいと思う。

まずジェームズ・ロリー氏とメアリー・ハミルトン氏の著書『ザ・ストック・マーケット』の九七ページにある効率的市場の定義を簡潔に述べる。「効率的市場とは多くの買い手や売り手の存在によって、売買されている企業に関する見通しについて知り得ることがその価格にすべて反映される市場である」。ここで私が気になるのは「すべて反映される」という表現である。マーケットが売買される企業の見通しについて知り得るすべての情報を持ち、活用するということを意味するならば、アナリストが時間を費やして追加的な情報を入手しようとする意味がないということになる。特に、証券アナリストが経営陣から入手した「重要情報」の活用についての議論や問題に対して意味がないとしているかぎりにおいて、私はこの理論とは意見が異なる。もしマーケットが各企業について知り得ることのすべてを理解し反映しているとするならば、「重要な内部情報」というようなものは存在しないこととなる。

しかし、これは私が「効率的市場」の概念に対して反論する最重要の論点ではない。『ザ・ストック・マーケット』のなかで、マーケットはすべての知り得る事実を完全に織り込むため、株式の適正かつ合理的な価格を形成するという強い意味合いが読み取れる。したがって、優れた証券アナリストのみが買うべき、または売るべき銘柄をうまく選ぶことができる。このような優れた人たちを、著者の表現では「経済環境や企業内部の変化において個別企業が受ける経済的影響について敏感で深い理解力を持っている」としている。さらに彼らは「希少で価値ある才能」を持っていると表現しているが、私はこの見方にはまったく反対である。株式の適正価格が形成されるには十分な情報がなければならないが、マーケットがそうした情報を持っているからといって、その結果、適正な株価が形成されるのではけっしてない。同じ情報でも、強気の熱狂、投機的な参加者の集中、弱気筋の幻滅などの影響を受けて、マーケットでの評価は幅広い範囲にわたって異なることもある。つまり、情報だけが適正な株価形成の構成要素ではなく、情報とまったく同じくらい重要な要素が正しい判断である。エイボン・プロダクツ社を例に取ると、同社の株価は昨年（一九七三年）の初めは一四〇ドル、時価総額で八〇億ドルであったが、今年（一九七四年）の直近では株価は二〇ドル以下で時価総額はわずか一二億ドルで売られている。知り得る事実を「完全かつ適正に（fully and properly）」（後ろの単語は私が付け加えた）価格に反映するという意味で、マーケットは両方の時期において「効率的」であったといえるのだろうか。この非常に収益性が高く、うまく経営されて財務も健全な企業の真の価値が八五％も減少するほど将来の見通しや環境がこの短期間で変化したのだろうか。

その一方で多くの銘柄が運転資本以下で売られているが、このような「激安」な水準が続くマーケットは「効率的」と言えるのだろうか。確かにマーケットにおいて各企業に関する必要な情報は不足していないのだろう。不足しているのは判断、勇気、そして忍耐であり、こうした状況にはアナリストがその勇気を示す絶好の機会がある。

バリューアプローチは普通株よりも優先株に適用した場合により信頼性が増す。債券分析の重要な目的として、十分な安全域（margin of safety）を確保できるほどに株式価値が負債価値を上回っているかどうかを判断するが、インタレスト・カバレッジを計算することはまさに同じ目的を果たしている。広大な債券および優先株の分野においてアナリストが真の専門家たる力量を生かして行うことのできる業務は多いが、それは転換株の分野においても同様であろう。調和のとれたポートフォリオが債券をその構成要素として保有すべきであることから、この分野はますます重要になりつつある。

有能な證券アナリストであれば、任意の優先株について投資の検討に値するのに十分な安全性に基づいているかを判断できるはずである。こうした仕事は過去一〇年間というものほぼ放置――特にペン・セントラル鉄道の負債構成は紛れもなく――の状態にあった。同社の社債は一九六八年に優良な公益事業の銘柄と同等の価格で売られていたが、これは米国の金融業界の記録としては許されざる汚点である。この数年間のそうした記録の調査は、とりわけ奇妙な会計処理や実際には法人税をまったく支払っていない事実などを指摘し、明らかにその社債を手放すべきことを求めている内容であったことから、言うまでもなく同社株も高値八六ドルを大幅に下回っていた。今や債券がおしなべて高い利回りで売られている状況にあるが、多くの企業は返済能力を超える過大な負債残高を抱えている。また、そうした企業の多くは株式と引き換えに新たな社債を発行することを回避するのに十分に強力な債権者保護条項を社債信託契約に盛り込んでいないように思える（シーザーズ・ワールド社の社債に対しての株式手法は驚くべき事例である）。このように広がりつつある財務手法は哀れな債権者の身体をたくさんのナイフが突き刺しているかのように私には思える。債券保有者は必要に応じてそうした侵害的な手法から自らの権益を保護するために法的な対策を講じることができるし、そうすべきである。

このように證券アナリストが債券の分野に進出して助言を行うことも十分にあり得る。米政府の債務構造などでさえも、免税証券を含む多方面にわたるあらゆる種類の政府証券など投資家の利回りを改善する多くの可能性を示している。同様に普通株と同等の価格で売られている転換権付き証券なども数多く見られるが、その典型的なものとして優先株は普通株よりも高い利回りを提供している。こうした場合に普通株から優先株に切り替えることは常識的で当たり前のことであろう。

さてそれでは、これまでに多くの強気相場と弱気相場を経験してきた八〇歳のベテランからいくつかの忠告の言葉をもって締めくくろう。アナリストとしてあなたがうまくできると分かっていることだけをやりなさい。もしあなたがチャート、占星術、または何か希少で価値ある自分の才能を持っていて、本当にマーケットに打ち勝つことができるのなら、それがあなたのなすべきことなのだろう。もし今後一二カ月以内でもっとも有望な銘柄を選択するのが本当にできるのなら、決然とした努力をもって自分の仕事の基準として用いなさい。もし経済やテクノロジー、または消費者選好における今後の重要な動向を予言することができて、そしてさまざまな株式価値との因果関係を正しく判断することができるのならば、その特定の活動に注力しなさい。しかしいずれの場合においても、あなたは正直に、ごまかすことなく、自省し、継続的な業績評価を行うことで、価値ある成果を生みだすのに必要な資質と能力を持っていることを自分に対して証明しなければならない。

もしあなたが――私は常に信じているように――バリューアプローチが本質的に理にかなっていて、実行可能で収益性が高いと信じるのであれば、その原理原則に専心しなさい。そして、それをやり続け、けっしてウォール街のやり方、幻想、懲りないマネーゲームに惑わされてはならない。バリューアプローチを駆使するアナリストとして成功するには、けっして天才である必要はなく、優れた才能さえ必要ではないことを強調しておきたい。必要なのは、まず分別のある知性、第二に適切な行動原則、第三に最も重要なものが性格としての強さ、規律である。

しかしアナリストとしてあなたがどのような道を選んでも、道徳心と知的高潔さだけは持ち続けなければならない。この一〇年の間にウォール街はかつての称賛に値した倫理基準には遠く及ばない状況となり、国民や金融業界自体についても大きな損失を生じさせている。もう七〇年以上前のことだが、私がこの街で小学校に通っていたころ、さまざまな格言をノートに書き写す授業があった。その格言リストの最初にあったものが「正直は最善の策（Honesty is the best policy）」であった。先月、わが国の大統領が思い出させてくれたように、今なお正直は最善の策なのである。

第24章　一九七七年　グレアムと過ごした一時間

ハートマン・L・バトラー・ジュニア

アービング・カーンおよびロバート・D・ミルン共著『ベンジャミン・グレアム（Benjamin Graham : Father of Financial Analysis）』（一九七七年）、三三～四一ページ

バトラー　グレアムさん、本日はお話をおうかがいすることができまして大変光栄です。おうかがいしたいことはたくさんありますが、まずは今（一九七七年）話題となっていてメディアの見出しなどでもよく目にしますが、ガイコ社に関しておうかがいできればと思います。

グレアム　はい、そもそもは同社の経営陣がわれわれの事務所に来られて、多少協議したあとに同社持ち分の半分を七二万ドルで取得することになりました。そして後に株式市場で同社全体として一〇億ドルを超える価値を付けることになりましたが、この成果は極めて異例のことでした。しかしSEC（証券取引委員会）によってわれわれは株式をほかの株主に割り振ることを余儀なくされました。なぜなら、証券取引法の専門的なことになりますが、投資ファンドは保険会社の株式を一〇％以上保有することはできないとされていたからです。ジェリー・ニューマンと私はガイコ社の経営に積極的に関与していましたが、二人ともかなり前に引退して

います。最近、同社は大きな赤字を計上しましたが、今では同社とのつながりもなく楽な気持ちでおります。

バトラー　ガイコ社は存続できると思いますか。

グレアム　ええ、そう思います。存続できないと考える本質的な理由がありませんからね。ただ、なぜガイコ社がこのような大きな損失が生じる可能性を考慮せず、あまりに拙速に規模を拡大しようとしたのかは当然ながら自問しています。彼らが一年でこれほどの額の資金を失うことができると考えただけでも身震いします。信じられません！　この二～三年で多くの大企業が一年で五〇〇〇万ドルから一億ドルもの赤字を出しているということには驚くばかりです。かつてこのようなことは聞いたことがありません。そのような大金を失うのもある種の才能かもしれませんね。

バトラー　投資の分野におけるこれまでのあなたの人生を振り返って、重要な変化や出来事としてどのようなものがありますか。ウォール街では一九一四年に働き始めたのですよね。

グレアム　ええ、まず最初に起きたことはよくあることですね。特別なお計らいもあって、週給一〇ドルのところ一二ドルで仕事を始めましたが、二カ月後に第一次世界大戦が勃発して、証券取引所は閉鎖され、私の給料は週給一〇ドルに減らされました。社会に出たばかりの若者としてはよくある出来事の一つでありましょう。その次に起きたことが私にとって本当に重要なことですが――それまでの一五年間はそこそこうまくやっていたことは別として――一九二九年に市場の大暴落が起きたことですね。

バトラー　あなたはそれを予測していなかったのですか。

グレアム　ええ、私が知っていたことは価格水準が高すぎたということだけで、投機的な人気銘柄を避けて良い投資をしているつもりでした。しかし私には借金がありまして、これが間違いだったのですが、その後の一九二九年から一九三二年までの時期は本当にあくせく働かなければなりませんでした。その後、この過ちは繰り返していません。

バトラー　この一九二九年の大暴落をしっかりと予測していた人はいますか。

グレアム　バブソンですね、ただ彼は五年も早く売り始めていました。

バトラー　それから一九三二年にあなたは盛り返し始めたのですね。

グレアム　まだ、その時期はあくせくとしていましたね。一九三七年になって、ようやく一九二九年以前の財政状態に回復できました。その後はかなり順調に物事が進行していきました。

バトラー　一九三七年から一九三八年にかけての下落局面では、うまく対応することができたのでしょうか。

グレアム　そうですね、そのときには多少われわれのやり方を変えることを余儀なくされました。われわれの幹部の一人が提案した内容が合理的でしたので、われわれは彼の助言を受け入れました。それでそれまでずっと試みていたことを断念して、一貫して良い成果を上げていたほかのやり方により注力しうまくいくことができました。そして一九四八年にわれわれはガイコ社への投資を実行し、それからわれわれは優れた投資会社としてみなされるようになりました。

バトラー　それまでに一時的な弱気相場が一九四〇年から一九四一年にかけてありましたが、そのときはいかがでしたか。

グレアム　ああ、あのときは典型的な相場の調整期ですね。そのときもわれわれは利益を上げることができました。

バトラー　第二次世界大戦が勃発したあとでも利益を上げることができたのでしょうか。

グレアム　ええ、そうですね。とくに大過なく、われわれは運用を続けていました。それがある意味張り合いがなくなった理由です。われわれは一九五〇年以降はもうそれほどやりがいを感じていませんでした。一九五六年のころには私はファンドのクローズを決断し、このカリフォルニアに来て暮らすことにしたのです。

私はもはや解決すべき根本的な課題が提示されないようなところにまで、このビジネスの方法を確立したように感じたのです。つまり物事が私の考える十分納得できる根拠のもとに進行し、もはや昔経験した問題の繰り返しに遭遇するのみで、特別な関心をもって解決すべき課題がなくなってしまったように感じていたのです。

そこから六年後に、ファンド運営を引き継げる体制が十分に確立できなかったことが第一ですが、われわれはグレアム・ニューマン社を清算することを決めたのです。いずれにしてもわれわれは先々に楽しみにするような興味を失ったように感じていました。もしわれわれが望んだなら、巨大なファンドを築けたかもしれませんが、最大で一五〇〇万ドル――今ではまったくのわずかな金額にすぎませんが――に運用資金を制限していたのです。われわれが最大で年間どのくらいのリターン（パーセンテージ）を生みだすことができるかということにわれわれの関心があったのです。つまり運用資産総額ではなく、年間収益率がわれわれが達成すべき課題であったのです。

バトラー　あなたの代表的著作である『**証券分析**』（パンローリング）を書こうと決めたのはいつですか。

グレアム　一九二五年ごろですね。そのころはウォール街で働き始めて一一年がたち、この業界についての本が書ける程度の知識は得られたように思いました。しかし幸運にもその代わりに、『証券分析』のテーマについてさらに理解を深めようとの思いにいたって、もしできるなら人に教えることを始めてみようと決めたのです。そうしてコロンビア大学ビジネススクールの公開講座の非常勤講師になりました。一九二八年に私は證券分析とファイナンスに関する講義、確かそれは投資と呼ばれていたと思いますが、それを受け持っていまして、およそ一五〇人の生徒が受講していました。当時はウォール街がまさに活況を呈していたころでした。

実際に本をデビッド・ドッドと共に書き上げるまで、結局のところ一九三四年までかかりました。ドッドは一年目のクラスの生徒でした。彼はその後コロンビアで助教授となり、さらに学ぶことを切望していました。当然ですが、本を書き上げるのに彼は不可欠な存在だったのです。そうして初版は一九三四年に出版されました。実はちょうどそのころ、私の脚本がブロードウエーで製作されて、一週間だけですが公演されたのです。

バトラー　あなたの芝居がブロードウエーで公演されたのですか。

グレアム　ええ、「ベイビー・ポンパドール」または「海兵隊に忠実であれ」という二つのタイトルで製作されましたが、成功しませんでした。幸運にも、『証券分析』のほうは成功を収めることができました。

バトラー　素晴らしい本ですよね。

グレアム　ありがとうございます。「グレアムとドッドのバイブル」などと呼ばれているようです。ただ、今では長年情熱を傾けてきた證券分析の細部への関心はほとんど失ってしまいました。そうした事柄は相対的に重要ではないと感じていまして、ある意味この業界全体の変化に対して異を唱えるような立場をとるようになりました。私は少しの技術と単純な原則があれば、この仕事で成功できると考えています。重要なのは大枠として正しい原則を持ち、それをやり通す人格を備えることなのです。

バトラー　私自身の経験から経営についての違いを見分けるために業界をしっかり研究しなければならないと思っています。これもアナリストがうまく仕事をする一つだと考えています。

グレアム　ええ、それは否定しません。しかしそうした銘柄選択的アプローチに注力するアナリストが全体としてどのくらい成功できるのかという問いについては大いに疑問があります。最近数年間の私の仕事のなかで強調してきたのがグループ・アプローチであり、これは業界にかかわらずそして個別企業にはそれほど注意を払わないで、何らかの単純な基準を満たす銘柄グループの取得を試みるという手法です。

そして今や工業株セクターのすべてにそうした単純な手法を実際に適用するという五〇年にわたる研究を終えようとしています。その成果は五〇年にわたって極めて素晴らしいもので、ダウ平均の実に二倍のリターンを上げました。このように私の興味の対象は銘柄選択からグループ・アプローチへと移ってきているのです。大抵の場合、私が望むのは債券利率の二倍程度の収益率です。配当基準や資産基準などを適用しても良い成果が得られると思いますが、私の研究では単純な収益基準が最善の成果を上げることが分かりました。

バトラー　私は常々PER（株価収益率）を使うのは益利回りを使うよりもずっと分かりにくいと思っています。利益の四〇倍などとするよりも、益利回りが二・五％で株が売られているとしたほうがはるかに理解しやすいのではないかと思います。

グレアム　そうですね。益利回りのほうがより科学的で論理的な手法のように思います。

バトラー　おおよそ配当性向を五〇％とすれば、配当利回りを見積もる場合に益利回りの半分とすることもできます。

グレアム　そうですね。私は基本的に益利回りの観点からは金利の二倍の水準を望みたいところです。しかしここ数年トリプルA債券の金利は五％未満ですが、これを受けて私は二つの制限を設けています。金利が五％未満の場合は最大のPERは一〇倍、そして金利が七％以上であれば最大のPERは七倍としています。つまり、私の標準的な買いポイントはトリプルA債券の直近金利の二倍でPERは最大で一〇倍から七倍の間ということになります。私はこの点に基づいて研究してきましたが、昨年、シカゴでモロドフスキー賞を受賞しました。

バトラー　そうした研究についてはほぼ完了したということですね。

グレアム　想像してほしいのですが、実務的にだれにも扱うことができて、かつ最小限の作業で優れた成果が得られる株式投資手法があると。話がうますぎるように思えますよね。しかし、六〇年の経験から言えることは、私が実際に行ったあらゆる検証の結果からも有効であるように思えるのです。どなたかにあら探しをしていただきたいくらいです。

バトラー　偶然ですがあなたの著者としての執筆活動が以前ほど活発ではなくなってきたのと重なって、多くの大学教授たちがいわゆるランダムウォークに関しての研究を始めていますが、これに関してはどのようにお考えですか。

グレアム　ええ、皆さんとても熱心にそして真剣に取り組まれているようですね。ただ私は彼らが取り組んでいることと実際の投資における結果との間に合理的な関係性を見いだすことは難しいと思っています。つまり彼らはマーケットは効率的であり、その意味ですでにほかの人たちが持っている以上に情報を入手する特別な意味はないとしています。それは真実かもしれませんが、情報が幅広く広まりその結果として付いた価格は合理的であるとする考えは、まったくの誤りです。合理的な価格とは何かという定義がいかに賢明なものであろうと、どうしてウォール街で形成された価格が適正であると言えるのか私には分かりません。

バトラー　実務に携わっているアナリストたちから、学界の優れた成果に対してあまりフィードバックが得られていないことは非常に残念なことです。

グレアム　そうですね、私は株式を取得するということについて、ドルとセント、または利益と損失といった観点から極めて実務的にお話ししているつもりです。例えば、五〇ドルの運転資本を持つ企業の株式が三二ドルで売られていれば、それは興味深い銘柄ということになります。こうした銘柄を三〇ほど取得すれば、必ずや利益を上げられることでしょう。この手法を実行しているかぎり、全体として損失にはならないでしょう。この手法には二つの課題があります。一つは運転資本の三分の二で株を取得しようとするとき、割安であることを示す信頼できる基準はあるかということです。それがわれわれが実際に経験して分かったことです。もう一つは、これを実行するほかの方法はあるか、です。

バトラー　ほかの方法があるのですか。

グレアム　ええ、もちろん。本日これまでお話ししてきましたように、証券の価値について単純な基準を適用するということです。しかし、だれもが躍起になってやろうとしているのは長期的な将来性であるとか来期は半導体業界が好況そうであるなどと考えて、「ゼロックス」や「3

M」のような企業を選び出そうとしていることです。これらは信頼に足る方法ではないように思います。確かに忙しく時間を過ごす方法にはなりますけどね。

バトラー　あなたは三〇年前でもそのように言われていましたか。

グレアム　いいえ、三〇年前は否定的な態度ではありませんでした。しかし私の場合、肯定的と言っても割安な個別銘柄は十分に見つけることができるといったようなものでした。

バトラー　効率的市場論を主張する人たちは、ある意味では問題を複雑にしていますね。

グレアム　まあ、彼らは効率的市場に関しての基本的な論点は正しいと主張するでしょうし、そうした人たちは株価変動を研究してその解釈から利益を得ようとしています。しかし私にとっては、あまり勇気づけられる主張には思えません。と言いますのも、私はこの六〇年間にわたってウォール街を観察してきましたが、株式市場で何が起きるのか予測することに成功した人は見たことがないからです。

バトラー　確かにそうですね。

グレアム　それとウォール・ストリート・ウィークを聞いていただければ、当局に対する具体的な主張や株式市場において何が起きるかについての意見など彼らのだれも持っていないことが分かると思います。いいえ、彼らやエコノミストは皆、意見を持っていて、もし尋ねれば喜んでそれを言ってくれるでしょう。しかし、彼らがその意見を正しいと主張するとは思いません。

バトラー　インデックスファンドについてはどのようなお考えをお持ちですか。

グレアム　それについてはかなり明確な考えを持っています。機関投資家のファンドの運用管理方法は、少なくとも大部分のファンドについては、インデックスの考え方、つまりS&P指数を構成する五〇〇銘柄のうちの一〇〇または一五〇銘柄のパフォーマンス指標を用いて始めるべきであるように思います。そしてファンドマネジャーが自らの判断によるパフォーマンスの変動に対して、個人的な責任を受け入れることを条件としてポートフォリオを組み替える特権を与えます。基本的に彼らの報酬はS&P五〇〇などの指数とのパフォーマンス比較の観点によって、または、それをどの程度改善したかという観点によって測定されるべきだと思います。ただ討論会などでこのことについての意見を聞くと、平均的なファンドマネジャーはこうした考えを受け入れません。そしてその理由として彼らが言うことは、それが実務上現実的ではないということではなく、主として投資家によってそのニーズが異なるので適切ではないということです。彼らの主張する投資家が異なれば、そのニーズも異なるということが真実であると納得することが、私にはできません。すべての投資家は満足のできる十分なリターンを要求しますし、このように投資家のニーズは極めて同質的であるように私は考えています。ですから、例えば直近二〇年間のトラックレコードを確認することで、その運用者の仕事量や知性、話しぶりなどよりむしろ、S&Pと同等にうまく運用していたかが分かると思います。

バトラー　グレアムさん、これから證券アナリストやCFAを志そうとする若い男女に対して何かアドバイスをいただけませんか。

グレアム　私がそのような人たちに言えることは、株式市場の過去の記録を調べて、自分自身の強みや能力を認識し、自分が満足できる投資手法を見つけるように努めることですね。そしてそれができたのなら、ほかの人の行動、思考、言動には構わずにそれを追求し、自分自身の方法に忠実にやり通すことです。それが私たちが実際にやってきたことなのです。私たちはけっしてわけもなく多数派に従うことはありませんでしたが、若いアナリストにとってはそうするのが楽で好都合だと思います。もし若い人たちが『**賢明なる投資家**』（パンローリング）――『**証券分析**』（パンローリング）よりもより有用であるような気がしています――を読み、われわれの述べるなかから何か良いと思われる手法を選べば、その手法を忠実に実行できると思います。私にはもうかなり前ですがウォール街で働き始めた甥がいまして、ある日彼が助言を求めて私のところにやってきました。私は彼にこう伝えたのです。「ディック、きみに実践的なアドバイスをしよう。それはきみがクローズドエンド型の投資会社の株をおよそ一五％のディスカウントで取得するということだ。一カ月以内に友人たちも含めて『X』ドルをその会社に投資することで、きみはほかの人より先行して始めて、うまくやっていくことができるだろう」。それで、彼は実際にそうしたのです。そうして彼は大きな困難もなく彼のビジネスを始めたのです。そのビジネスは順調に進み、それから大きな強気相場がやってきまして、その後、彼は別の分野に移り、相当規模のベンチャービジネスに乗り出しました。しかしいずれにしても、私が思うに彼は強固で確かな（solid）基盤をもって始めたのです。もし健全で適切な（sound）

基盤を持って始めたとしても、それではまだ不十分でしょう。

バトラー　ウォール街や典型的なアナリストまたはポートフォリオマネジャーは「ゴーゴー」ファンド、成長崇拝、バイ・アンド・ホールド、二重構造のマーケットなどから教訓を得ていると思いますか。

グレアム　いいえ。かつてブルボン家（フランス王家一族）は何も忘れないが何も学ばないなどと言われましたが、ウォール街の人たちについて言えば、概して何も学ばず、すべてを忘れてしまいます。ウォール街の人たちが未来においてどのような行動をとろうとも私にはまったく確信が持てません。彼らの強欲さ、過度な希望、恐怖などは人間であるかぎり、今後も続くことでしょう。パニック状態はいかに生じるのかを言い表した英国の経済学者バジョットの有名な一節があります。概して人はお金を持っていると、それを失うことができる状況にあることから、それを投機に使って結局それを失う――こうしてパニックが起きる、と。私はウォール街にはかなり悲観的です。

バトラー　しかしウォール街にも自立した考えを持つ人がいますし、全国の至る所にもそのような人はいますよね。

グレアム　そうですね。ウォール街での成功を収めるには二つの要件があります。一つは正しく考えること、もう一つは独力で考えることです。

バトラー　なるほど、正しく独力で、ですね。さて、だいぶ日が暮れてきましたが、ウォール街に明るい兆しはありますか。

グレアム　ええ、一九七四年の半ばにマーケットが底を付けてから多くの光明があったように思います。ただ私の推測ですが、ウォール街そのものは何も変わっていないのではないかと考えています。現在の楽観はそのうち度を越したものになり、そして次に過度な悲観になります。まるで観覧車――シーソーでもメリーゴーランドでも結構ですが――のようにまた同じ場所に戻るのです。現時点（一九七七年）では、全体として株価は割高というほどではないと思います。しかし一九七〇年または一九七三年から一九七四年にかけて到来した弱気相場がこの五年くらいのうちに再現されるかもしれないなどということは、だれも気にかけていないようです。一見したところ、だれもこの問題を真剣に考えていないようですが、この五年くらいの間にそうした出来事が繰り返されたときには、投資機会が到来したと考えてよいと思います。

バトラー　大変素晴らしい、そして刺激的なお話をおうかがいすることができました。グレアムさん、ありがとうございました。

■著者・編者紹介

ベンジャミン・グレアム（Benjamin Graham）

ベンジャミン・グレアムはウォール街に多大なる影響を与えた人物であり、近代の証券分析の父として広く認められている。投資会社グレアム・ニューマン社の創業者および元会長であり、1928年から1957年にわたってコロンビア大学ビジネススクールで教鞭をとった。彼はPERをはじめ、負債資本比率、配当実績、簿価、利益成長などを活用した調査、分析を実用化し、広く世に広めた。彼の代表的な著作には、古典的大著『証券分析』（パンローリング）や一般投資家に向けた投資ガイド『賢明なる投資家』（パンローリング）がある。

ジェイソン・ツバイク（Jason Zweig）

ウォール・ストリート・ジャーナル紙の「インテリジェント・インベスター（賢明なる投資家）」欄のコラムニスト。マネー誌のシニアライターであり、フォーブス誌の投資信託関連の編集者、タイム誌やCNNのコラムニストでもある。また、ベンジャミン・グレアム著『新 賢明なる投資家』（パンローリング）の編著者、『あなたのお金と投資脳の秘密――神経経済学入門』（日本経済新聞出版社）の著者。ニューヨーク市在住。

ロドニー・N・サリバン（Rodney N. Sullivan）

CFA（CFA協会認定証券アナリスト）、CFA協会の出版責任者であり、フィナンシャル・アナリスツ・ジャーナルのほか、多くの刊行物にかかわる。なお、トリゴン・ヘルスケア社（現アンセム・ヘルスケア社）の調査部長、アリス・コーポレーション社のシニアポートフォリオアナリストとしての経験もある。バージニア州シャーロッツビル在住。

■監修者紹介

長尾慎太郎（ながお・しんたろう）

東京大学工学部原子力工学科卒。日米の銀行、投資顧問会社、ヘッジファンドなどを経て、現在は大手運用会社勤務。訳書に『魔術師リンダ・ラリーの短期売買入門』『タートルズの秘密』『新マーケットの魔術師』『マーケットの魔術師【株式編】』（いずれもパンローリング、共訳）、監修に『ラリー・ウィリアムズの短期売買法【第２版】』『コナーズの短期売買戦略』『株式売買スクール』『続マーケットの魔術師』『プライスアクショントレード入門』など、多数。

■訳者紹介

和田真範（わだ・まさのり）

大手食品商社にて物流システム立ち上げに携わった後に、企業実態を把握するスキルの必要性を感じて米国公認会計士資格を取得。その後、大手監査法人、バリュー系投資顧問会社を経て、和食事業を国際展開する企業の財務責任者として経営全般に関与し、グループの黒字転換に貢献する。現在では、カタリスト・マネジメント株式会社を設立し、中堅・中小・ベンチャー企業の経営支援を行うパートナーとして、顧客企業のキャッシュフロー最大化、売上高（顧客）分析手法導入、組織活性化、M&A支援などを中心に従事している。またロング・ショート戦略の投資を手掛けるとともに、企業に関係するすべての人に独自の企業分析手法、金融マーケットの観察方法を伝える活動を進めている。

2013年7月3日　初版第1刷発行

ウィザードブックシリーズ207

グレアムからの手紙
――賢明なる投資家になるための教え

著　者　ベンジャミン・グレアム
編　者　ジェイソン・ツバイク、ロドニー・N・サリバン
監修者　長尾慎太郎
訳　者　和田真範
発行者　後藤康徳
発行所　パンローリング株式会社
〒160-0023　東京都新宿区西新宿7-9-18-6F
TEL 03-5386-7391　FAX 03-5386-7393
http://www.panrolling.com/
E-mail　info@panrolling.com
編　集　エフ・ジー・アイ（Factory of Gnomic Three Monkeys Investment）合資会社
装　丁　パンローリング装丁室
組　版　パンローリング制作室
印刷・製本　株式会社シナノ

ISBN978-4-7759-7174-1

ウィザードブックシリーズ24

賢明なる投資家【財務諸表編】

著者　ベンジャミン・グレアム／スペンサー・B・メレディス

定価 本体3,800円+税　ISBN:9784939103469

企業財務が分かれば、バリュー株を発見できる

ベア・マーケットでの最強かつ基本的な手引き書であり、「賢明なる投資家」になるための必読書!

ブル・マーケットでも、ベア・マーケットでも、儲かる株は財務諸表を見れば分かる!

ウィザードブックシリーズ 44

証券分析【1934年版】

電子書籍版あり

著者　ベンジャミン・グレアム／デビッド・L・ドッド

定価 本体9,800円+税　ISBN:9784775970058

「不朽の傑作」ついに完全邦訳!

研ぎ澄まされた鋭い分析力、実地に即した深い思想、そして妥協を許さない決然とした論理の感触。時を超えたかけがえのない知恵と価値を持つメッセージ。

ベンジャミン・グレアムをウォール街で不滅の存在にした不朽の傑作である。ここで展開されている割安な株式や債券のすぐれた発掘法にはいまだに類例がなく、現在も多くの投資家たちが実践しているものである。

目次

ウィザードブックシリーズ4

バフェットからの手紙

オーディオブックあり

世界一の投資家が見た これから伸びる会社、滅びる会社

定価 本体1,600円+税　ISBN:9784939103216

「経営者」「起業家」「就職希望者」のバイブル

究極・最強のバフェット本
――この1冊でバフェットのすべてがわかる
投資に値する会社こそ、21世紀に生き残る！ 20世紀最高の投資家が明かすコーポレート・ガバナンス、成長し続ける会社の経営、経営者の資質、企業統治、会計・財務とは？

ウィザードブックシリーズ116

麗しのバフェット銘柄

下降相場を利用する 選別的逆張り投資法の極意

定価 本体1,800円+税　ISBN:9784775970829

投資家ナンバー１になった バフェットの芸術的な選別的逆張り投資法とは

ビル・ゲイツと並ぶ世界的な株長者となったバフェットの選別的な逆張り投資法とは、下降相場を徹底的に利用したバリュー投資であり、本書ではそれを具体的に詳しく解説。

マンガ　ウォーレン・バフェット

定価 本体1,600円+税　ISBN:9784775930052

世界一おもしろい投資家の 世界一もうかる成功のルール

買うのは企業　株ではない/経営はしない/わからないことには手を出さない/番外編 フィッシャー理論/企業に関する3指針/企業を買うということ/経営に関する3指針/悪いニュースはただちに報告すること/株主を大切にすること/自分で考え自分で行動する/株主と経営者はパートナーであること/離れていること